Mais Mil Esboços Bíblicos

Mais Mil Esboços Bíblicos
de Gênesis a Apocalipse

Georg Brinke

2ª edição

Tradução
Fred R. Bornschein

Curitiba
2010

Georg Brinke

Mais Mil Esboços Bíblicos
de Gênesis a Apocalipse

Supervisão editorial e de produção: Claudio Beckert Jr.

Título original: 1000 neue biblische Entwürfe

Copyright©1966 R. Brockhaus Verlag - Wuppertal, Alemanha

Tradução: Fred R. Bornschein

Revisão: Doris Körber e Josiane Zanon Moreschi

Capa: Jaqueline J. V. Firzlaff

Indexação: Fred R. Bornschein

1ª edição brasileira: Agosto de 2001

2ª edição brasileira: Julho de 2010

Reimpressões da 2ª edição: 04/2012; 10/2015; 04/2019; 04/2021; 12/2021; 09/2023

Editoração eletrônica: Josiane Zanon Moreschi

Dados Internacionais de Catalogação na Publicação (CIP)
(Câmara Brasileira do Livro, SP, Brasil)

Brinke, Georg

Mais Mil Esboços Bíblicos: de Gênesis a Apocalipse / Georg Brinke; tradução de Fred R. Bornschein. -- Curitiba: Editora Evangélica Esperança, 2010.

Título do original: *1000 neue biblische Entwürfe.*

1. Bíblia – Comentários I. Título.

ISBN 978-85-7839-274-1

01-3242   CDD-220.7

Índice para catálogo sistemático:
1. Bíblia: Esboços   220.7
2. Esboços bíblicos   220.7

Publicado no Brasil com a devida autorização e com todos os direitos reservados pela

EDITORA EVANGÉLICA ESPERANÇA

Rua Aviador Vicente Wolski, 353 - 82510-420 – Curitiba – PR

Fone: (41) 3022-3390

comercial@editoraesperanca.com.br

www.editoraesperanca.com.br

ESPERANÇA
para uma vida
melhor

ASEC
Associação de Editores Cristãos

ORIENTAÇÕES

1. A *versão da Bíblia* usada neste livro é a Revista e Atualizada, 2ª edição, da Sociedade Bíblica do Brasil.

2. O leitor poderá notar que, às vezes, *falta uma relação entre o título da mensagem, ou de um subponto, e a referência bíblica correspondente.* Isto se deve ao fato de que o livro original é em língua alemã e os esboços foram elaborados pelo autor usando a Bíblia em alemão. Muitas vezes, uma correspondência entre as palavras e o versículo que existe na versão alemã não existe na versão em português.

3. O *índice por assuntos* foi elaborado usando-se apenas o assunto principal dos esboços e não os assuntos dos subpontos. Abaixo (ou ao lado) dos vários itens dos assuntos temos os títulos das mensagens e o número das mesmas. Na maioria dos casos, o título das mensagens no índice por assunto é o mesmo da mensagem em si mas, em alguns casos, quando o título da mensagem não deixa claro o assunto, incluímos no índice não o título, mas o assunto do esboço e o número do mesmo.

4. Quando aparecerem as letras "ss" após um versículo, isso significa: "e os versículos seguintes".

5. Em geral, nos esboços as introduções, os tópicos principais e as conclusões estão em itálico.

ABREVIATURAS DOS LIVROS DA BÍBLIA

Antigo Testamento

Gn	Gênesis	Ed	Esdras	Dn	Daniel
Êx	Êxodo	Ne	Neemias	Os	Oseias
Lv	Levítico	Et	Ester	Jl	Joel
Nm	Números	Jó	Jó	Am	Amós
Dt	Deuteronômio	Sl	Salmos	Ob	Obadias
Js	Josué	Pv	Provérbios	Jn	Jonas
Jz	Juízes	Ec	Eclesiastes	Mq	Miqueias
Rt	Rute	Ct	Cântico dos Cânticos	Na	Naum
1Sm	1Samuel			Hc	Habacuque
2Sm	2Samuel	Is	Isaías	Sf	Sofonias
1Rs	1Reis	Jr	Jeremias	Ag	Ageu
2Rs	2Reis	Lm	Lamentações de Jeremias	Zc	Zacarias
1Cr	1Crônicas			Ml	Malaquias
2Cr	2Crônicas	Ez	Ezequiel		

Novo Testamento

Mt	Mateus	Ef	Efésios	Hb	Hebreus
Mc	Marcos	Fp	Filipenses	Tg	Tiago
Lc	Lucas	Cl	Colossenses	1Pe	1Pedro
Jo	João	1Ts	1Tessalonicenses	2Pe	2Pedro
At	Atos	2Ts	2Tessalonicenses	1Jo	1João
Rm	Romanos	1Tm	1Timóteo	2Jo	2João
1Co	1Coríntios	2Tm	2Timóteo	3Jo	3João
2Co	2Coríntios	Tt	Tito	Jd	Judas
Gl	Gálatas	Fm	Filemom	Ap	Apocalipse

SUMÁRIO

Prefácio à Edição Brasileira...9

Esboços do Antigo Testamento.. 11

Esboços do Novo Testamento... 71

Índice Numérico...261

Índice Remissivo...275

Índice de textos bíblicos...281

PREFÁCIO À EDIÇÃO BRASILEIRA

Com muito prazer e gratidão apresentamos aos nossos leitores o segundo volume com mais mil esboços, do consagrado autor Georg Brinke. O primeiro volume "Mil Esboços Bíblicos" está sendo uma ferramenta útil para milhares de irmãos que estão ministrando a palavra com dedicação e amor. Até esta data foram entregues mais de cinquenta mil exemplares do primeiro volume no Brasil, Portugal, Angola, Moçambique, Guiné-Bissau e Timor Leste.

Para todos que têm sido abençoados com o primeiro volume, apresentamos agora o segundo volume com mais 1007 esboços bíblicos.

Os nossos especiais agradecimentos vão para o querido pastor Fred Roland Bornschein que, com o seu trabalho de tradução e adequação para o português, possibilitou a edição deste.

O nosso sincero desejo e oração é que este livro possa se transformar em uma bênção, equipando e ajudando os que estão ministrando a preciosa Palavra de Deus.

Walter Feckinghaus
Diretor Executivo

ANTIGO TESTAMENTO

1. O Criador e a criação (Gn 1)

Toda a Trindade está incluída na grandiosa obra da criação; o Pai, que, por assim dizer, planejou toda a criação como um grande arquiteto; o Filho, chamado de "A Palavra" que estava no princípio com Deus (Jo 1.1,14), e por meio de quem os mundos foram criados (Cl 1.16; Hb 1.2); e o Espírito Santo, que pairava sobre as águas. Deus criou os céus e a terra. O inferno não foi criado para os homens mas para Satanás e seus anjos. O homem, no entanto, escolhe o inferno para si mesmo (Jo 3.36), se rejeitar a Jesus, o caminho para o céu (Jo 14.6).

O caminho para compreender a criação é a fé.

O que aprendemos neste texto sobre o Criador e a criação?	Hb 11.3; Sl 33.6
Sua existência é eterna	Cl 1.17; Jo 1.1,14
Seu Filho é eterno	Pv 8.22-31; Jo 8.58
Seu poder é infinito: tudo foi criado por meio dele	Hb 1.12; Is 44.14
Sua sabedoria é infinita	Jr 51.15
Sua vontade é infinita: ele pode realizar tudo o que quer	Is 45.12
Sua perfeição é infinita: tudo era muito bom	Gn 1.10,12,21
Sua bondade é infinita: tudo foi criado para o bem-estar do homem	Gn 2.8ss

2. O mundo (Gn 1)

Qual é a realidade do mundo?	
Foi criado por Deus	Gn 1.1; Cl 1.16,17
Foi corrompido por Satanás, o príncipe deste mundo	1Jo 5.19; Rm 5.12
Satanás é o deus deste mundo	2Co 4.4
Satanás quis dar o mundo ao próprio Senhor Jesus	Mt 4.9
Qual é a única esperança do mundo?	
A luz do Evangelho	Jo 3.16
O sangue do Cordeiro	Jo 1.29; Hb 9.22
O Senhor Jesus: o mundo apenas pode ser salvo por meio dele	Jo 3.17
É Jesus a reconciliação do mundo inteiro	1Jo 2.2
Qual é a grande necessidade do mundo?	
É o Senhor Jesus	At 4.12; Jo 15.5
É o Espírito Santo que convence o mundo do pecado	Jo 16.8
É a lei que condena o mundo e o convence	Rm 3.19
Tudo para que o mundo possa confessar a sua culpa e receber o perdão	1Jo 1.9; Ef 1.7

3. A responsabilidade dos maridos (Gn 2)

O homem deve ter uma esposa, não uma amante	Gn 2.24; 1Rs 11.1
Responsabilidades do marido para com sua esposa:	
Agir com discernimento e consideração em relação a ela	1Pe 3.7; Mt 19.5
Amá-la (Ef 5.25; Cl 3.19) e ser-lhe fiel	Ml 2.14,15; Pv 5.19
Cuidar dela e consolá-la nas necessidades	Ef 5.28; 1Sm 1.8
Ver o exemplo de Isaque e Rebeca	Gn 24.67
Não mandar, mas tudo planejar com ela	Gn 31.4-7
Não se separar da sua esposa	1Co 7.11,12

4. Uma comparação instrutiva (Gn 1)

Entre a criação de Gênesis 1 e a recriação do ser humano na salvação (2Co 5.17).	
As trevas cobrem o abismo	Gn 1.2
Quem não nasceu de novo está nas trevas	Rm 1.21; Ef 4.18
Deus disse: "Haja luz; e houve luz"	Gn 1.3
Da mesma forma a luz de Deus ilumina o coração humano	2Co 4.6; At 26.18
Deus disse: "Produza a terra…"	Gn 1.11,12
O novo homem produz nova vida	2Co 5.15; Mt 5.14
Deus falou: "Sede fecundos, multiplicai-vos"	Gn 1.28
O novo homem produz o fruto do Espírito	Gl 5.22,23; Fp 1.11
Deus disse: "Façamos o homem à nossa imagem"	Gn 1.26
O novo homem irradia a imagem de Cristo	2Co 3.18
Deus descansou no sétimo dia	Gn 2.3
Descansar em Cristo faz parte da vida do novo homem	Hb 4.3

5. Haja luz (Gn 1.3)

Deus é luz	1Jo 1.5; Jo 8.12
A luz foi a primeira coisa que Deus criou	Gn 1.3
A luz é a primeira coisa que Deus dá a uma pessoa	At 26.13; Jo 1.7
A luz manifesta as trevas	Ef 5.13
A luz revela as trevas	Jo 3.19-21
A luz faz separação entre a luz e as trevas	Gn 1.4; 2Co 6.14
A luz é o caminho do justo	Pv 4.18
A luz é pura: quem caminha na luz é puro	Mt 17.2; 1Jo 1.7
A luz deve ser irradiada pelos filhos de Deus	Mt 5.14; Fp 2.15
A Palavra é a luz que ilumina o nosso caminho	Sl 119.105,130
A luz produz frutos: sem luz não há vida	Jo 1.4
A luz será nossa herança eterna	Cl 1.12,13; Ap 21
Satanás é o príncipe das trevas	At 26.18; Cl 1.13; Ef 2.2

6. O que é o homem (Gn 1.27)

Como criatura: uma obra maravilhosa de Deus	Gn 1.27; Sl 139.14
Como pecador: uma presa de Satanás	Gn 3.13; Ef 2.2
Como salvo: um objeto da graça de Deus	1Tm 1.16
Como santo: alguém que representa a Cristo	Ef 5.27
Como templo: alguém no qual Deus habita	1Co 3.16; Jo 14.23
Como canal: alguém pelo qual fluem rios de bênçãos	Jo 7.38; Is 41.18
Como glorificado: alguém que será semelhante ao Senhor	1Jo 3.2; Fp 3.21

7. Que é isso que fizeste? (Gn 3.13)

O que fizeram?

A paixão dos olhos foi a causa do pecado de Eva	Gn 3.6; 1Jo 2.16
Desobedeceram a Deus e à sua Palavra, cobiça	Gn 3.17

Qual foi a consequência?

Sentimento de culpa	Gn 3.8
Nudez	Gn 3.7; Ap 3.17
Medo e dores	Gn 3.16
Tribulação, fadiga, maldição	Gn 3.17; 5.29; Sl 90.79

O que Deus fez pelos dois?

Ele fez um sacrifício pelos dois, o primeiro de todos os sacrifícios	Gn 3.21; Rm 3.22-26
Ele os vestiu	Gn 3.21; Is 61.10

8. Nossos privilégios (Gn 3.9,10)

Podemos vir ao Senhor assim como estamos	Gn 3.10; Jo 6.37
Podemos encontrá-lo no sacrifício como Abel	Gn 4.4; Hb 12.24
Podemos andar com Deus como Enoque	Gn 5.22; Fp 1.27
Podemos trabalhar para o Senhor como Noé	Gn 6.14; Sl 100
Podemos ter intimidade com Deus como Abraão	Gn 18.23
Podemos lutar com Deus e prevalecer como Jacó	Gn 32.24ss
Podemos obedecer-lhe como Isaque e ser abençoados	Gn 26.2,12
Podemos permanecer em Deus como José e ser frutíferos	Gn 49.22-26; Jo 15.5

9. O nascimento virginal de Cristo (Gn 3.15)

Foi prometido	Gn 3.15; Mt 1.23
Foi profetizado	Is 7.14; 9.6
Foi anunciado por Gabriel	Lc 1.30-35
Foi confirmado pela boca de um anjo	Mt 1.20,21
Foi crido pelos pastores	Lc 2.15
Foi admirado por Maria	Lc 2.19
Foi testemunhado pelo apóstolo Paulo	Gl 4.4
Foi e é negado por teólogos modernistas	1Jo 2.22

10. Enoque, um mestre (Gn 5.21-24)

Pelo seu ensinamento ele se diferenciou de seus contemporâneos.
Ele ensinou o mundo pela sua conduta.

Dele também se pode dizer: "Vós, porém, sois..."	1Pe 2.9
Ele deixou o mundo e se tornou um com Deus	Am 3.3
Ele ensinou o mundo pela sua pregação séria	Jd 14-16
Deus revela a seus servos o que em breve irá acontecer	Am 3.7; Ap 1.1
Enoque pregou o julgamento	Jd 14,15
Em espírito viu o juízo sobre as nações	Mt 25.31ss
Ele viu o que, mais tarde, João descreveu	Ap 19.11ss
Ele viu o chocante juízo final	Ap 20.11,12
Ele ensinou o mundo pelo seu arrebatamento:	Hb 11.5
Repentinamente ele não estava mais lá	Gn 5.24
Certamente foi procurado como Elias	2Rs 2.16-18
Também muitos, um dia, procurarão por nós e não nos acharão	Lc 17.34,35

11. Andar com Deus significa (Gn 5.24)

Ter comunhão com Deus como Enoque	Gn 5.24
Persistir na obra de Deus como Noé	Gn 6.22; 1Co 15.58
Reconhecer os caminhos e pensamentos de Deus como Moisés	Sl 103.7
Ser corajoso e zeloso como Fineias	Nm 25.6-15; Mq 2.6
Ser destemido como Davi	1Sm 17; Sl 23.4
Manter a tranquilidade no Senhor como Paulo na tempestade	At 27.9-35; Mt 11.29
Ter um coração ardente como os discípulos de Emaús	Lc 24.32-34; 2Co 5.14

12. Os homens não querem (Gn 6.3)

À rejeição da oferta da graça, como nos dias de Noé, segue o juízo (Gn 6.13; Jo 3.36).

A grande misericórdia de Deus pelas suas criaturas	Jn 4.11
Ele convence, ilumina as pessoas	Jo 16.8; Gn 6.3
Ele fala de variadas maneiras	Hb 1.1
Nos dias de Noé, Deus esperou pacientemente por 120 anos	Gn 6.3; 2Pe 3.15
No caso dos moradores de Nínive, Deus esperou 40 dias	Jn 3.4
No caso do rico agricultor, ele esperou uma noite	Lc 12.20
Com Belsazar esperou apenas poucas horas	Dn 5.30

O dia da salvação se aproxima do fim e o fim de toda a esperança é a consequência para todos os que não derem meia-volta (Jr 8.20; Ef 2.12).

13. Pecados contra o Espírito Santo (Gn 6.3; At 7.51)

Desobedecer: o pecador é desobediente ao Espírito Santo	Gn 6.3; 1Pe 3.20
Resistir: os anciãos de Israel resistiram ao Espírito Santo	At 7.51
Entristecer: os filhos de Deus podem entristecer o Espírito Santo	Ef 4.30

Mentir: Ananias e Safira mentiram ao Espírito Santo	At 5.9
Apagar: nós podemos apagá-lo por meio de omissão	1Ts 5.19
Ultrajar: terrível é ultrajar o Espírito Santo	Hb 10.29
Blasfemar: o pior de tudo é blasfemar contra o Espírito Santo	Mt 12.31
Blasfemar: é um pecado que não será perdoado	1Jo 5.16; Mt 12.31,32

14. O que Deus fez de Noé (Gn 6.13)

Deus fez dele alguém com quem tinha íntima comunhão, como mais tarde Abraão (Gn 18.17), a quem também revelou o que haveria de acontecer. Deus instruiu Noé acerca de seus propósitos (Gn 6.13; Am 3.7). Também a nós Deus, na sua Palavra, mostra seus propósitos (Dt 29.29; Ap 1).

Noé, como Abraão, se tornou um amigo de Deus	Gn 6.18; Is 41.8
Noé se tornou o pregador da justiça	2Pe 2.5
Noé se tornou o salvador das criaturas	Gn 6.20
Noé se tornou o portador da promessa	Gn 6.18
Noé se tornou um monumento da graça e da fé	Hb 11.7

15. A pregação da arca (Gn 6.13,14; Hb 11.7)

A arca é uma profecia divina, tem sua origem em Deus	Gn 6.13,14
A arca era o único abrigo seguro	At 4.12
A arca era uma espécie de meio de transporte	Jo 14.6
A arca era uma séria advertência aos pecadores	Mt 3.7,8
Apenas a arca oferecia segurança	1Sm 22.23
A arca tinha apenas uma porta	Jo 10.9
A arca tinha apenas uma abertura	Gn 6.16; Hb 12.2
A arca tinha muitos compartimentos	Gn 6.14; Mt 6.6

16. A arca era... (Gn 6,7)

Um lugar de graça	Gn 7.1; Mt 7.13
Um lugar de segurança	Gn 7.1; 1Sm 22.23
Uma habitação preparada por Deus	Gn 7.16; Jo 14.1
Um lugar de provisão divina	Gn 6.21; Fp 4.19
Um lugar de separação do mundo	Gn 7.16; Ap 18.4
Um santuário para glorificar a Deus	Gn 8.20; Sl 84.4
Um lugar de trabalho para Deus	Gn 6.14; Ef 2.10
Uma escola para se aprender a paciência	Gn 8.6,9,10
Um objeto de admiração de muitos	Mc 13.1
Um objeto de zombaria de outros	Ne 4.1-3
Um abrigo para Noé, quando entrou nela	Jo 10.27,28

17. O Senhor fechou a porta (Gn 7.16)

Um quadro sombrio:

Todos os seres vivos morreram: Deus teve que julgá-los	Gn 6.5; Jo 3.6
Antes do julgamento houve uma oferta de graça: a arca	Gn 6.14
Mas o mundo não deu atenção à oferta	Lc 17.27; Mt 24.37-39
Mas Noé creu e foi salvo	Gn 7.1

O que a arca ofereceu?

Segurança	Jo 10.27; 1Sm 22.23
Garantia infalível	Hb 6.18-20

O Senhor fechou a porta:

Todos na arca estavam abrigados	Rm 8.1
Todos os demais estavam diante de uma porta fechada	Mt 25.11; Lc 13.25

A bênção da obediência:

Paz no meio das ondas e tormentas	1Jo 5.4; Jo 16.33
Pisar na nova terra	Gn 8.18,20

18. Portas fechadas (Gn 7.16)

Noé experimentou a salvação atrás de uma porta fechada	Gn 7.16
Eliseu despertou o morto atrás de uma porta fechada	2Rs 4.33
Uma viúva ficou rica atrás de uma porta fechada	2Rs 4.5-7
O povo de Deus está seguro atrás de uma porta fechada	Is 26.20
As recompensas de Deus são recebidas atrás de uma porta fechada	Mt 6.6
O Senhor se revela atrás de uma porta fechada	Jo 20.19-23
O incrédulo, porém, está na frente de uma porta fechada	Mt 25.10-13; Lc 13.25

19. A pomba (Gn 8.8-12)

Ela é um símbolo da paz	Gn 8.8-12
Ela é um símbolo do Espírito Santo	Mt 3.16; Jo 1.32
Ela mostra o caminho para a rocha: Cristo	Ct 2.14
Ela é comparada com o amor puro e a inocência	Ct 5.2,12
Ela é uma indicação do retorno de Israel	Is 60.8; Sl 55.6
Ela é instrução para os cristãos	Mt 10.16

20. O arco-íris (Gn 9.12-17)

Ele é um sinal da graça de Deus	Tt 2.11
Ele é uma lembrança da aliança de Deus	Gn 9.15; Hb 8.6
Ele é um sinal da fidelidade de Deus	Hb 10.23
Ele é um sinal da glória de Deus	Ez 1.28
Ele é uma garantia das bênçãos de Deus	Gn 9.16,17

21. O altar de Noé (Gn 8.20)

A primeira ação de Noé logo após sair da arca foi edificar um altar ao Senhor, no que se assemelha a Abraão, que também, em primeiro lugar, edificou um altar (Gn 12.7,8).

Nosso privilégio:

O filho de Deus pode e deve construir altares, oferecer sacrifícios a Deus	Sl 50.14; Lc 17.15,16
Ele deve oferecer a Deus, em sacrifício, o seu corpo	Rm 6.13; 12.1
Ele deve oferecer a Deus sacrifícios de louvor em qualquer situação	Hb 13.15; At 16.25
Ele pergunta como Davi: "Que darei ao Senhor?"	Sl 116.12; Mq 6.6

Por que o cristão deve oferecer sacrifícios?

Porque o Pai procura adoradores	Jo 4.23
Porque Deus anseia pelo aroma suave dos sacrifícios	Gn 8.21; Jo 12.3

A bênção dos sacrifícios:

Não há mais maldição nem julgamento	Gn 8.21; Jo 3.36
Bênção constante	Gn 8.22; Ml 3.10

22. A pregação da colheita (Gn 8.22)

Ela anuncia a fidelidade de Deus	Gn 8.22
Ela apregoa a grande bondade de Deus	Sl 65.10-12
Ela enche o coração de alegria	Is 9.3
Ela também traz decepções	Mt 13.30
Ela nos exorta a pedir por ceifeiros	Mt 9.37,38
Ela nos compromete a sermos semeadores fiéis	Gl 6.7,8
Ela é uma séria pregação para os não salvos	Jr 8.20

23. A obediência na fé (Gn 12.1-4; Hb 11.8)

Pela obediência Abraão deixou a sua terra	Gn 11.31; 12.4
Pela obediência Abraão alcançou a terra prometida	At 7.4
Temos seguido o seu exemplo?	2Co 6.17; Ef 2.19
Por causa da sua obediência Abraão recebeu ricas promessas	Gn 22.17,18
Por causa da sua obediência Isaque recebeu ricas bênçãos	Gn 26.2,12
Por causa da obediência na fé Salomão se tornou poderoso	1Cr 29.23-25
Por causa da obediência na fé Roboão foi guardado	2Cr 11.1-4
A obediência na fé transforma a vida dos cristãos	Rm 6.17
A obediência na fé leva ao desenvolvimento da salvação	Fp 2.12

24. Ricas promessas para todos (Gn 12.2,3)

Para ganhadores de almas: "De ti farei uma grande nação"

Para pobres: "Eu te abençoarei"

Para desconhecidos: "Eu te engrandecerei o nome"

Para indignos: "Abençoarei os que te abençoarem"

Para desprezados: "Amaldiçoarei os que te amaldiçoarem"

Para preocupados: "Por ti todos serão abençoados"

25. Cristãos nos lugares errados (Gn 12.9-20)

Abraão desceu ao Egito e não foi uma bênção	Gn 12.10s
Ló foi a Sodoma (mundo) e perdeu tudo	Gn 13.11
Elias se deitou debaixo do arbusto em vez de estar no Carmelo	1Rs 19.4
Jonas estava no ventre do peixe e clamou	Jn 2
O profeta enganado pisou em um caminho errado e morreu	1Rs 13.19-24
Davi estava no terraço em vez de estar no campo da batalha	2Sm 11.2
Pedro se aquentou junto ao fogo em vez de vigiar	Lc 22.55

26. Escolhas diferentes (Gn 13.10,11)

A escolha de Ló:

Foi uma escolha motivada apenas pelo ambição	1Tm 6.9
Foi uma escolha egoísta: não teve consideração por Abraão	Gn 13.11
Foi uma escolha sem oração: ele não consultou a Deus	Sl 32.8,10
Foi uma escolha que acabou na desgraça	Gn 19

A escolha de Abraão:

Abraão escolheu a comunhão com Deus	Gn 13.9-12
Abraão entregou sua vida a Deus e foi ricamente abençoado	Gn 13.14-17
Abraão recebeu o título de "amigo de Deus"	Is 41.8
Abraão foi transformado por Deus em um dos patriarcas do povo de Israel	Gn 13.16

27. O pecado de Sodoma (Gn 13.13)

Era muito grande aos olhos de Deus	Gn 13.13
O clamor do pecado de Sodoma chegou até Deus	Gn 18.20
O pecado de Sodoma era como uva venenosa	Dt 32.32
Era um pecado vergonhoso e aberto	Gn 19.5; Is 3.9
Este pecado é uma abominação a Deus	Jr 23.14; Rm 1.26,27
Os vícios de Sodoma causam aflição aos filhos de Deus	2Pe 2.7,8
A influência dos pecados de Sodoma é perniciosa	Gn 19.31-38
Deus julga o pecado após ser muito paciente	Gn 19.23-25

28. Pecado (Gn 16.2)

As consequências do pecado na vida dos filhos de Deus:

Se Abraão não tivesse tomado Agar não existiria a inimizade entre os árabes e os judeus	
Se Ló não tivesse ido a Sodoma, mas tivesse ficado com Abraão, suas filhas não teriam casado com sodomitas e não existiriam os moabitas nem os amonitas	Gn 19.30-38
Se Jacó não tivesse ficado em Siquém, mas tivesse ido para Betel, para onde Deus o estava mandando, sua filha Diná não teria	Gn 34

sido estuprada e seus filhos não teriam se tornado homicidas

Se Davi não tivesse cometido adultério com Bate-Seba, o nome do Senhor não teria sido envergonhado — 2Sm 12.14

Se Pedro não tivesse se assentado com os ímpios não teria negado o Senhor — Lc 22.55; Sl 1.1

29. De onde vens, para onde vais? (Gn 16.8)

Muitas vezes fizemos esta pergunta a passantes, mas Deus foi o primeiro a fazê-la.
De onde vens?

Assim Deus perguntou a uma serva que estava fugindo. Ele pensa em todos	Jr 2.2,17,18
Deus a deteve em um caminho errado	Gn 16.8; Ez 16.8
Como ele a deteve? Não com repreensões	Lc 15.20
O fato de Deus a ter encontrado no deserto e junto a um poço nos lembra o povo de Israel e a samaritana	Ez 16.5,6; Jo 4.6,7

Para onde vais?

Agar sabia de onde vinha, mas não para onde ia	Sl 139.7; Hb 2.3
Para onde no deserto?	Dt 8.15
Existem apenas dois caminhos	Mt 7.13,14
A exortação carinhosa: "volta"	Gn 16.9
Agar reconhece seu caminho errado	Gn 16.13
A grande bênção de quem retornou de um caminho errado: um filho	Gn 16.11,10
A bênção foi ampliada	Gn 21.17-19
A louvor daquela que foi restaurada: "Tu és Deus que vê"	Gn 16.13

30. A intercessão de Abraão (Gn 18.22-33)

Foi a favor de uma cidade que estava madura para o juízo

Foi fruto de sua comunhão com Deus	Gn 18.22
Foi séria, firme e determinada, quase uma negociação	Gn 18.23-33
Foi muito humilde	Gn 18.27
Foi muito franca	Lc 18.1; Hb 10.19
Foi perseverante	Gn 18.32; Rm 12.12
Foi ouvida: Deus lhe concedeu algumas almas	Gn 19.15,29

31. Os verdadeiros ofertantes (Gn 22)

Dão a Deus o melhor que tem	Gn 22.2; Ml 1.8
Dão até aquilo que trazem no corpo	1Sm 18.1-5
Não recuam diante de dificuldades	Gn 24.58-66
Dão a si mesmos	At 20.24
Abrem mão de comodidades	Jz 7.5
Estão dispostos a dar sua vida	Et 4.16
Tem o Senhor Jesus como exemplo	2Co 8.9

32. O Cordeiro de Deus (Gn 22.8)

Foi prometido ao patriarca	Gn 22.8
Foi prefigurado no cordeiro pascal	Êx 12.3-6
Os profetas o viram já sacrificado	Is 53; Sl 22; 69
João Batista apontou para ele	Jo 1.29
Foi provado e testado na hora da tentação	Mt 4
Foi anunciado em Atos dos Apóstolos	At 8.32; 1Pe 1.18,19
É seguido pelos fiéis em todo lugar e circunstância	Ap 14.4
Está agora coroado de honra e glória	Hb 2.9
É adorado pelos glorificados no céu	Ap 5.6-9
O Cordeiro julgará os ímpios	Ap 6.16

33. Fidelidade a Deus (Gn 22.3-18)

Como Abraão, que deu a Deus o que tinha de mais querido	Gn 22.3-18
Como José, que preferiu sofrer a entristecer a Deus	Gn 39.4-22
Como Moisés, que foi fiel em toda a sua casa	Nm 12.7; Hb 3.5
Como Davi, diante dos adversários	1Sm 22.14
Como Daniel, diante da morte pelo martírio	Dn 6.10-14
Como Paulo, no ministério que lhe foi confiado	At 20.20
Como Timóteo, o filho amado e fiel	1Co 4.17; Fp 2.19,20
Como os cristãos sofredores de Esmirna	Ap 2.10

34. A oração de Jacó (Gn 32)

O motivo da oração:

Por causa dos erros e pecados de seu passado, Jacó temia o encontro com Esaú, a quem tinha enganado duas vezes (Gn 27.35,36), e que vinha agora ao seu encontro com 400 homens (Gn 33.1). Estava, também, profundamente preocupado com sua família (Gn 32.11).

A singeleza de sua oração:

Jacó orou como uma criança: "Deus de meu pai". Orar a Deus como filho dá à oração uma força e alegria especial	Rm 8.15; Gl 4.6
Jacó se firmou na promessa	Gn 32.12; Jo 14.13,14
Jacó confessou sua indignidade	Gn 32.10; Sl 103
Jacó orou com determinação e confiança	Gn 32.11; Os 12.4

A resposta:

Deus veio ao seu encontro	Gn 32.30
Deus fez de Jacó um outro homem	Gn 32.28; 1Sm 10.6
Deus operou a reconciliação com Esaú	Gn 33.4

35. Como devemos orar? (Gn 32.9-12)

Com confiança nas promessas de Deus	Gn 32.12; Sl 119.149
Com confiança na aliança com o Senhor	Jr 14.21; Mt 26.28
Com confiança na sua grande misericórdia	Sl 51.1; Dn 9.18

Com plena certeza de fé	Mt 21.22; Tg 1.6
Com plena certeza da resposta	1Jo 5.15; Hb 10.22
Com submissão à vontade de Deus	Lc 22.42; Jo 6.38
Com um propósito determinado	Gn 32.26; Lc 18.1-7

36. O poder da oração (Gn 32.28)

A oração é o maior poder que existe.

Esta foi a experiência de Jacó. O poder da oração é multiplicado nas reuniões de oração	At 4.31; Mt 18.19

O que este poder não é:

Não é força física nem atômica	Jó 40.9
Não é poder intelectual	Jó 38.4

O que é e de onde vem este poder?

É o poder de Deus	Sl 138.3; Mc 5.30
Foi prometido pelo Senhor	At 1.8
Flui da comunhão com Deus	Hb 7.25; 10.19
É fruto de nossa posição como filhos de Deus	Gl 4.6; Rm 8.15

Como podemos obter este poder?

Reconhecendo, primeiro, a nossa fraqueza	2Co 12.10
Buscando resolutamente a bênção de Deus	Gn 32.26
Abrindo singelamente o nosso coração	Os 12.4

Como devemos usar este poder?

Para a glória de Deus, como Jacó que, doravante, era um novo homem	Gn 32.28
Como um testemunho às outras pessoas	Gn 32.31
Andando na luz: o sol raiou para Jacó	Gn 32.31
Com uma nova atitude	Gn 33.4

37. O amor de José a seus irmãos (Gn 45)

Deu-se a conhecer a seus irmãos	Gn 45.1
Declarou seu amor, profundamente comovido	Gn 45.2
Afirmou o seu amor, fazendo seus irmãos chegar a si	Gn 45.4; Lc 15.20
Consolou-os	Gn 45.5
Animou seus irmãos, apesar de ter sofrido muito por causa deles	Gn 45.7,8
Provou seu amor beijando-os	Gn 45.15
Proveu o necessário a eles, retribuindo assim o mal com o bem	Gn 45.21
O nosso José, Jesus, fez infinitamente mais	Gl 2.20

38. O Senhor, o nosso pastor (Gn 49.24)

Em Gn 49.24 ele é visto profeticamente como "O Pastor"	Is 40.11; Ez 34.23
Ele mesmo se denomina de "O Bom Pastor"	Jo 10.14,27
Ele é ao mesmo tempo o Grande Pastor e o Supremo Pastor	1Pe 5.4; Hb 13.20

Ele dirige e conduz suas ovelhas	Jo 10.3; Sl 23
Ele as envolve com cuidado e amor	Is 40.11
Ele as protege: nenhuma deve se perder	Jr 31.10; Ez 34.11
Ele dá a sua vida pelas ovelhas	Jo 10.11; Zc 13.7
Ele dá a vida eterna para as ovelhas	Jo 10.28

39. Deus, o Bom Samaritano de Israel (Êx 3.7,8)
Compare Lucas 10.30-37 com o agir de Deus em relação a Israel

Deus agiu como o Bom Samaritano: ele viu a miséria de Israel	Êx 2.23; 3.7,8
Ele veio para a ajudar seu povo	Êx 3.8; Ne 9.9,10
Ele salvou o seu povo	Jr 31.3
Ele atou as feridas de Israel	Sl 147.3
Ele trouxe Israel para uma terra boa (hospedaria)	Ez 20.6
Ele cuidou de seu povo como José cuidou de seus irmãos	Gn 45; Sl 78.24
Ele deu a Israel o vinho e o óleo: o bálsamo de Gileade	Ez 16.9; Jr 8.22

40. O nosso Deus ouve (Êx 3.7)

O gemido dos oprimidos	Êx 3.7
A oração de seus servos	1Rs 17.22
O clamor dos aflitos	Sl 34.6
As injúrias dos inimigos	2Rs 19.4,35
As conversas dos que temem a Deus	Ml 3.16
Mas também as murmurações dos seus	Êx 16.8
As palavras invejosas a respeito de outros	Nm 12.1
As queixas sobre os caminhos de Deus	Nm 11

41. O Cordeiro (Êx 12; 1Pe 1.19)

Foi escolhido	Êx 12.3-6; 1Pe 1.20
Deveria ser sem defeito	Êx 12.5; 1Pe 1.19
Seu sangue deveria ser aspergido	Êx 12.7; 1Pe 1.2
Foi assado no fogo (o sofrimento de Cristo)	Êx 12.8; 1Pe 1.11
Deveria ser comido com pães asmos (sem fermento)	Êx 12.8; 1Pe 1.16
Israel deveria estar preparado, com os lombos cingidos	Êx 12.11; 1Pe 1.13
Israel deveria estar preparado para marchar em um novo caminho	Êx 12.11; 1Pe 1.17
Israel deveria estar pronto para entrar na terra prometida	Êx 12.31; 1Pe 1.4

42. Preocupações desnecessárias (Êx 3.11-15)
Como Moisés avaliava a si mesmo

Quem sou eu?	Êx 3.11
O que devo dizer?	Êx 3.13; Jr 1.7
Não crerão em mim	Êx 4.1; Mt 10.19,20
Não sou eloquente	Êx 4.10; Jr 1.6

O povo não me ouvirá	Êx 4.1; 6.12; Is 6.9
Eu não sei falar bem	Êx 6.30; 1Co 9.16

43. O que o Senhor dá aos seus (Êx 6.6-8)

Libertação: "Eu tirarei vocês"	Êx 6.6; Rm 6.17,18
Salvação da escravidão de Faraó	Êx 6.6; Jo 8.36
Honra: faz de Israel o seu povo	Êx 6.7; 1Pe 2.9
Livramento: das cargas	Êx 6.6; Ef 1.7
Amizade: aceita-os como seu povo	Êx 6.7; 2Co 6.17,18
Bênção: dá-lhes a terra	Êx 6.8; Hb 4.11
A herança como sua possessão	Êx 6.8; 1Pe 1.4

44. Lições da praga do granizo (Êx 9)

A certeza do julgamento	Êx 9.18; At 17.31
O rigor do julgamento	Êx 9.18; Mt 11.21-24
A advertência antes do julgamento	Êx 9.19; 2Co 5.10
O escape do julgamento	Êx 9.19; Lc 13.3-5
A única segurança no julgamento	Êx 9.19; Hb 6.18-20
O único lugar que ficou livre do julgamento	Êx 9.26; 1Ts 1.10b

45. As sete festas da Páscoa na Bíblia

A primeira foi celebrada na saída do Egito	Êx 12.3-20
A segunda foi celebrada no deserto	Nm 9.5
A terceira foi celebrada nas campinas de Jericó	Js 5.10
A quarta nos dias de Ezequias	2Cr 30
A quinta no governo do jovem rei Josias	2Cr 35
A sexta após o retorno da Babilônia	Ed 6.19,20
A sétima e última, quando o verdadeiro Cordeiro foi sacrificado	Mt 26.17-30

46. O povo de Deus está protegido

Debaixo do precioso sangue de Cristo	Êx 12.13; Ap 12.11
Na mão de Deus	Jo 10.28,29
No esconderijo, à sombra de Deus	Sl 27.5; 91.1
Debaixo de suas asas	Sl 61.4
Debaixo de seu escudo e no seu refúgio	Sl 91; 119.114
Protegido pela fé como Moisés	Hb 11.27

47. A coluna de nuvem e de fogo (Êx 13.21)

Um líder	Sl 107	Nosso líder	1Pe 2.21
Uma luz	Êx 13.21	Nossa luz	Jo 1.8,9
Uma sombra	Sl 105.39	Nossa sombra	Is 32.2
Um protetor	Êx 14.19	Nosso protetor	Jd 24,25

Um escudo	Êx 14.20	Nosso escudo	Sl 3.3
Um vingador	Êx 14.24	Nosso vingador	Rm 12.19

48. Eu irei adiante de vocês (Êx 13.21)

O Senhor foi à frente de Israel	Êx 13.21
Ele protegeu o seu povo no caminho	Êx 23.20
Ele deu vitória a seu povo	Dt 1.30; 9.3
Ele estava constantemente procurando o melhor para seu povo	Dt 1.31
Ele constantemente estava ao redor de seu povo	Dt 1.33
Ele endireita caminhos tortuosos e conduz a tesouros	Is 45.2,3
Todos seguem a sua voz	Jo 10.4

49. Nós estamos nas mãos de Deus (Êx 13.3)

Para sermos conduzidos para fora	Êx 13.3
Para sermos instruídos	Dt 33.3; Sl 32.8
Para sermos protegidos	Sl 31.15
Para sermos providos	Sl 104.28
Para sermos úteis	Ef 2.10
Por toda a eternidade	Sl 31.5

50. Falsidade, um perigo verdadeiro

Falsos boatos	Êx 23.1
Falsas testemunhas	Sl 102
Falsos caminhos	Sl 119.104
Falsos cristos	Mt 24.24
Falsos apóstolos	Ap 2.2
Falsos irmãos	2Co 11.26
Falsos mestres	2Pe 2.1
Falsos profetas	1Jo 4.1

51. O maná (Êx 16)

Foi uma dádiva de Deus	Êx 16.4; Jo 6.32
Foi um presente gracioso de Deus	Ne 9.15; Rm 6.23
Todos deveriam colhê-lo	Êx 16.4; Jo 6.53
Deveria ser colhido cedo pela manhã	Êx 16.21; Is 50.4
Foi desprezado até por Israel	Nm 21.5; Jo 6.53
Era algo pequeno, sem aparência	Êx 16.14; Mt 11.29
Era branco	Êx 16.31

52. A água da Rocha (Êx 17.1-7; 1Co 10.4)

O povo estava sedento, assim como todos os que estão sem Cristo	Jo 4.14
Deus, na sua misericórdia, criou uma fonte	Ne 9.15

A água jorrava aos borbotões, assim como a graça de Deus	Jo 10.11; Mt 11.28
Fluía para todos livre e graciosamente	Is 55.1; Lc 1.53
Todos eram bem-vindos. "Quem quiser, venha e beba"	Ap 22.17

53. Luta e vitória (Êx 17.8-16)

"Então veio Amaleque!" Quando? Depois de experiências de vitórias. Satanás gosta de atacar depois de termos recebido bênçãos de Deus. Assim foi, também, com o Senhor Jesus (Mt 3.17; 4.1). Amaleque foi um inimigo incessante de Israel (Dt 25.17). O que Amaleque foi para Israel a nossa carne é para nós (Rm 8.5-9; Gl 5.17; Cl 3.5; 1Pe 2.11).

A vitória sobre Amaleque foi resultado de oração fervorosa	Êx 17.11-13
Assim nós podemos ter vitórias	Ef 6.11-18
A bênção da intercessão: enquanto Moisés orava, Israel vencia	Êx 17.11,12
O Senhor intercede por nós e nos salva	Hb 7.25; Rm 8.34
Josué derrotou a Amaleque	Êx 17.13
Assim Jesus triunfa sobre nossos inimigos: o mundo, Satanás, a carne	Rm 8.37; 1Co 15.58
Esta vitória foi registrada para memória	Êx 17.14
Moisés edificou um altar e chamou-o de: "O Senhor é minha bandeira"	Êx 17.15,16

O Senhor Jesus é nossa bandeira da vitória. A vitória nos está assegurada:

Sobre Satanás	1Jo 2.14
Sobre o pecado	Rm 8.37
Sobre o mundo	1Jo 5.4

Também nós erguemos nossa bandeira:

A bandeira da verdade	Pv 8.7; Sl 60.4
A bandeira da vitória	Sl 20.6
A bandeira do amor	Ct 2.4

54. O ministério dos anjos (Êx 23.20)

Anjos são guias dos cristãos	Êx 23.20; 32.34
Fortalecem-nos nas lutas	Jz 6.11,22
Auxiliam os santos nas suas necessidades	1Rs 19.5; At 12.7
Protegem-nos em perigos	2Rs 6.17; Sl 34.7
Libertam-nos de muitas dificuldades	Gn 19.16; At 27.23
Protegem-nos em nossos caminhos	Gn 24.7; Is 63.9
Um dia nos levarão para o lar	Lc 16.22

55. Pecados de feitiçaria (Êx 22.18)

O Senhor proibiu todas as formas de feitiçaria	Êx 22.18
Todo o envolvimento com a feitiçaria está proibido	Lv 19.26
Quem se envolve com a feitiçaria se contamina	Lv 19.31
Todos os que praticavam a feitiçaria eram eliminados	Lv 20.27

26 GEORG BRINKE

Por causa deste pecado Deus eliminou os cananeus	Dt 18.12
Feitiçaria foi um dos pecados de Manassés	2Cr 33.6
Por causa deste pecado Deus entregou Israel	Is 2.6
Consultar os espíritos é desprezar a Deus	Is 8.19
Médiuns são possuídos por demônios	At 16.16-18
Não há lugar no céu para os feiticeiros	Ap 21.8; 22.15
Consultar os espíritos é um dos sinais dos últimos tempos	1Tm 4.1,2

56. Servos de Deus (Êx 28.1; Hb 5.4)

Deus mesmo os chama, não os homens	Êx 28.1; Hb 5.4
Deus os capacita	Is 6.7,8
Deus lhes dá a missão	Mt 28.19; Jr 1.4,5
O Espírito Santo os envia	At 13.2-4
Têm uma mensagem maravilhosa para compartilhar	1Ts 2.4
A Palavra os denomina:	
Embaixadores de Cristo	2Co 5.20
Ministros de Cristo	1Co 4.1
Despenseiros dos mistérios de Deus	1Co 4.1; Ef 6.19

57. Rostos resplandecentes (Êx 34.35)

O rosto de Moisés refletia a glória de Deus	Êx 34.35
Arão ora para que a glória de Deus resplandeça sobre Israel	Nm 6.25
O rosto de Cristo brilhava depois da sua oração	Mt 17.2
O rosto de Estêvão brilhava como o rosto de um anjo	At 6.15
O quarto homem na fornalha de fogo resplandecia como Deus	Dn 3.25
Todos nós devemos refletir a glória de Deus	2Co 3.18

58. Expiação em Levítico

Se o homem não tivesse pecado, não haveria necessidade da expiação.
A necessidade da expiação:

O Deus santo a pede, a exige	Lv 4.27-31; 8.34; 9.7
O serviço da expiação era realizado pelos sacerdotes	Lv 4.20
O sangue é o meio da expiação	Lv 17.11; Mt 26.28
A expiação era feita diante de Deus	Lv 14.18

A grande bênção da expiação:

Perdão de pecados	Lv 4.20,26,31
Purificação	Lv 13.16,17
O sacerdote fazia a expiação pelo povo impondo as mãos sobre o sacrifício	Lv 1.4

59. Sacerdotes de Deus (Lv 8)

Sacerdotes são pessoas convertidas que servem a Deus	1Ts 1.9; Ef 2.10
Sacerdotes são pessoas lavadas no sangue de Jesus	1Pe 1.18,19; Ap 1.5,6

Temos neste capítulo lições preciosas sobre o ministério dos sacerdotes:

Os sacerdotes eram chamados por Deus como Arão e seus filhos	Lv 8.1,2
Os sacerdotes eram lavados com água	Lv 8.6; Hb 10.22
Os sacerdotes eram vestidos com os trajes sacerdotais	Lv 8.13; Is 61.10
Os sacerdotes eram cingidos com um cinto	Lv 8.7; Ef 6.14; Jo 13.4
Os sacerdotes tinham os seus membros santificados	Lv 8.24; Jo 17.17-19
Os sacerdotes eram ungidos com óleo	Lv 8.30; At 1.8
Os sacerdotes recebiam a provisão	Lv 8.31; Fp 4.19

60. Os sacerdotes da Velha e da Nova Aliança (Lv 8)

Deus chama pessoas pelo Evangelho — Lv 8.1,2; Mt 11.28

Estes chamados foram:

Lavados (Lv 8.6) – pelo novo nascimento	Jo 3.5; Tt 3.5
Vestidos (Lv 8.7) – com a justiça	2Co 5.21; Rm 5.1
Ungidos (Lv 8.12) – com selo do Espírito Santo	Ef 1.13
Reconciliados pelo sacrifício (Lv 8.15) – pela justificação	Rm 3.24
Aceitos pelo sacrifício (Lv 8.18) – pelo Amado	Ef 1.6
Aspergidos com sangue (Lv 8.23) – pelo sangue de Cristo	Hb 9.13,14
Ungidos (Lv 8.30) – pelo Espírito Santo	At 1.8

61. Sede santos (Lv 11.44)

O que é santidade? Ser um com a vontade de Deus

A condição para a santidade é a obediência	1Pe 1.14
O exemplo de santidade é o Senhor Jesus	1Pe 1.15
O lugar de ser santo é a vida diária	1Pe 1.15
A possibilidade de sermos santos nos é dada em Cristo	1Co 1.30; Jo 17.19
O imperativo para sermos santos nos é dado por Deus	1Pe 1.15,16; Hb 12.14

62. Santidade (Lv 11.45)

É um imperativo divino	Lv 20.7; Cl 3.12
Foi objeto da intercessão do Senhor por nós	Jo 17.17
É operada em nós pelo próprio Senhor	Ef 5.25-27
O Senhor mesmo é o exemplo de nossa santidade	Hb 7.26; 1Pe 2.21
O instrumento para a santidade é a Palavra	Jo 17.17
Seguir a santidade é ordem de Deus	Hb 12.14
Apenas santificados podem adorar a Deus	Sl 24.3,4; Jo 4.23
Ser santo é ter o sentimento de Cristo	Fp 2.5

63. Santidade, uma ordem divina (Lv 19.2)

O santificado mostra a santidade na vida diária	1Tm 5.4
O santificado honra seus pais	Lv 19.3; Ef 6.2
O santificado renuncia aos ídolos	Lv 19.4; 1Ts 1.9
O santificado sacrifica ao Senhor com alegria	Lv 19.5; Hb 13.16
O santificado ajuda os necessitados	Lv 19.9, 10; Hb 13.16
O santificado é honesto com seu próximo	Lv 19.11; Ef 4.25
O santificado age com justiça para com outros	Lv 19.13; 1Jo 2.29
O santificado não fala mal de seu próximo	Lv 19.16; At 24.5-9
O santificado corrige a seu irmão	Lv 19.17; Gl 6.1

64. O verdadeiro sacrifício (Lv 22.19)

As ofertas devem ser sem defeitos	Lv 19.22
As ofertas devem ser o melhor que temos	Ml 1.8
As ofertas devem ser voluntárias	Lv 22.21; 2Co 8
As ofertas devem ser trazidas em vasos puros	Is 66.20
As ofertas devem ser honestas, justas	Ml 3.3
As ofertas devem ser feitas sem reservas	Êx 22.29,30
As ofertas devem ser precedidas pela reconciliação	Mt 5.23,24

65. Os levitas: escolhidos de Deus (Nm 1.47-54)

Os levitas foram escolhidos por Deus	Nm 1.47; 1Pe 2.9
Eles pertenciam exclusivamente ao Senhor	Nm 3.12
Foram dados ao sumo sacerdote	Nm 3.9; Jo 17.6
Seu serviço:	
Cuidavam da casa de Deus	Nm 1.50; Gl 2.9
Levavam os utensílios do santuário	Nm 1.50; Gl 6.2
Eles desarmavam e armavam o tabernáculo	Nm 1.51
Guardavam o santuário	Nm 1.53; 1Pe 5.2
Eram fiéis em seu ministério	Nm 1.54; Fp 2.19-22

66. A morte de Arão (Nm 20.23-29)

A morte do Senhor Jesus e a morte de Arão têm muitas semelhanças:

O Senhor e Arão sabiam antecipadamente de sua morte	Nm 20.23, 24; Lc 9.31
O Senhor morreu rapidamente, assim como Arão	Nm 20.28; Jo 19.33
O Senhor morreu no Gólgata e Arão em um monte	Nm 20.25
O Senhor, porém, morreu pelos nossos pecados e Arão por causa dos seus	Nm 20.24

67. Consagrados ao Senhor (Nm 6.1-8)

O israelita que se consagrasse ao Senhor assumia os votos dos nazireus. Este voto exigia a abstenção de muitas coisas que agradavam à carne (Nm 6.3-8). Do mesmo modo, o filho de Deus deve se abster das coisas que guerreiam contra a alma (1Pe 2.11).

Tudo o que prejudica a comunhão com Deus deve morrer	Cl 3.5; Rm 8.12,13
Renúncia a maus costumes	Cl 3.9; Gl 5.24
Diariamente deve-se renunciar a si mesmo	Lc 9.23,24
Cristo deve ser o centro do coração	Ef 3.17; 1Pe 3.15
A consagração deve ser total, sem reservas	At 5.3

68. Uma boa oportunidade (Nm 10.29)

Hobabe, filho de Reuel, o sogro de Moisés, tinha trazido a esposa de Moisés, a qual ele tinha deixado para trás até sair com Israel do Egito. Moisés pediu a Hobabe para ficar com o povo e continuar com ele a viagem, mas ele não quis.

Um convite cordial: "venha junto conosco".

Este convite envolvia três coisas:

Tornar-se um com o povo de Deus

Usufruir da bênção diária de Israel, o maná

Alegrar-se na terra em que flui leite e mel

"Nós queremos fazer-te bem. Tu serás os nossos olhos":

Um posição privilegiada foi-lhe oferecida

A resposta de Hobabe: "Eu não quero. Quero voltar à minha terra, à minha parentela."

Ele não conseguiu separar-se como Abraão

69. O ministério dos levitas e o nosso

Os levitas foram separados para Deus	Nm 16.9; Jo 15.16
Eram pessoa consagradas a Deus, purificadas	Nm 8.21, 22; 1Co 6.11
Estavam prontos a servir	1Cr 28.21; Lc 9.23
Eram homens capazes para a obra do ministério	1Cr 9.13; At 1.8
Cada um servia no seu lugar	Nm 4.19; Mt 25.15
Cada um fazia o serviço que lhe fora designado	1Cr 6.48; Jo 2.5

70. Israel em Números 21

Moisés destaca dez coisas:

O pecado de Israel: falaram contra Moisés	Nm 21.5; 1Cr 16.22
O testemunho de Israel: nós pecamos	Nm 21.7; Lc 15.18
A salvação de Israel: a serpente de bronze	Nm 21.8; Jo 3.14
O refrigério de Israel: Deus lhes deu água	Nm 21.16; Jo 4.13,14
O louvor de Israel; cantaram um hino	Nm 21.17; Cl 3.16
A luta de Israel	Nm 21.23; Ef 6.12
A vitória de Israel	Nm 21.24; 2Co 2.14
O despojo de Israel	Nm 21.31; Sl 119.162
O encorajamento de Israel: não temas	Nm 21.34; Jo 14.27

71. O vosso pecado vos há de achar (Nm 32.23)

Os pecadores são despertados de diferentes maneiras:

Pela Palavra de Deus	Hb 4.12,13; Jo 2.25
Pelo Espírito Santo	At 2.36,37; Jo 16.8

Pela menção de determinados pecados	At 24.25; Hb 4.12
Pelas consequências do pecado	Lc 15.17; 2Tm 2.25,26
Por uma enfermidade	Mc 2.5; Is 38.1-3
Pela proximidade da morte	Lc 23.42
Porém alguns morrem nos seus pecados	Js 7.25; At 5.5,10

72. Ouçam e cumpram a Palavra de Deus (Dt 4.1-9)

Para vocês terem vida	Dt 4.1; Hb 4.12
Para vocês entrarem na terra prometida	Dt 4.1; 11.11,12
Nada acrescentem à Palavra	Dt 4.2; Pv 30.6
Nada diminuam da Palavra	Dt 4.2; Ap 22.19
A Palavra mantém a vida	Dt 4.4; Jo 6.63
A Palavra dá sabedoria e juízo, ela ilumina	Dt 4.6; Js 1.8
A Palavra diferencia vocês dos outros povos	Dt 4.8; 1Pe 2.9
A Palavra deve ser anunciada	Dt 4.9; Sl 78.3-8

73. Sete advertências (Dt 6.10-12)

Não se esqueça de Deus	Dt 6.10-12
Não ande em jugo desigual com os incrédulos	2Co 6.14
Não procure agradar às pessoas a qualquer custo	Gl 1.10; Mt 22.16
Não se enrede nas filosofias humanas	Cl 2.8; Hb 13.9
Não se envolva com a idolatria	1Jo 5.21; Mt 6.24
Não iluda a você mesmo	Mt 7.21-27
Não seja avarento	Lc 12.15; Hb 13.5

74. Uma declaração de amor de Deus ao seu povo (Dt 4.37)

Deus ama a Israel por causa dos pais	Dt 4.37
Deus ama Israel com um amor incondicional	Dt 7.7; 1Co 1.26
Deus ama Israel por causa do juramento	Dt 7.8
Deus prova seu amor por meio de um grande cuidado	Dt 10.18; Fp 4.19
Deus, no seu amor, transforma maldição em bênção	Dt 23.5; Gl 3.13
Deus derrama bênçãos abundantes sobre o povo	Dt 33.3ss

75. Somos um povo amado por Deus (Dt 7.14)

Um povo abençoado mais que todos os povos	Dt 7.14
Um povo separado por Deus dentre todos os povos	Nm 23.9; 1Pe 2.9
Um povo que pertence a Deus	Êx 19.5; Sl 100.3
Um povo amado e abençoado	Dt 7.6
Um povo de propriedade exclusiva	Êx 19.5; 1Pe 2.9,10
Um povo santo ao Senhor	Dt 7.6
Um povo em aliança com Deus	Lc 1.68-74

76. Nós amamos (Dt 6.5)

O Senhor	Dt 6.5
Os irmãos	1Jo 4.21
Nossas esposas	Ef 5.25
Nosso próximo	Mt 22.39
Os estrangeiros	Dt 10.19
Os inimigos	Mt 5.44
Nossos filhos	Ef 6.4

77. Não se esqueça

Do Senhor	Dt 6.12
Das obras de Deus	Sl 78.7
Dos seus benefícios	Sl 103.2
Da sua lei	Pv 3.1
Dos necessitados	Sl 41.1-3
Dos seus pecados	Dt 9.7
De fazer o bem	Hb 13.16; Gl 6.10

78. O que Deus pede de nós (Dt 10.12,13)

Que o temamos	Dt 10.12; Pv 1.7
Que andemos em todos os seus caminhos	Dt 10.12; Gn 17.1
Que amemos a Deus de todo o coração	Dt 10.12; Mt 22.37
Que sirvamos ao Senhor de todo o coração	Dt 10.12; 1Ts 1.9
Que obedeçamos aos seus mandamentos	Dt 10.13; Jo 13.34; 14.23
Que pratiquemos a justiça	Mq 6.8; 1Jo 2.29
Que andemos humildemente com Deus	Mq 6.8; Is 57.15
Que pratiquemos verdadeiro amor fraternal	Dt 10.19; 1Jo 3.16
Que nos apeguemos a ele (como Ezequias)	Dt 10.20; 2Rs 18.6

79. Obediência

É a prova de verdadeiro arrependimento e consagração	Dt 4.29-31; Jo 14.23
É a garantia de ricas bênçãos	Dt 11.27; Ml 3.10
Evita que nos envolvamos em relacionamentos prejudiciais	Dt 13.1-5
É o sinal de nossa submissão	Dt 27.9,10
É o segredo da vitória	Dt 30.2,3
É o segredo do sucesso	Dt 30.20; Js 1.8

80. O povo de Deus é... (Dt 7.6)

Um povo escolhido	Dt 7.6 1Pe 2.9
Um povo redimido, libertado	Êx 15.13; Ef 1.7
Um povo que pertence a Deus	Dt 14.2; 1Co 6.20

| Um povo santo | Dt 7.6; 1Pe 1.15 |
| Um povo feliz | Dt 33.29; Jo 15.11 |

81. Ainda não estamos lá (Dt 12.9)

Israel já tinha realizado uma longa jornada, mas Moisés teve que lhes dizer que ainda não tinham chegado ao seu destino. Também nós olhamos cheios de gratidão para trás (Sl 116.12) e cheio de fé para frente (2Tm 4.8).

Ainda estamos viajando como Israel outrora	Js 1.2
Viajamos com muitos perigos e inimigos	1Pe 5.8
A coluna de nuvem e fogo lhes abriu o caminho	Êx 14.19,20
Não lhe faltou a provisão diária	Sl 78.24-29
O líder Josué ia à sua frente	Js 1.2
Nós ainda não chegamos ao fim da jornada:	
Mas o descanso sabático nos espera	Hb 4.11
Uma herança maravilhosa está guardada para nós	1Pe 1.4

82. Um profeta como Moisés (Dt 18.15,18)

De acordo com a promessa, este profeta é o nosso Senhor	At 3.22
Ele foi ungido com o Espírito Santo	Is 61.1; Lc 4.18
Ele conhece e revela os mistérios de Deus	Mt 11.27; Jo 3.2
Ele nos diz claramente o que deverá acontecer em breve	Mt 24; Lc 19.41-44
Ele é a sabedoria de Deus	Lc 2.40; Cl 2.3
Ele foi poderoso em palavras e obras	Mt 13.54; Mc 1.27
Deus ordenou que o ouvíssemos	At 3.22; Mt 17.5
Deus pedirá contas de quem não o ouvir	Dt 18.19; Hb 2.3
Moisés foi apenas uma prefiguração de Jesus	Dt 18.15

83. Moisés e Jesus (Dt 18.18)

Existem semelhanças marcantes entre os dois:

Ambos foram guardados como crianças	Êx 2.3; Mt 2.12
Ambos receberam uma incumbência especial	Êx 4; Mt 3.16,17
Ambos voluntariamente se fizeram pobres	Hb 11.26; Fp 2.6,7
Ambos jejuaram 40 dias	Êx 34.28; Mt 4
Ambos fizeram sinais e milagres	Êx 5; At 10.38
Moisés escolheu 70 anciãos, Jesus 70 discípulos	Nm 11.16; Lc 10.1
Moisés cuidou de Israel como Jesus cuida dos seus discípulos	Jo 6.32,35
Moisés sofreu muito, mas o Senhor Jesus sofreu muito mais	Nm 12.3; Is 53
Moisés era humilde, Jesus era humilde de coração	Nm 12.3; Mt 11.28,29
Moisés instituiu a Páscoa. Jesus é o Cordeiro Pascal	Êx 12; Jo 1.29
Moisés morreu em uma montanha, Jesus no monte do Gólgata	Dt 34; Mt 27.33

84. O que Deus promete aos obedientes (Dt 28.1-4)

Exaltá-los	Dt 28.1; 1Pe 5.6
Abençoá-los com toda sorte de bênçãos	Dt 28.2-5; Ef 1.3
Dar-lhes vitória sobre todos os inimigos	Dt 28.7; Ef 6.10-18
Dar-lhes todo tipo de bênçãos	Dt 28.8; Gn 26.12,18
Fazer deles um testemunho pelas bênçãos recebidas	Dt 28.10; Sl 40.5
Abrir-lhes os seus tesouros	Dt 28.12; Ml 3.10
Fazer com que sejam cabeça e não cauda	Dt 28.13; Js 1

85. Um povo feliz (Dt 33)

Rúben: um povo vivo e numeroso	Dt 33.6
Judá: um povo que ora	Dt 33.7; At 4.31
Levi: um incenso, um povo que oferta	Dt 33.8; 2Co 2.15
Benjamim: um povo protegido	Dt 33.12; Sl 91
José: um povo frutífero	Dt 33.13-17; Gn 49.22
Zebulon: um povo alegre	Dt 33.18; Fp 4.4
Issacar: um povo que oferta	Dt 33.19; Hb 13.15
Dã: um povo corajoso como um leão	Dt 33.22
Naftali: um povo satisfeito	Dt 33.23; Jo 1.16
Asser: um povo abençoado com filhos	Dt 33.24
Abençoados todos os que tem o Deus de Israel como o seu Deus	Dt 33.29; Ef 1.3

86. O castigo dos ímpios (Dt 32.22)

Foi profetizado pelos antigos	Dt 32.22; Jd 14,15
Os profetas advertiram a respeito dele	Sl 9.17
O Senhor mesmo o descreveu em detalhes	Mt 25.46; Mc 9.47,48
Os apóstolos o ensinaram	At 17.31; Hb 10.29
O Apocalipse fala dele	Ap 14.10; 20.11-15
Os zombadores o negam, mas em vão	2Pe 3.4; Jd 18

87. As ricas promessas a Josué (Js 1)

A promessa da terra que mana leite e mel	Js 1.3,4; Jo 14.2
A promessa da presença de Deus	Js 1.5; Mt 28.20
A promessa da força e da coragem	Js 1.6; 2Tm 2.1; At 27.24
A promessa do sucesso	Js 1.8; Sl 1.3
A promessa de um final maravilhoso	Js 24

88. Seja forte e corajoso (Js 1)

Para reivindicar as promessas	Js 1.6; 2Pe 1.4
Para obedecer as ordens de Deus	Js 1.7
Para superar as dificuldades	Js 1.9; Mt 10.16

Para ficar firme quando pessoas se levantam contra nós	Js 1.18; Rm 8.31
Para não desanimar diante de derrotas	Js 8.1; 1Co 16.13
Para ser decidido na execução do julgamento do pecado	Js 10.25,26; Gl 6.1

89. O caminho da bênção (Js 1)

Ouvir o chamado de Deus	Js 1.1; Gl 1.1
Conhecer os pensamentos de Deus	Js 1.2, 3; Rm 11.35, 36
Confiar nas promessas	Js 1.3; Lc 24.49
Estar consciente da presença de Deus	Js 1.5; Hb 13.5, 6
Ser forte no Senhor	Js 1.7; Ef 6.10
Confiar na direção do Senhor	Js 1.7; Sl 32.8
Ter alegria na Palavra	Js 1.8; Sl 119.129
Seguir destemidamente o Senhor	Js 1.9; 1Co 15.58

90. Uma grande derrota (Js 7)

Foi diante da cidade de Ai.
Como foi a derrota:

Inesperada	Js 7.3-5; Lc 22.56,57
Pesada: Israel fugiu	Js 7.4
Necessária	Js 7.3
Humilhante, pois fomos chamados para a vitória	Js 7.8

Porque Israel foi derrotado:

Israel estava autoconfiante demais	Js 7.3; Mc 14.29
Havia pecado no meio do povo	Js 7.10-12; 1Co 12.26
Onde há pecado Deus se retrai	Js 7.4; 1Co 11.28-32

A restauração:

| Josué julgou o pecado | Js 7.25; Dt 13.10 |
| Depois Israel obteve novas vitórias | Js 8; At 5.11,12 |

91. A fidelidade insuperável de Deus (Js 23.14)

Insuperável por causa das promessas	Js 23.14
Insuperável na sua provisão	1Rs 17.14
Inigualável na sua bondade e fidelidade	Sl 89.33-36
Insuperável na sua misericórdia	Lm 3.22
Insuperável na Palavra	Lc 16.17
Insuperável na sua força	Is 40.29
Inseparável na tranquilidade que nos traz	Hb 13.5,6

92. O serviço que agrada a Deus (Js 24.1-14)

Como devemos servir a Deus?

| Obedecendo a ordem de servir | Js 24.14; Sl 100 |
| Com plena dedicação | Js 22.5 |

Rompendo com todo o pecado	Js 24.14; Lc 14.33
Entregando o nosso eu na morte	Gl 2.20

Por que devemos servir a Deus?

Porque Deus nos comprou para si mesmo	Js 24.5; 1Co 6.19,20
Porque ele fez grandes coisas por nós	Js 24.7; Sl 103.2
Porque ele nos protege da maldição dos inimigos	Js 24.9,10; Gn 12.3
Porque ele nos prometeu uma herança muito rica	Js 24.13; Rm 8.17

93. Idolatria (Js 23.7)

Os cristãos devem se guardar da idolatria	Js 23.7; 1Jo 5.21
Era proibido cultuar os ídolos	Êx 20.5
Hoje muitos se curvam diante de ídolos como dinheiro ou moda	Cl 3.5; 1Pe 4.3
Devemos fugir da idolatria	1Co 10.14
Não devemos ter nenhum relacionamento com ídolos	1Co 10.19,20
Outrora tivemos este relacionamento	Gl 4.8; 1Ts 1.9
Não devemos nos relacionar de forma nenhuma com os ídolos	Êx 34.15; 1Co 10.20
Devemos nos purificar da idolatria como Jacó	Gn 35.4; 1Co 5.11
Devemos advertir para o perigo dos ídolos	At 14.14ss; 19.26

94. Dez marcas da conversão

Consagração plena ao Senhor como Josué	Js 24.15
Rompimento com todo o pecado	1Jo 1.9
Amor aos irmãos na fé	1Jo 3.14
Alegria na Palavra de Deus	Sl 119.10-16
Desejo de comunhão com Deus	Mt 6.6
Grande dor depois de uma queda	Sl 51.1-19
Desejo pela salvação dos perdidos	Rm 9.2, 3; 10.1
Humildade	Tg 4.10
Anseio pela santificação	1Jo 3.3
Obediência à palavra de Deus	1Jo 3.24; 2.3

95. Verdadeiro discipulado (Js 24.15)

Josué era uma pessoa dedicada a Deus, por isso pôde exortar Israel a tomar uma decisão. Ele colocou diante do povo seu exemplo de fidelidade a Deus e exorta as pessoas a seguir o seu exemplo, como mais tarde Paulo também o fez (Fp 3.17; 1Ts 1.6).

O verdadeiro discipulado:

Exige a experiência da salvação	Tt 3.5; Jo 3.5
Necessita o reconhecimento dos propósitos de Deus	Js 1.7; At 9.6
Requer plena obediência à palavra de Deus	Js 1.8; Sl 119.105
Demanda comunhão constante com Deus	Js 1.9; Jo 15.5

O verdadeiro discipulado se mostra primeiro em casa:

Josué, como Noé, adorava a Deus na família	Gn 8.20

36   GEORG BRINKE

Josué, como Abraão, liderava a sua família	Gn 18.19
Josué governava bem a sua casa	1Tm 3.4; 5.4
O verdadeiro discipulado se evidencia no serviço a outros:	
Como o ministério de Paulo aos não salvos	Rm 9.2,3
Levando pessoas a Jesus	Jo 1.42
É reconhecido pelas demais pessoas	Js 1.16

96. Um guerreiro medroso (Jz 6)

O guerreiro medroso foi Gideão e podemos aprender preciosas lições com ele.
A situação de Israel:

Fizeram o que era mau	Jz 6.1
Deus usou os midianitas para discipliná-los	Jz 6.1; Hb 12.6,7
Estavam em uma situação de extrema penúria	Jz 6.4; 1Rs 18.2
Na sua necessidade clamaram ao Senhor	Jz 6.7; Sl 50.15
A resposta de Deus:	
Deus chamou Gideão do trabalho na colheita para o seu serviço	Jz 6.11,12; At 13.2
Deus lhe garantiu a sua presença	Jz 6.12; Js 1.5
Deus lhe ordenou que fosse libertar Israel	Jz 6.14
Deus lhe deu a promessa da vitória	Jz 6.16; Is 41.10-16

97. Um grande libertador (Jz 6.17-22)

Gideão pediu um sinal	Jz 6.17; Jo 4.48
Muitos querem primeiro ver e depois crer: isto não é fé	Lc 16.31; 24.16
O descanso da fé (Jz 6.23,24):	
Deus garante a Gideão paz e tranquilidade	Jz 6.23
O consolo de Deus foi a sua promessa	Jz 6.14
Gideão agradeceu a Deus antecipadamente construindo um altar	Jz 6.24
O início da batalha:	
A luta começou em sua própria casa	Jz 6.25; 1Tm 5.4
Gideão destruiu os ídolos de seu pai	Jz 6.27
Em lugar do altar de Baal ele edificou o altar do Senhor	Jz 6.25,26
A bênção que se seguiu (Jz 6.31; Gn 12.7):	
Toque de trombeta no poder do Espírito	Jz 6.34; At 1.8

Primeiro é necessário eliminar os ídolos. A isto segue-se o enchimento com o poder do alto, que possibilita tocar as trombetas (1Ts 1.8) e conduzir o povo de Deus à luta e à vitória. Faça o mesmo.

98. Olhar para Jesus (Jz 7.17)

Gideão pediu que seus companheiros olhassem para ele e fizessem o mesmo que ele. O Senhor nos diz a mesma coisa.

Devemos olhar para Jesus	Hb 12.2
Devemos agir como ele agiu	Fp 2.5; 3.17

Devemos amar como ele nos amou	Jo 13.34
Devemos estar prontos para sofrer injustiças como ele	1Pe 2.20-23
Devemos servir como ele serviu	Jo 20.21; Lc 19.10
Devemos nos negar como ele se negou	Jo 12.24,25
Devemos andar como ele andou	1Jo 2.6
Devemos ser humildes como ele era humilde	Fp 2.5-9; Mt 11.29

99. Deus julga pecados de omissão (Jz 5.23)

Ele amaldiçoa quem não ajuda	Jz 5.23
Ele castiga a superficialidade	Mt 7.21,26,27
Ele julga quem se omite em fazer o bem	Mt 25.45,46
Ele amaldiçoa quem não o ama	1Co 16.22
Ele castiga quem não obedece o Evangelho	2Ts 1.8
Ele condena todos os que não creem em Jesus	Jo 16.9

100. A certeza da vitória (Jz 6.14)

A oração da fé é o início da vitória	Jz 6.7,8
A presença de Deus é o segredo da vitória	Jz 6.12,16
As promessas são a certeza da vitória	Jz 4.14; 7.7-9
O Espírito Santo é a força para a vitória	Jz 6.34
A paz interior nos dá confiança na vitória	Jz 6.23,24
A atitude correta é determinante para a vitória	Jz 7.5-7

101. Uma lição importante para os pais (Jz 13)

Uma lição que os pais de Sansão, Manoá e sua esposa, aprenderam. Eles eram tementes a Deus como o casal Zacarias e Isabel (Lc 1.6).

Foram pessoas provadas, pois não tinham filhos	Jz 13.3; 1Sm 1.5
Deus se lembrou deles e satisfez o seu anseio	Jz 13.3
Como Ana dedicaram seu filho a Deus antes de nascer	1Sm 1.11

A sua maior preocupação:

O que será de nosso filho?	Lc 1.66,80
Ele suplicaram por sabedoria para educá-lo. Sansão não deveria se tornar uma grande pessoa no mundo mas em Israel	Jz 13.12; Mt 6.33

A resposta de Deus:

Ele deveria ser educado para poder praticar renúncias	Jz 13.4
Não deveria usufruir do fruto da videira, o símbolo da alegria	Jz 13.4; Sl 104.15

A obediência dos pais:

Ele entregaram seu filho a Deus como os pais de Moisés	Êx 2.3,4
Governaram bem sua casa somo Abraão	Gn 18.19
Ensinaram o menino a andar nos caminhos do Senhor	2Tm 3.15-17
Ensinaram-no a andar no bom caminho	Jz 14.3; Gn 24.3,4
Andaram no caminho da fé aos olhos de Deus	Hb 11.32

A gratidão dos pais:

Trouxeram um sacrifício ao Senhor	Jz 13.15,16; Sl 50.14
Tiveram uma grande experiência com Deus	Jz 13.20

102. Sansão (Jz 13.24, 25)

Seus privilégios:

Seu nascimento foi anunciado por um anjo	Jz 13.3; Lc 1.30-33
Foi um instrumento escolhido	Jz 13.5; At 9.15
Foi um vencedor	Jz 14.5, 6; 15.16; 16.3
Foi um juiz em Israel	Jz 13.5

Seus fracassos:

Começou a brincar com o pecado (mulheres)	Jz 14.1-13
Ele não fugiu do pecado	Gn 39.12; 2Tm 2.22
Ele perdeu o poder de Deus	Jz 16.20
Com Davi ele teve que dizer: "Antes de ser afligido..."	Sl 119.67

Sua restauração:

Sansão orou	Jz 16.28
Seus cabelos voltaram a crescer	Jz 16.22; Rm 11.29
Como Cristo alcançou sua maior vitória na morte	Jz 16.30,31
Deus foi glorificado e os inimigos derrotados	

103. A decisão de Rute (Rt 1.16)

Foi uma decisão difícil:

Muitas decepções estavam atrás dela	Rt 1.4,5
Ela não pertencia, como Noemi, ao povo de Deus	Rt 1.4
A própria Palavra estava contra a sua decisão	Dt 23.3,4
Sua própria sogra tentou demovê-la de sua decisão	Rt 1.11
A sua cunhada deu-lhe um mau exemplo	Rt 1.14,15

Foi uma decisão boa:

Foi uma decisão clara e firme	Rt 1.16
Ninguém podia demovê-la desta decisão	Rt 1.15
Ela queria pertencer a qualquer preço ao povo de Deus	Rt 1.16-18; Hb 11.25

Foi uma decisão que trouxe rica recompensa:

A terra de sua escolha lhe trouxe fartura	Rt 2.18-23
Ela encontrou um bonito lar e um marido piedoso	Rt 2.12; 4.10,13
O melhor de tudo: tornou-se ancestral de Cristo	Mt 1.5

Foi uma decisão que muito nos ensina:

Devemos escolher o povo de Deus mesmo que signifique pobreza	Rt 1.19; Hb 11.26,27
Devemos seguir apenas o Deus de Israel	Rt 1.16
Uma decisão que nos faz frutíferos	Rt 4.11
Uma decisão da qual jamais devemos voltar atrás	Rt 1.14,15

104. Rute

Tomou uma decisão irrevogável: "não me instes para que te deixe"	Rt 1.16
Escolheu a melhor parte	Sl 73.25; Lc 10.42
Escolheu o caminho com os cristãos: "aonde quer que fores, irei eu"	Rt 1.16; Jo 6.67-69
Escolheu o caminho do povo de Deus: "o teu povo é o meu povo"	1Pe 2.9; Hb 11.25
Escolheu o verdadeiro Deus: "o teu Deus é o meu Deus"	1Rs 18.21
Escolheu o melhor fim: "morrer com os cristãos"	Rt 1.17

105. Quatro pessoas interessantes no livro de Rute

Boaz: uma figura para Cristo. Ele foi o resgatador de Rute	Rt 4.9
Rute: uma figura para a igreja. Ela escolheu o seu resgatador	Rt 4.13
Orfa: uma figura para as pessoas que voltaram atrás	Rt 1.14,15
Noemi: uma figura para as pessoas que caíram mas foram restauradas	Rt 1.22

106. Seguindo a Jesus

Siga a Jesus...

Com fidelidade, assim como Rute seguiu Noemi	Rt 1.16-18
No serviço, assim como os levitas seguiram Moisés	Êx 32.26-28
Na certeza da vitória, como os 300 seguiram Gideão	Jz 7.17
Com decisão, assim com Itai seguiu Davi	2Sm 15.19-22
Com submissão, assim como Eliseu seguiu Elias	2Rs 2.1-6
Com confiança, assim como Pedro seguiu o anjo	At 12.8
Vitoriosamente, como Israel seguiu Eúde	Jz 3.28

107. O jovem Samuel

Samuel foi uma criança dedicada ao Senhor	1Sm 1.22
Samuel serviu o Senhor desde a sua mocidade	1Sm 2.11
Samuel foi chamado por Deus	1Sm 3.4; At 13.2
Samuel recebeu um serviço confiado por Deus	1Sm 3.11
Samuel obedeceu o Senhor	1Sm 3.15ss
Samuel foi ricamente abençoado	1Sm 3.19
Samuel foi honrado pelo Senhor	1Sm 3.21

108. Exemplos de alegria santa

Ana expressou a alegria no seu cântico	1Sm 2.1
Davi se alegrou por causa da Casa de Deus	1Cr 29.9
Os três magos alegraram-se pela sua grande descoberta	Mt 2.10
Maria alegrou-se pelo seu grande privilégio	Lc 1.47
Zaqueu alegrou-se por receber a Cristo	Lc 19.6

Os cristãos alegraram-se pela experiência do Pentecostes | At 2.46
A família do carcereiro alegrou-se pela grande salvação | At 16.34

109. Fala, Senhor, porque o teu servo ouve (1Sm 3.10)
Um conselho amoroso de um ancião a um jovem

Samuel foi chamado muito jovem ao serviço de Deus | 1Sm 3.10
Pelo seu ministério uniu-se intimamente ao sacerdote Eli | 1Sm 3.4-8
Já como jovem amava e servia a Deus | 1Sm 1.28; 2.11

Observemos o que sua mãe fez para ele:

Ela orou por seu filho. É um privilégio das mães | 1Sm 1.27
Ela proveu o necessário para ele | 1 Sm 2.18,19
Ela tinha os propósitos mais elevados para ele | 1Sm 1.21,22

O que Deus fez por Samuel:

Deus o chamou cedo para o seu serviço | 1Sm 3.10; 2Cr 34.3
Deus o chamou e o reconheceu publicamente | 1Sm 3.4,6,8
Deus se revelou a ele | 1Sm 3.11-14
Deus confirmou seu jovem servo | 1Sm 3.19-21

110. Ebenézer (1Sm 7.12)
Ebenézer nos fala...

Da grande aflição de Israel | 1Sm 7.2
Da necessidade da conversão | 1Sm 7.3
Da necessidade do rompimento total com o pecado | 1Sm 7.3
Do real arrependimento de Israel: Nós pecamos | 1Sm 7.6
De sua confiança na bondade e fidelidade de Deus | 1Sm 7.8
Da sua confiança no sacrifício remidor | 1Sm 7.9,10; Hb 10.14
Da grande salvação que Deus operou | 1Sm 7.10,11
De sua gratidão: Até aqui o Senhor nos ajudou | 1Sm 7.12

111. Um servo exemplar (1Sm 3)
Samuel foi:

Um servo atento, que ouvia a voz de Deus | 1Sm 3.10
Um servo humilde e fiel | 1Sm 3.15,16,18
Um servo que crescia | 1Sm 3.19
Um servo reconhecido pelo povo | 1Sm 3.20
Um servo a quem Deus se revelava | 1Sm 3.21

112. Os heróis de Davi (1Sm 22.1,2)

Foram atraídos a Davi | 1Sm 22.1,2
Ofereceram-se para o serviço a Davi | 1Cr 12.8
Ficaram juntos e firmes com Davi | 1Cr 12.23; Ap 2.10
Seguiram a Davi com coração não dividido | 1Cr 12.33

Estavam sempre prontos para a peleja	1Cr 12.33
Eram guerreiros treinados e capazes	1Cr 12.2
Eram homens compreensivos e sábios	1Cr 12.32

113. Servos de Deus desanimados
Muitas vezes os melhores servos de Deus estavam profundamente desanimados:

Davi: Pode ser que algum dia venha a perecer nas mãos de Saul	1Sm 27.1
Jó: Por que não morri na madre?	Jó 3.11
Elias: Basta; toma agora, ó Senhor, a minha alma	1Rs 19.4
Moisés: O povo é muito pesado para mim	Nm 11.14
Jeremias: Estou angustiado	Lm 1.20
Jonas: Melhor me é morrer	Jn 4.8

114. Perguntas de todo o tipo

De quem és tu e de onde vens?	1Sm 30.13
Que ocupação é a tua?	Jn 1.8
De onde vens e para onde vais?	Gn 16.8
A quem procuras?	Jo 20.15
Onde você mora?	Jo 1.38
Para onde você vai?	Zc 2.2

115. Uma curta oração de Davi (2Sm 2.1-3)

Foi necessária: Davi devia saber o caminho a seguir	2Sm 2.1; Jo 14.6
Havia dúvidas: devo subir?	2Sm 2.1
A resposta veio rapidamente	2Sm 2.1,2
À obediência de Davi seguiu a resposta de Deus	2Sm 2.2,3; At 16.9,10
O resultado foi um grande bênção	2Sm 2.4

116. A oração de Salomão (1Re 3.3-15)
Tudo o que Salomão possuía foi resultado da oração de seu pai Davi. A oração dos pais é a riqueza dos filhos.
Por que Salomão orou?

Porque ele amava a Deus e Deus mesmo o animou a pedir	1Rs 3.1-5; Mt 7.7

Como e pelo que orou Salomão?

Com louvor e gratidão	1Rs 3.6; Fp 4.6
Com humildade: ele era pequeno a seus próprios olhos	1Rs 3.7; Gn 18.27
Por sabedoria para dirigir a Israel	1Rs 3.9; At 1.14ss
Por um coração compreensivo e obediente	1Rs 3.9; 1Sm 15.22

No que consistiu a resposta?

Deus respondeu a Salomão	1Rs 3.11
Deus se agradou da oração de Salomão	1Rs 3.10
Deus lhe deu mais do que pedira	1Rs 3.13; Lc 11.13
Deus lhe prometeu uma longa vida	1Rs 3.14; Sl 118.17

117. A fé de Elias (1Rs 17)

A obediência da fé: Elias obedeceu à Palavra	1Rs 17.5,10
A garantia da fé: são as promessas	1Rs 17.5
As provações da fé: o ribeiro secou	1Rs 17.7
O apoio da fé: "Assim diz o Senhor"	1Rs 17.14
A prática da fé: A mulher obedeceu a Elias	1Rs 17.15
A recompensa da fé: A provisão fiel de Deus	1Rs 17.6,16

118. A terapia de Deus

Exemplos de servos de Deus que receberam novas forças:

Elias querendo morrer – dorme e come	1Rs 19.5
Povo de Israel aflito e angustiado – Deus ouviu seu clamor	Êx 6.5,6
Josué prostrado pela derrota – Levanta-te	Js 7.10
Sansão cego e preso – recebe novas forças	Jz 16.22
Paulo desencorajado – o Senhor o encoraja	At 23.11
João exilado – tem revelações do Senhor	Ap 1.17,18

119. A rainha de Sabá (1Rs 10)

"Oferecei os vossos membros a Deus, como instrumentos de justiça" (Rm 6.13). Assim agiu a Rainha de Sabá com Salomão e assim nós devemos agir com Jesus.

Com os ouvidos ouviu a boa notícia	1Rs 10.1; Mc 5.27
Com os pés foi rapidamente para ouvir e ver	1Rs 10.1; Lc 19.5
Abriu seu coração diante do rei	1Rs 10.2
Usou sua inteligência para aprender do rei	1Rs 10.3; Mt 11.29
Com olhos contemplou a glória de Salomão	1Rs 10.4,5
Com sua boca testificou	1Rs 10.6; Rm 10.9
Com sua língua louvou a sabedoria de Salomão	1Rs 10.8,9; Rm 5.2
Com suas mãos fez coisas boas	1Rs 10.10; Ef 4.28
Sua recompensa foi grande	1Rs 10.13; Lc 6.23

120. O que o servo de Deus necessita (2Re 4.10)

A sunamita preparou um quarto para Eliseu, onde se encontravam quatro objetos: cama, mesa, cadeira, candeeiro.

A cama é um símbolo que nos fala de nosso descanso em Cristo	Mt 11.28; Hb 4.9
A mesa é um símbolo de nossa comunhão com Cristo	Sl 23.5; Jo 21.12
A cadeira (do professor) é um símbolo do ensino	Lc 10.39
O candeeiro é um símbolo do testemunho	Mt 5.14; Fp 2.15

A sequência é, também, muito elucidativa. Em Cristo achamos a paz e o descanso e tomamos sobre nós o jugo do serviço. Agora estamos em comunhão com ele, assentados à sua mesa e testemunhamos daquilo que experimentamos (1Jo 1.3).

121. Vários tipos de vasos

Vasos vazios para o Senhor encher	2Rs 4.3
Vasos puros para o Senhor usar	Is 66.20; Mt 23.25
Vasos escolhidos para o serviço do Senhor	Is 6.6-8; At 9.15
Vasos santos e úteis para o Senhor	2Tm 2.21
Vasos de barro com um conteúdo precioso	2Co 4.7; Mt 13.44
Vasos especiais para glorificar a Deus	Rm 9.23
Vasos de ira reservados para o julgamento	Rm 9.22

122. Vários tipos de servos (2Rs 5)

Naamã, o servo do rei da Síria	2Rs 5.6
A escrava israelita, uma serva fiel	2Rs 5.2,3
Eliseu, o servo de Deus	2Rs 5.8
Geasi, o servo indigno	2Rs 5.10,20-27
Os servos de Naamã	2Rs 5.13

123. Cegos

Naamã, cego pelo seu orgulho	2Rs 5.11-13
Jovem rico: cego pelas suas riquezas	Lc 18.23
Demas: cego pelo mundo	2Tm 4.10
Judas: cego pelo dinheiro	Jo 12.4; Mt 26.15
Saul: cego pela desobediência	1Sm 15.22,23
Fariseus: cegos pelos preconceitos	Jo 7.45-48
Laodicenses: cegos para a sua realidade	Ap 3.16,17
Esaú: cego pelas paixões	Hb 12.16,17

124. O Rei Ezequias e o segredo de seu sucesso (2Rs 18.1-8)

Sua determinação: ele destruiu os ídolos	2Rs 18.4; Jz 6.25,26
Sua fé: ele confiou apenas em Deus	2Rs 18.5; Sl 90
Sua firmeza: ele se apegou apenas ao Senhor	2Rs 18.6
Sua obediência: ele cumpriu os mandamentos de Deus	2Rs 18.6; Dt 10.12
Sua persistência: ele não deixou de seguir a Deus	2Rs 18.6; Rt 1.16
Sua luta: ele lutou vitoriosamente contra os inimigos	2Rs 18.7; 1Tm 6.12
Sua vitória: teve sucesso por onde quer que fosse	2Rs 18.7; Sl 1.3

125. A vida piedosa de Ezequias (2Rs 18)

Ezequias se apegou ao Senhor de do todo o coração	2Rs 18.3,6
Ele observou os mandamentos (Palavra) de Deus	2Rs 18.6
Ele agiu de acordo com o exemplo de Davi	2Rs 18.3; Js 1.8
Ele se apegou ao Senhor com todo o coração	2Rs 18.6
Ele confiou em Deus em todas as coisas	2Rs 18.5

As ricas bênçãos que recebeu:

O Senhor estava com ele em todos os caminhos	2Rs 18.7
Deus lhe deu sabedoria em todas as suas ações	Tg 1.5,6
Ele foi vitorioso sobre os inimigos	2Rs 18.7

126. Soldados de Davi

De várias maneiras os soldados de Davi ilustram os soldados de Cristo que devemos ser:
Eles eram:

Corajosos e dedicados ao rei	1Cr 11.15-20
Consagrados e cheios do Espírito	1Cr 12.16-18
Prontos a arriscar suas vidas	Gn 14.14-16; Rm 16.4
Escolhidos e dispostos a renunciar a tudo	Jz 7.7
Voluntários e fiéis até à morte	2Sm 15.19-22
Desprendidos: repartiram com outros o despojo	1Sm 30.23-25
Solidários ajudando os feridos	1Sm 30.11-15
Os soldados de Cristo têm todas estas qualidades	2Tm 2.3; 4.7,8

127. As obras de Satanás (1Cr 21.1)

Ele seduz os cristãos para o pecado	1Cr 21.1
Ele ataca e acusa os filhos de Deus	Zc 3.1
Ele tenta	Mt 4.1
Ele destrói a semente da Palavra de Deus	Lc 8.12
Ele peneira os cristãos para levá-los a cair	Lc 22.31
Ele se disfarça em anjo de luz	2Co 11.14
Ele leva ao pecado	1Jo 3.8

128. O novo coração (2Cr 19.3)

Está direcionado a buscar a Deus	2Cr 19.3; Ed 7
Espera confiantemente no Senhor	Sl 112.7
Está cheio de alegria no seu Deus	1Sm 2.1; Zc 10.7
É reto para com Deus	1Rs 8.61
É puro	Sl 73.1; Mt 5.8
É humilde, quebrantado	Sl 51.17; 34.7
É obediente a Deus e à sua Palavra	Rm 6.17
Anseia pelo Deus vivo	Sl 84.2

129. A bênção de dar

Por que devemos dar?

Porque não temos nada que não nos tenha sido dado	1Cr 29.14-16
Porque o Senhor assim nos ordena	Hb 13.16; 2Co 8.7
Porque o Senhor mesmo nos deu o exemplo	2Co 8.9
Porque devemos ser um exemplo para outros	2Co 9.2

Quanto devemos dar?
De acordo com nossa prosperidade … 1Co 16.2; Dt 16.10
Quando devemos dar?
Os primeiros cristãos davam no primeiro dia da semana … 1Co 16.2; Dt 16.16
Onde e quando virmos necessidades … Ef 4.28; Hb 13.16

130. Oração de poder (2Cr 7.14)
Procurar a face de Deus … 2Cr 7.14
Buscar o Senhor de todo o coração … Jr 29.13
Orar com confiança … Mc 11.23,24
Permanecer em Jesus … Jo 15.7
Ser obediente à vontade de Deus … 1Jo 3.22
Confiar no Espírito Santo … Rm 8.26
Orar de acordo com a vontade de Deus … 1Jo 5.14
Chegar a Deus com plena confiança … Mt 7.7-12; Mt 7
Orar pela intermediação de Jesus … Jo 14.13,14
Estar em comunhão com os irmãos … Mt 5.24

131. Frutos do verdadeiro arrependimento (2Cr 7.14)
Os frutos do verdadeiro arrependimento se mostram:
Na tristeza e humilhação pelos pecados … 2Cr 7.14; Tg 4.9,10
Na capacidade de renúncia aos interesses pessoais … Jó 42.6; Lc 3.10-14
No reconhecimento sincero do pecado … At 3.17-19; 26.20
No deixar os caminhos pecaminosos … 1Sm 7.3; Is 55.7
No rompimento com todo pecado conhecido … 2Cr 6.26, 27
O resultado é o fruto digno do arrependimento … Lc 3.8; 2Co 7.11

132. Passos frutíferos na vida de fé (2Cr 17)
Josafá:
Andou nos caminhos de Davi … 2Cr 17.3
Procurou os caminhos de Deus … 2Cr 17.4
Foi corajoso e afastou os ídolos … 2Cr 17.6
Colocou a Palavra de Deus em proeminência … 2Cr 17.9; Sl 19.7-10
Foi temido e honrado pelos inimigos … 2Cr 17.10,11
Seu poder e grandeza cresciam continuamente … 2Cr 17.12
Deus lhe deu riqueza e honra … 2Cr 17.5

133. Deus responde as orações (2Cr 32.20-22)
Libertando dos inimigos … 2Cr 32.20-22
Em situações de enfermidades graves … 2Rs 20.4-6
Dando sucesso em grandes empreendimentos … Ne 4.4-6
Dando o poder do Espírito … At 2.1-4; 4.33
Por meio de terremotos, como com Paulo e Silas … At 16.25-29

Por meio de um anjo, como com Pedro — At 12.5-18
Pela chuva, como com Elias — Tg 5.17,18

134. Exemplos de pessoas humildes (2Cr 33.12)

Exemplos de pessoas humildes:

Manassés, o pecador humilhado — 2Cr 33.12
Josias, um rei humilde — 2Cr 34.27
Jó, um homem de Deus humilhado — Jó 42.6
Isaías, o servo humilde — Is 6.5
Jeremias, um profeta pequeno a seus próprios olhos — Jr 1.6
João Batista, o maior dentre os nascidos de mulher — Mt 3.14
Pedro, o grande pescador de homens — Lc 5.8
Paulo, aquele que servia com toda humildade — At 20.19

135. Joaquim (2Cr 36.9)

Seu pecado — 2Cr 36.9; Rm 3.9
Sua prisão como consequência de seu pecado — 2Cr 36.10
Sua experiência de graça — 2Rs 25.27; Rm 3.24
Sua transformação — 2Rs 25.29; Is 61.10
Seus grandes privilégios — 2Rs 25.29; Ct 2.4
Sua provisão abundante contínua — 2Rs 25.30; Sl 48.14

136. Libertação de Judá da Babilônia (Ed 6)

Os filhos de Judá deixaram o cativeiro — Ed 6.21
Santificaram-se para o Senhor — Ed 6.21
Puderam novamente celebrar a Páscoa — Ed 6.21
Eles observaram as determinações de Deus — Ed 6.22
Eles se fortaleceram no Senhor — Ed 6.22
Eles trabalharam com dedicação e fidelidade para o Senhor — Ed 6.22

137. A Festa da Páscoa em Ed 6

Quem participou da Páscoa?

Os libertos da Babilônia — Ed 6.21; 1Co 11.27
Os purificados — Ed 6.21; 2Co 6.17,18
Os participantes privilegiados — Ed 6.21; Ct 2.4,5
Eles agiram de acordo com a Palavra de Deus — Ed 6.22; Lc 22.19
Deste modo foram fortalecidos para o serviço — Ed 6.22; 2Tm 2.1
Eles serviram corajosamente a seu Deus — Ed 6.22

138. O avivamento (Ne 4)

Obstáculos para o avivamento:

A oposição do mundo — Ne 4.1-8

Os escombros (pecado)	Ne 4.10
A fragilidade dos cooperadores	Ne 4.10
As ameaças dos inimigos	Ne 4.11
Condições para um avivamento	
Trabalho contínuo até o fim	Ne 4.6
A oração intensa	Ne 4.9
Vigilância constante	Ne 4.9

Orar, trabalhar e vigiar são condições indispensáveis para um avivamento

139. Impedimentos para o trabalho (Ne 4.6)

O trabalho de Neemias foi ridicularizado e desprezado	Ne 4.4,5
Sofreu por causa de oposição e inimizade	Ne 4.7
Sofreu por causa de atitudes do povo	Ne 4.10
Sofreu por causa de dificuldades internas	Ne 5.1-19
Sofreu por causa de falsos amigos	Ne 6.2
Sofreu por causa de boatos mentirosos	Ne 6.7
Sofreu por causa de falsas ameaças	Ne 6.10,11

140. Inteiramente no serviço de Deus (Ne 4.6)

Quem ama a casa de Deus serve com consagração como Neemias:

Orou diante inimigos poderosos	Ne 4.4,5
Colocou vigias	Ne 4.7-9; Ef 6.18
Animou os cooperadores	Ne 4.10-14
Estas precauções foram recompensadas grandemente	Ne 4.15-23
Neemias agiu com grande desprendimento	Ne 5.19; Fp 2.20-23
A grande obra foi completada	Ne 6.15

141. A mensagem de vida e de morte (Ester)

A mensagem de morte:

Levou a grande perplexidade	Et 3.13; Is 38.1
Levou a grande clamor	Et 4.1; Jn 3.4,5
Levou a profundo arrependimento	Et 4.3; 2Rs 19.1
Levou ao jejum e ao choro	Et 4.3; At 2.37,38

A mensagem de vida:

Foi dirigida a todos	Et 8.11; Jo 3.16
Trouxe felicidade, alegria e regozijo	Et 8.16; At 16.34
Trouxe grande temor ao povo	Et 8.17
Resultou em uma grande festa	Et 8.17; Lc 15.23,24

142. Nós glorificamos a Deus (Jó 2.3)

Quando somos pacientes nas provações	Jó 2.3; Tg 5.11
Quando honramos a Deus diante dos incrédulos	Dn 3.25

Quando vencemos em duras provas	Gn 39.7-21
Quando suportamos as provações com paciência	Hb 11.17-19
Quando não nos justificamos diante da calúnia	1Pe 4.14-16
Quando o louvamos mesmo em fraquezas físicas	2Co 12.9; Rm 5.3
Quando nos gloriamos na cruz	Gl 6.14,17

143. Será que Deus sabe? (Jó 22.13)

Ele tem seus olhos abertos sobre tudo	Pv 15.3,11; Sl 139.3
Ele sabe de todos os pecados escondidos	Sl 90.8; Jr 16.17
Ele conhece os segredos do coração	Sl 44.21; Mt 9.4
Ele revela as coisas escondidas	Js 7; At 5
Ele traz todas as coisas ocultas à luz	Ec 12.14; Mt 12.36
Ele conhece os que nele se refugiam	Na 1.7; Sl 1.6
Ele conhece os que lhe pertencem	2Tm 2.19

144. Aos humildes Deus dá graça (Jó 22.29)

Deus salva os humildes	Jó 22.29; Tg 4.6
Deus habita com os humildes	Is 57.15
Deus dá graça aos humildes	1Pe 5.6
Deus ouve o clamor dos humildes	Sl 10.17
Deus engrandece os humildes	Mt 18.4; 11.11
Devemos manter a humildade	1Pe 5.5

145. As coisas passageiras e as permanentes (Jó 30.15)

O passageiro:

Toda honra é passageira	Jó 30.15
Ouro e bens são passageiros	1Pe 1.18
Os ímpios e os arrogantes são passageiros	Sl 73.3-20

O permanente:

O amor permanece para sempre	1Co 13.8
A Palavra de Deus permanece eternamente	1Pe 1.25; Mt 5.18
Israel jamais passará	Mc 13.20
O Reino de Deus jamais acabará	Dn 7.27

146. O convite de Deus (Pv 1.20-23)

Como é o convite de Deus?

Amoroso	Pv 1.20-23
Envolve abandonar e receber	Is 55.7
Exige que se venha para receber	Jo 5.40

Como o pecador pode atender ao convite?

Assim como está	Mc 10.50
Sem hesitar nem demorar	Ec 11.9; Gn 19.16

Considerando que o mais importante é atender	Mt 16.26
Considerando a longanimidade de Deus	Lc 13.8,9
Sabendo que quem ouve, crê e atende alcança a salvação	Is 12.1-3

147. Disciplina divina (Pv 3.12)

A disciplina:

É uma prova de seu amor	Pv 3.12; Hb 12.4-7
Tem como propósito nosso bem espiritual	Hb 12.9,10
Aceitar as disciplina é receber bênção	Pv 15.32
Quem rejeita a disciplina menospreza a sua alma	Pv 15.32
Aceite a disciplina para Deus cumprir seu propósito	Pv 3.11
Um dos meios de disciplina é a Palavra de Deus	2Tm 3.16

148. A dedicação ao trabalho e sua recompensa (Pv 6.6-8)

Pelo zelo no trabalho:

Rebeca encontrou um marido	Gn 24.19ss
Jacó alcançou riquezas	Gn 31.6-9
Rute veio a se tornar ancestral de Cristo	Rt 2.2; Mt 1.5
Jeroboão se tornou rei	1Rs 11.28
Davi se tornou Pastor de Israel	1Sm 16.11
Dorcas experimentou um grande milagre	At 9.39
Paulo superou a todos no serviço para Deus	At 20.31; 1Co 4.12

149. A má língua

A língua fala coisas erradas	Pv 10.31
A língua mentirosa tem pernas curtas	Pv 21.6
A língua mentirosa odeia a verdade	Pv 26.28
A língua descontrolada causa muitos males	Tg 1.26
A língua vazia não tem conteúdo	1Jo 3.18

150. Quem ganha almas sábio é (Pv 11.30)

O ganhador de almas:

É uma pessoa de oração	1Tm 2.1
Trabalha no lugar certo	Mc 5.19
Trabalha no tempo certo	Mt 21.28
Tem motivações puras	2Co 5.14
Sabe que o fruto é obra do Senhor	Jo 15.5
Atrai as pessoas pela Palavra de Deus	Jo 3.16
Baseia sua confiança no poder do Evangelho	Rm 1.16
Busca o poder do Espírito Santo	At 1.8
Terá sua recompensa no Dia de Cristo	2Tm 4.8

151. Os ganhadores de almas (Pv 11.30)

Devem primeiro ter um encontro pessoal com o Senhor	Mt 4.19
Devem orar fervorosamente por esta graça	Sl 51.12-17
Devem ser tocados pela brasa viva	Is 6.5-8
Devem pedir sabedoria	Tg 1.5; 3.17
Devem se deixar guiar pelo Espírito Santo	At 8.29
Devem semear com lágrimas	Lc 19.41; Sl 126.5,6
Devem crer nos resultados	Is 55.11,12
Devem se alegrar na certeza da colheita	Tg 5.7

152. Os ganhadores de almas (Pv 11.30)

Cumprem a ordem de Jesus	Mt 28.18-20
Seguem o exemplo de Jesus	Lc 19.10
Consideram o objetivo da vinda de Jesus	1Tm 1.15
Guardam a si e a outros de culpa	Ez 3.17-19
Conduzem almas da morte para a vida	Tg 5.20
Cobrem uma multidão de pecados	Tg 5.20

Jesus foi um ganhador de almas que aproveitou todas as oportunidades. Pensemos em Filipe, Nicodemos, a samaritana, Zaqueu, Levi etc.

153. Inveja, um mal pernicioso (Pv 14.30)

Onde impera o amor não existe a inveja	1Co 13.4
A inveja está em contradição com o Evangelho	Tg 3.14
Inveja impede o crescimento na vida de fé	1Pe 2.1,2
Inveja é um sinal de uma mentalidade carnal	1Co 1.13
Inveja é demoníaca e origina resultados podres	Tg 3.14-16
A Bíblia menciona vários tipos de inveja:	
Inveja familiar, como no caso de Miriã e Arão	Nm 12
Inveja espiritual quando Deus abençoa a outros	At 17.5
Inveja quando outros são bem-sucedidos	Ec 4.4
Exemplos de inveja e suas consequências:	
Caim	Gn 4.5
Os filisteus	Gn 26.14
Os irmãos de José	Gn 37.11
Saul	1Sm 18.8
Os sumos sacerdotes	Mc 15.10

154. A nossa língua (Pv 15.2)

Deve transmitir sabedoria	Pv 15.2
Deve ser semelhante à prata pura	Pv 10.20
Deve ser semelhante a uma árvore de vida	Pv 15.4
Deve transmitir ensinamentos úteis	Pv 31.26

Deve confessar ao Senhor	Fp 2.11
Deve falar da Palavra de Deus	Sl 119.172
Deve ser sábia	Is 50.4

155. A boa esposa (Pv 19.14)

É um presente de Deus	Pv 19.14
É uma coroa para seu marido	Pv 12.4; 31.10,12
É louvada pelo seu marido	Pv 31.28,29
É diligente e sábia	Pv 31.13-17
Pensa nos pobres e necessitados	Pv 31.20
Pedro menciona uma mulher digna de ser imitada	1Pe 3.1-6

156. Nossos membros a serviço de Deus

Nosso coração deve ser entregue ao Senhor	Pv 23.26
Nossas mãos devem trabalhar para o bem	Ef 4.28; At 9.36
Nossos olhos devem estar voltados para o Senhor	Hb 12.2; Sl 123.2
Nossos pés devem levar a mensagem do Evangelho	Is 52.7; Rm 10.15
Nossa voz deve falar do Amado	Ct 2.14
Nossos ouvidos devem ouvir cedo a sua voz	Is 50.4
Nossos lábios devem louvar a Deus	Hb 13.15
Nossa boca deve testificar a Jesus como Senhor	Rm 10.9

157. Nosso coração

Deve ser entregue ao Senhor	Pv 23.26
Deve estar livre dos ídolos	1Sm 7.3
Deve pertencer inteiramente a Deus	1Rs 8.61
Deve estar puro para poder servir a Deus	Tg 4.8
Deve ser guardado com diligência	Pv 4.23
Deve amar inteiramente a Deus	Mt 22.37
Deve amar o próximo ardentemente	1Pe 1.22
Devemos pedir por um coração puro	Sl 51.10

158. Uma pregação comovente (Is 1)

O pregador:

O próprio Senhor	Is 1.2

Os ouvintes:

Pessoas com uma religiosidade exterior	Is 1.11-15
Pessoas corrompidas	Is 1.4; Mt 23.13,15,17
Pessoas corruptas e iníquas	Is 1.3,5,6
Pessoas que abandonaram o caminho de Deus	Is 1.2

O conteúdo:

Revela o pecado	Is 1.5,6

Condena a justiça baseada na mera religiosidade	Is 1.15,16; Ef 2.9
Exorta para o arrependimento e a conversão	Is 1.16,17
Oferece aos arrependidos uma nova graça	Is 1.18
Adverte seriamente acerca dos perigos da rejeição	Is 1.20

159. Deleitar-se com as coisas de Deus
Devemos nos deleitar...

Na comunhão com o Amado	Ct 2.3
Na sua vontade	Sl 40.8,9
No Senhor	Sl 37.4
Na sua Palavra	Sl 119.16,24,35,47
Na abundância da sua glória	Is 66.11

160. Uma imagem chocante
A Bíblia nos apresenta uma imagem chocante do ser humano que vive no pecado:

Toda a cabeça está doente	Is 1.5
O coração é corrupto	Jr 17.9; Mc 7.21-23
A língua está cheia de engano	Rm 3.13; Tg 3.5
A boca está cheia de amargura	Rm 3.14
As mãos agem com iniquidade	At 2.23
Os pés andam nos caminhos da violência	Rm 3.15; Is 59.7,8
A mente está corrompida	Tt 1.15; Gn 6.5

Paulo falou: "Em mim, na minha carne não habita bem algum" (Rm 7.18)

161. O milênio
Será um tempo onde não existirão guerras	Is 2.4
A terra será um jardim de Deus	Is 55.13
Os homens terão uma vida longa	Is 65.19-22
Israel e Judá estarão novamente unidos	Is 11.11,12
Os animais não devorarão uns aos outros	Is 65.25
Todos adorarão a Deus	Is 66.23
Todos serão para o louvor de Deus	Is 60.21

162. Vida verdadeira
A vida verdadeira...

É andar na luz do Senhor	Is 2.5; Jo 12.35
É andar debaixo da direção de Deus	Is 30.21; Jr 7.23
É o andar no bom caminho	Jr 6.16
É o andar no Espírito	Gl 5.16
É o andar em amor	Ef 5.2
É o andar em sabedoria	Cl 4.5; Ef 5.15

163. O dia do Senhor

Não será um dia de vinte e quatro horas, mas um longo período de julgamento.

Este dia será um tempo de juízos severos de Deus	Is 2.12-21
Neste dia Deus julgará os pecadores	2Ts 1.8, 9
Este dia irromperá inesperadamente	1Ts 5.2
Neste dia o anticristo será derrotado	2Ts 2.6, 8; Ap 19
Neste dia as grandes religiões queimarão no fogo do julgamento	Ap 17.18
Neste dia Satanás será lançado no abismo	Ap 20.1-3
Neste dia começará o reinado de Cristo	Ap 20.6

164. A experiência de Isaías (Is 6)

Ele viu o Senhor e esta experiência é o início de toda a vida de fé

Ele viu o trono de Deus, sua grandeza e glória

Ele viu a nobreza dos querubins e serafins

Ele ouviu a proclamação da santidade de Deus

Ele viu a si mesmo na sua impureza

Ele viu a brasa do altar que apagou o seu pecado

Quem viu a Deus e a si mesmo e foi purificado, vê também a miséria dos perdidos e deseja salvá-los. Esta deve ser a experiência de cada servo de Deus e desta forma as igrejas são renovadas.

165. A glória de Cristo em Isaías 9.6

Os nomes e o significado dos nomes se cumpriram em Cristo.

O seu nome é:

Maravilhoso: ele é Maravilhoso, o único perfeito	Hb 7.26
Conselheiro: ele é o grande Conselheiro, mais sábio que Salomão	Mt 12.42
Deus forte: seu poder se manifesta nos fracos	2Co 12.9
Pai da Eternidade	Jo 1.7-11
Príncipe da Paz: ele fez a paz	Is 9.7; At 10.36

166. O que nos foi dado...

Um Filho	Is 9.6
O Espírito Santo	Rm 5.5; 1Co 3.16
A vida de Cristo	Ef 5.2
O Pão da Vida	Êx 16.15
O dom de Deus	2Co 9.15
O conhecimento dos mistérios	Mt 13.11
A vida eterna	Jo 10.28

167. O que o Evangelho nos traz

Uma grande alegria, uma viva esperança	Is 25.9

Perdão de todos os pecados	Ef 1.7; At 5.31
Salvação da perdição eterna	Mt 25.34
A vida eterna	Jo 3.15,16; 10.28
Ricos frutos	Gl 5.22
Comunhão com o Pai e com o Filho	1Jo 1.3; Jo 17.24
Comunhão entre nós	1Jo 1.7; At 2.42

168. O que a firme confiança nos traz

Paz perfeita	Is 26.3
Frutos	Jr 17.7,8
Confiança na fidelidade de Deus	Hb 10.22,23
Coragem para testemunhar	Sl 73.28
Libertação	Sl 37.10,11
Habitação eterna nos céus	2Co 5.1

169. Mentiras enganosas (Is 28.17)

A mentira de que Deus não castiga porque é amor	2Ts 1.7-9
A mentira de que os pensamentos humanos são sempre certos	Is 55.8
A mentira de que todos serão salvos um dia	Mc 16.16
A mentira de que basta uma vida moral para ser salvo	Hb 11.6
A mentira de que somos salvos por guardar a lei	Rm 3.19,20
A mentira sobre a bondade de nosso próprio coração	Jr 17.9
A mentira de que basta ter qualquer tipo de fé	Jo 3.36

170. A experiência de Ezequias (Is 38)

O piedoso rei Ezequias foi muito provado, como antes dele Abraão (Gn 22), José (Gn 40.15), Davi, Jó e muitos outros.

As angústias de Ezequias:

A proximidade da morte. "Põe em ordem a tua casa…!"	Is 38.1
A guerra e a ameaça da deportação por Senaqueribe	
Mas, principalmente, o pecado	Is 38.17
Ele se compara com alguém que está afundando (como Davi) na cova	Is 38.17; Sl 40.2; Gn 37.24

A perturbação de Ezequias:

Sua consciência o acusa	Sl 32.4
Seu passado o perturba	Gn 42.21
Ele teme o juízo vindouro	At 24.25
O melhor refúgio: a oração	Is 38.2,3

A resposta de Deus para Ezequias

Deus concedeu a Ezequias mais 15 anos. Ele o livra dos assírios.

Naquela noite um anjo matou 185.000 homens.

O louvor de Ezequias
Ezequias vai à Casa de Deus para adorar ... Is 38.20

171. O que Deus irá recompensar
Deus recompensará:

As obras de cada pessoa	Is 40.10; Mt 16.27
A hospitalidade	Mt 10.41; Mc 9.41
Os que sofreram por sua causa	Lc 6.22,23
A obediência e a fidelidade	Jo 14.21; Ap 2.10
Os vencedores	Ap 2.7,11,17,26
Cada serviço	Cl 3.23,24
O amor aos inimigos	Lc 6.35; Pv 25.21,22

172. Vida em abundância

Se você está fraco, ele é a sua força	Is 40.29
Se você está perdido, ele veio para salvá-lo	Mt 18.11
Se você está doente, ele quer ser o seu médico	Tg 5.14-16
Se você está pobre, ele o enriquece	Ap 3.18; 2Co 8.9
Se você está cego, ele lhe dá a visão	Ap 3.18
Se você está com medo, ele lhe dá coragem	Mc 5.36; At 27.24
Se você está ameaçado, ele o liberta	At 12.11
Se você está faminto, ele sacia sua fome	Jo 6.1-13,48
Se você está triste, ele consola o seu coração	Jo 14.1-18
Se você está inseguro, ele mostra o caminho para você	Sl 32.8; Is 30.21

173. A Palavra de Deus:

É eterna	Is 40.8; 1Pe 1.25
Vivifica	Jo 6.63-68
Cura	Sl 107.20; Mt 8.8
Corta	Hb 4.12
É útil	2Tm 3.16
Alimenta	1Pe 2.2
Consola	1Ts 4.18

174. Deus guia

Por caminhos maravilhosos	Is 43.16-19
Por caminhos inesperados	Êx 13.17,18
Por caminhos planos	Sl 26.12; 27.11
Pelo bom caminho	Gn 24.27
Pelo caminho eterno	Sl 139.24
Pelo deserto	Dt 8.2
Para a glória eterna	Jo 17.24

175. Escolhidos de Deus

Quem são os escolhidos de Deus?	
O Senhor Jesus é denominado de "Escolhido de Deus"	Is 42.1
Israel é o povo escolhido de Deus	Is 45.4
Os anjos foram escolhidos por Deus	1Tm 5.21
Nós somos escolhidos de Deus	Cl 3.12
O que Deus faz para os seus escolhidos?	
Ele os ajuntará de todo o mundo (Israel)	Mt 24.31
Ele lhes fará justiça	Lc 18.7, 8
Ele abreviará o seu sofrimento	Mt 24.22
Ele prolongará os seus dias	Is 65.22
Ele os guardará dos enganos de Satanás	Mt 24.24

176. Não tema (Is 41.10)

Pois você pertence ao Senhor	Is 43.1
Ele o conhece pelo nome	Êx 33.12; Ap 2.13
Ele o segura pela mão direita	Is 41.13
Ele escreveu seu nome na sua mão	Is 49.16
Ele ensina o caminho pelo qual você deve andar	Sl 32.8
Ele envia o seu anjo à sua frente	Êx 23.20
Ele jamais o deixará	Hb 13.5; Mt 28.20
Suas promessas são "sim" e "amém"	2Co 1.20

177. Confie

O Senhor o salvou, por isso não tenha medo	Is 43.1
Ele é a sua força	Is 41.10
Ele é o seu ajudador	Is 41.13
Ele é o seu provedor	Mt 10.31
Ele tem propósitos maravilhosos para você	Lc 12.32
Ele vem a você, por isso tenha ânimo	Is 35.4

178. Os remidos do Senhor

São propriedade do Senhor	Is 43.1; 1Co 6.20
São as primícias do Senhor	Ap 14.4
São cooperadores do Senhor	Tt 2.14
São sacerdotes do Senhor	1Pe 2.9
São selados pelo Senhor	Ef 4.30
São instrumentos do Senhor	Ef 2.10
São destinados à glória com o Senhor	Rm 8.23; Jo 17.24

179. Perdão dos pecados

Quem perdoa os pecados? ("Eu desfaço...")	Is 44.22

Quantos pecados são perdoados? ("todos")	Cl 2.13
Qual a base do perdão dos pecados? ("O sangue de Cristo")	1Jo 1.7
Como recebemos o perdão? ("Todo o que nele crê")	At 10.43

180. O Deus dos necessitados

Ele sustém os aflitos na sua mão	Is 49.16; Jo 10.28
Ele carrega os cansados nos seus ombros	Êx 28.12; Lc 15.5
Ele leva o nome dos seus sobre o coração	Êx 28.29
Ele consola os atribulados	2Co 1.3

181. A bênção de olhar para o Senhor (Is 45.22)

Olhar para Jesus ...

Leva-nos à experiência da salvação	Is 45.22
Conduz-nos à humilhação e ricas bênçãos	Jó 42.5,6,10-15
Transforma-nos inteiramente	2Co 3.18
Ilumina-nos	Sl 34.5
Separa-nos do mundo, dá-nos firmeza	Hb 11.27
Conduz-nos à purificação de todas as impurezas	1Jo 3.3
Leva-nos à alegria verdadeira	Sl 21.6; Jo 15.11

182. Os sofrimentos físicos de Cristo

Uma descrição chocante dos sofrimentos físicos de Cristo:

Suas costas dilaceradas pelos açoites	Is 50.6
Seu rosto deformado	Is 52.14
Sua cabeça perfurada pelos espinhos	Mt 27.29
Seu lado traspassado pela lança	Jo 19.34
Suas mãos e pés pregados na cruz	Sl 22.16; Lc 24.39
Seu corpo exposto ao escárnio	Mt 27.36-42

183. Deus, o nosso protetor

Dá-nos segurança, pois vai à nossa frente	Is 52.12; 48.17
Protege-nos, pois também está atrás de nós	Êx 14.19
Está á nossa direita continuamente	Sl 16.8
Também está à nossa esquerda	Jó 23.9
Cerca-nos como uma muralha	Sl 125.2
Abaixo de nós estão os braços eternos	Dt 33.27
Habita dentro de nós	1Co 3.16
Rodeia-nos por todos os lados	Sl 139.5

184. Uma imagem profética de Cristo (Is 53)

A imagem profética que Isaías 53 nos apresenta de Cristo é tocante:

Raiz de terra seca	Is 53.2

Desprezados pelos homens	Is 53.3
Homem de dores	Is 53.3
Castigado por Deus por causa de nossos pecados	Is 53.4
Carregou nossos pecados. Foi o nosso substituto no julgamento	Is 53.5
Ele levou nossos pecados	Is 53.6
Ele nos justifica	Is 53.11

185. Para que tenhamos paz (Is 53.5)

A paz foi anunciada no seu nascimento	Lc 2.14
Ele ofereceu a paz	Mc 5.34
Fazer a paz lhe custou um alto preço	Cl 1.20
Ele anunciou a paz aos discípulos depois da ressurreição	Jo 20.19
Ele removeu a inimizade	Ef 2.14
Ele criou uma aliança de paz eterna	Is 54.10

186. O Senhor em Isaías 53

Visão profética de Cristo em Isaías 53:

O desprezado – homem de dores	Is 53.3; Jo 19.5
O ferido – ferido por Deus	Is 53.4; Jo 19.11
O sofredor – traspassado	Is 53.5; Jo 19.34
O carregador dos nossos pecados – levou toda a culpa sobre si	Is 53.6; 1Pe 2.24
O mudo – ele não abriu a sua boca	Is 53.7; Mt 26.62
O cortado – por causa de nossa injustiça	Is 53.8; 1Pe 2.24
O justo – não houve engano na sua boca	Is 53.9; Jo 8.46
O obediente – aceitou ser moído	Is 53.10; Jo 19.1-3
O herdeiro – ele verá o fruto	Is 53.11; Ap 7.9
O grande vencedor – ele reparte o despojo	Is 53.12; Sl 110

187. Eis o Homem

Descrição de Cristo na Bíblia:

Desprezado	Is 53.3
Rejeitado	Jo 18.40
Inocente	Lc 23.4
Justo	Lc 23.47
Crucificado	At 2.23
Ressuscitado	At 2.24
Irá voltar	Mt 16.27

188. Sete exortações às famílias (Ef 5,6)

Uma exortação:

| A todos os cristãos | Ef 5 |
| Às mulheres | Ef 5.22 |

Aos homens	Ef 5.25
Às crianças	Ef 6.1
Aos pais	Ef 6.4
Aos empregados	Ef 6.5
Aos patrões	Ef 6.9

189. Venham

Jesus chama para as águas vivas	Is 55.1; Jo 4.10
O Espírito e a noiva chamam para as águas	Ap 22.17
Jesus chama os que têm coração pesado	Mt 11.28
Todos os que vierem devem vir em fé	Hb 11.6
Todos os que vierem encontrarão tranquilidade e paz	Is 55.2,3
Os que vierem descobrirão que tudo está preparado	Is 55.1; Jo 21.12

190. Isaías 55

Nós chegamos às águas e achamos mais: vinho e leite	Is 55.1
Nós buscamos e achamos mais do que procurávamos	Is 55.6; Lc 15.21-23
Todos os que vieram chamam outros para vir também	Is 55.7; Jo 1.45,46
Ninguém pode andar no seu caminho e no de Deus ao mesmo tempo	Is 55.8; Mt 6.24
O fim dos caminhos de Deus é maravilhoso	Is 55.9; Lc 23.43
Os que chamam pessoas para Deus nunca chamam em vão	Is 55.11
O fim destas pessoas será maravilhoso	Is 55.12; Jo 17.24

191. O novo caminho

Devemos deixar o caminho velho	Is 55.7,8
Devemos entrar no novo caminho pela fé	At 16.31; Hb 10.19,20
Devemos confessar os pecados do velho caminho	Sl 51.1,2
Devemos ajudar outros para andar neste caminho	Jo 1.45,46
Devemos amar os companheiros do novo caminho	Jo 13.34
Devemos esperar pelo fim do caminho com ansiedade	1Ts 1.9,10

192. O fruto da cruz (Is 53.10-12)

Isaías disse que Jesus iria ver o fruto de seu trabalho penoso.
Este fruto se manifestou:

| Em pessoas individuais, como o ladrão na cruz | Lc 23.39 |
| Em muitas pessoas, como no dia do Pentecostes | At 2 |

Nas miríades de pessoas entre o Pentecostes e o arrebatamento:

As primícias de Israel	Ap 7,14
O número incontável da grande tribulação	Ap 7
As nações durante o milênio	

193. Os pensamentos de Deus
São mais elevados que nossos pensamentos	Is 55.9; Sl 92.5
São pensamentos de amor e de paz	Jr 29.11; Zc 8.15
São inescrutáveis e profundos	Rm 11.33; Dn 2.20
São pensamentos preciosos	Sl 139.17
São grandes, maravilhosos e inumeráveis	Sl 92.5

194. Exemplos de jejuns autênticos (Is 58.6,7)
O maior exemplo para nós é o próprio Jesus	Mt 4.2
Também Moisés (Êx 34.28) é um exemplo para nós	1Rs 19.8
Igualmente com a anciã Ana (Lc 2.37)	
A primeira igreja jejuava	At 13.2
Paulo menciona vários jejuns	2Co 11.27

O que significa o jejum para nós hoje?

195. Deus, o nosso guia (Is 58.11)
Como Deus nos guia?
Pela sua voz	Jo 10.4,27
Pelo Espírito Santo	Hb 3.7
De maneira íntima, pelos seus olhos	Sl 32.8
Pelo seu conselho	Sl 73.24

Para onde nos guia?
Para caminhos de paz	Lc 1.79
Em toda a verdade	Jo 16.13

Que condições ele coloca para nos guiar?
Aceitar a sua direção	Pv 3.6
Entregar a ele os nossos caminhos	Sl 37.5
Pedir a sua direção em nossa vida	Sl 143.10; Rm 12.2

196. O nosso Deus é:
Luz	Is 60.19
Amor	1Jo 4.8,16
Onipotente	Gn 17.1
Onipresente	Sl 139.7
Onisciente	Sl 139.2
Imutável	Sl 102.26
Infinito	Is 43.10

197. O termômetro espiritual
Devemos ser:
Fervorosos de espírito	Rm 12.11
Ativos no serviço	Rm 12.11

Alegres na esperança	Rm 12.12
Pacientes na tribulação	Rm 12.12
Perseverantes na oração	Rm 12.12
Participantes nas necessidades	Rm 12.13
Sempre abençoando	Rm 12.14

198. O Deus poderoso

Nosso Deus é poderoso para salvar	Is 63.1
Poderoso para libertar	Dt 3.24; 7.8,19
Poderoso sobre todos os povos da terra	Js 4.24
Ele manifesta seu poder nas nossas vidas	Cl 1.29
Ele é poderoso em palavras e em obras	Lc 24.19
Isaías o chama de o Deus Forte	Is 9.6

199. Purificação

É uma necessidade absoluta	Is 64.6; Sl 51.7,10
Não podemos nos purificar a nós mesmos	Jr 2.22; Jó 9.30
A purificação só é possível pelo sacrifício de Cristo	Hb 1.3
Esta purificação vale para todo o sempre	Hb 10.12,22
Ela é operada pelo sangue de Cristo	1Jo 1.7
E pela Palavra de Deus	Jo 15.3; Ef 5.26

200. Diversas vestimentas

A veste da justiça própria é insuficiente	Is 64.6; Sl 51.5-7
Os escribas vestiam um traje hipócrita	Lc 20.46-47
Quem busca a Deus recebe a melhor vestimentas	Lc 15.22
Os remidos vestem roupas brancas	Ap 7.9
A noiva do Cordeiro está vestida de linho puro	Ap 19.7-8
Os convidados para as bodas vestem roupas nupciais	Mt 22.12
Jesus se manifestará com uma roupa tinta de sangue	Ap 19.13

201. Qualidades de um ganhador de almas (Jr 1.17-19)

O ganhador de almas precisa ter convicção de seu chamado	Jr 1.17; Mc 16.15
Precisa reconhecer que é um devedor	Rm 1.14
O temor de Deus precisa encher seu coração	2Co 5.11
Deve estar cheio do amor de Cristo	2Co 5.14
Precisa conhecer profundamente o sacrifício de Jesus pelos pecadores	1Pe 1.18-20
Precisa confiar no poder salvador de Cristo	Rm 1.16; 1Tm 1.16
Que qualidades um ganhador de almas precisa ter?	
Precisa ser diligente, persistente e ter tato	Pv 11.30; Dn 12.3
Deve ser consagrado e ter a capacidade de renunciar a si mesmo	1Co 9.19-27
Deve ser corajoso e apaixonado	2Co 5.11-14

202. Três perguntas importantes

A pergunta superficial: O que eu fiz?	Jr 8.6
A pergunta de quem busca a salvação: O que devo fazer?	At 16.30
A pergunta decisiva: O que farei com Jesus?	Mt 27.22

203. Nosso coração (Jr 17.9)

Com a expressão "coração", a Bíblia refere-se ao âmago de nosso ser, ao centro de nossa vida e personalidade

Nosso coração recebeu uma herança má	Jr 17.9; Sl 51.5
Seu agir e pensar é mau desde a juventude	Gn 6.5
Como este mau coração pode ser mudado?	Pv 23.26
Deus pode fazer grandes coisas com nosso coração	Ez 11.19
Conhecer a Deus é a essência do novo coração	Jr 24.7
O novo coração é feliz	Mt 5.8
O privilégio do novo coração é adorar a Deus	Hb 10.22

204. Nosso coração (Jr 17.9)

É corrupto por natureza	Jr 17.9
É iluminado pela luz de Deus	2Co 4.6
Ele tornou-se habitação do Espírito Santo	2Co 1.22
Ele agora está cheio do amor de Cristo	Rm 5.5
Ele está preparado para chegar a Deus pelo sangue de Jesus	Hb 10.19ss
Torna-se ousado no orar	1Jo 3.21,22
Está sendo escrito como de Cristo	2Co 3.2

205. A grande tribulação (Jr 30.7)

Jeremias e outros a profetizaram	
Jesus disse que seria terrível	Mt 24.21
Começará na terra de Israel	Mt 24.15
Iniciará com: Satanás, o anticristo e o Falso Profeta	Ap 19.20
Será difícil ao extremo	Jr 30.6
Um resto de Israel será salvo	Jr 30.10
A tribulação virá como a Escritura a profetizou	Jr 30.11
Nós seremos salvos da grande tribulação	1Ts 1.10

206. O futuro glorioso de Israel

Israel é amado por Deus	Jr 31.3
Israel será reunido por Deus	Jr 30.3
Israel será salvo do anticristo	Jr 30.11
Israel terá uma nova aliança	Jr 31.31-34
Israel terá uma nova cidade	Jr 31.38-40

Israel terá o melhor Rei	Jr 33.15
Israel receberá ricas bênçãos	Jl 2.28,29
Israel terá a maior prosperidade	Am 9.13; Jr 32.14

207. As promessas de Deus para Israel

Deus prometeu a terra de Canaã para Israel	Jr 32.36-41
A terra será novamente edificada	Jr 33.7
Israel nunca mais será vergonha e opróbrio	Jl 2.19
Deus novamente lhes dará o que foi perdido	Jl 2.25
Ele purificará Israel de toda injustiça	Ez 36.29
Ele cumprirá todas as profecias para com Israel	Jr 32.42
Ele honrará seu povo no meio de todos os povos	Sf 3.20
Ele será o único Deus de Israel	Ez 36.28

208. Um chamado às armas (Jr 50.21,22)

O grito de guerra	Jr 50.21,22
A força na batalha	Sl 18.39; Js 1.6
O Senhor é o escudo	Sl 140.7; Ef 6.16
A vitória sobre os inimigos é certa	1Cr 5.22

209. Há dor igual à minha? (Lm 1.11,12)

Este foi o lamento de Jeremias, o profeta das lágrimas, que chorou amargamente sobre Jerusalém.

Aplicadas a Jesus, estas palavras são muito mais significativas.

Uma afirmação comovente:

Olhem para Jesus! "Eis o homem"	Jo 19.5
Ele foi desprezado	Is 53
Ele suportou tremenda oposição	Hb 12.3
Ele é o torturado	Mt 26.67
Ele sofreu por nós	Gl 3.13; 2Co 5.21

Uma exortação: A quem?

A todos os que passam. Há uma dor como a sua dor?

Seu suor é como grandes gotas de sangue	Lc 22.44
Sua cabeça está perfurada pela coroa de espinhos	Mt 27.29
Suas costas estão lanhadas pelos açoites	Is 50.6

Uma acusação: Vocês não o percebem? Alguns, sim:

O centurião debaixo da cruz	Lc 23.47
A multidão que batia no peito	Lc 23.48
José de Arimateia e Nicodemos	Jo 19.38,39
Outros, porém, zombavam e meneavam a cabeça	Mt 27.39

210. Israel, como tu és feliz (Jr 31)

Deus e Israel:

Eu amo Israel	Jr 31.3
Eu edifico Israel	Jr 31.4
Eu reúno Israel	Jr 31.8
Eu guio Israel	Jr 31.9
Eu redimo Israel	Jr 31.11
Eu abençoo Israel	Jr 31.12
Eu sacio Israel	Jr 31.14
Eu velo sobre Israel	Jr 31. 28
Eu perdoo a Israel	Jr 31.34
Israel, tu és feliz	Dt 33.29

211. A grande compaixão de Deus (Ez 16.1-14)

A compaixão de Deus se mostra de forma admirável no texto.
Nossa situação natural:

Manchada, impura... Eu te banho	Ez 16.4; Ap 1.5
Abandonada – ninguém a recebeu	Ez 16.5; Hb 13.5
Rejeitada – lançada no campo	Ez 16.5; Lc 10.30
Um quadro de vergonha	

A misericórdia de Deus:

Ele viu o miserável	Ez 16.6; Lc 10.33
Sua palavra amorosa – Ainda que estás no teu sangue, vive!	Ez 16.6

A experiência dos remidos
O que eles experimentaram?

Ele estendeu seu manto sobre mim, me cobriu	Ez 16.8; Sl 32.1
Ele me banhou	Ez 16.9; Tt 3.5
Ele me ungiu com óleo	Ez 16.9; Ef 1.13
Ele me ornamentou, me fez glorioso	Ez 16.11-13; Is 61.3
Ele me coroou com uma coroa gloriosa	Ez 16.12; Is 61.3

Estas são as experiências de todo o pecador que vem ao Senhor

212. O que não é a conversão

Não é simplesmente uma confissão de lábios	Ez 33.31,32
Não é simplesmente o batismo. Simão também foi batizado	At 8.13-23
Não é simplesmente moral, pois os fariseus eram moralistas	Lc 18.9-13
Não é simplesmente uma forma de religiosidade	2Tm 3.5
Não é simplesmente ficar impressionado	At 24.25; 26.28
Não é reforma, mas novo nascimento	Jo 3.3-5; Tt 3.5,6

213. O que é a conversão?

A conversão é:

Completa transformação da pessoa	Ez 36.26,27

Completa entrega a Deus	Rm 6.13,14; 12.1
Renovação interior profunda	2Co 5.17; Tt 3.5
Rejeição da velha natureza	Is 55.7; Ef 4.21-25
Transformação	Jo 3.3; 1Pe 1.23
"Tornar-se como criança"	Mt 18.3

214. O que Deus colocou em nós

Seu sopro	Ez 37.6,9; Dn 5.23
Seu Espírito	Ez 11.19
Seu temor	Jr 32.40
Sua lei	Jr 31.33
Sua alegria	Sl 4.7
Seu louvor	Sl 40.3
Sua Palavra	Jr 1.9

215. O amor de Deus é

Inefável	2Co 9.15
Não pode ser apagado	Ct 8.7
Inescrutável	Rm 8.32-37
Incansável	Jo 13.1
Indispensável	Ef 2.4-5
Constrangedor	2Co 5.14
Infindável	Rm 8.39

216. Qualidades de Daniel

Foi um homem exemplar	Dn 1.8-11
Atraente na sua maneira de ser	Dn 1.4-9
Moderado e capaz de renúncias	Dn 1.8
Um estudioso diligente	Dn 1.17-19; 9.2
Corajoso	Dn 2.13-16; 6.7-11
Humilde a seus próprios olhos	Dn 6.4
Grande aos olhos de Deus	Dn 10.11,19
Fiel em tudo	Dn 6.4
Pessoa de oração	Dn 6.10; Ez 14.14
Reconhecido e honrado	Dn 2.48; 6.23; 12.13

217. Procure boa companhia

Procure pessoas:

Com as quais possa orar (como Daniel)	Dn 2.17
Bons companheiros (como Davi)	Sl 119.63
Cooperadores fiéis (como Paulo)	At 19.29
Ajudantes confiáveis (como Epafrodito)	Fp 2.25

218. Uma noite escura (Dn 5)

Uma noite de paixões, zombarias e arrogância	Dn 5.1-4
Uma noite de ousadia incrível. Babilônia estava cercada	Dn 5.30
Uma noite de um falar sobrenatural de Deus	Dn 5.5
Uma noite de um despertar terrível	Dn 5.6
Uma noite de última e séria advertência	Dn 5.23-25
Uma noite de revelações de Deus	Dn 5.25-28
Uma noite de última oportunidade	
Uma noite de terrível julgamento	Dn 5.30

219. Perdão

É um presente de Deus	Dn 9.9; Mc 2.7
Nos é dado por Jesus	At 5.31; 13.38
Nos é possibilitado pelo sangue de Jesus	Mt 26.28; Rm 3.25
Tem a medida da riqueza da graça de Deus	Ef 1.7; Cl 1.14
É livre e gracioso	Ef 2.4, 9; Is 55.1,7
É abrangente, pois apaga todo e qualquer pecado	At 3.19; Rm 5.20
É prometido aos que confessam o seu pecado	1Jo 1.9; Sl 32.5
Vale para os que o aceitam pela fé	At 10.43

220. O anticristo na descrição de Daniel (Dn 11.36-45)

Será grande e poderoso	Dn 11.36
Agirá arbitrariamente, será um ditador	Dn 11.36
Se elevará sobre tudo e todos	Dn 11.36
Será bem sucedido na prática da maldade	Dn 11.39
Não se importará com nenhum Deus	Dn 11.37,38
Será vitorioso na guerra	Dn 11.41
Será cruel	Dn 11.44
Terá um fim terrível	Dn 11.45; Ap 19.20

221. As promessas de Deus a Israel (Os 11.1-4)

Em nosso texto o profeta menciona 8 graças de Deus a Israel:

1. Deus amou Israel (Os 11.1).	
2. Deus chamou Israel	Os 11.2; Tt 2.11
3. Deus levantou Israel, tomou-o nos seus braços	Os 11.3
4. Deus o acompanhou, o ajudou, o ensinou	3Jo 4; 1Jo 2.6
5. Ele curou Israel	Sl 103.3
6. Ele puxou Israel para si com cordas de amor	Os 11.4
7. Ele libertou Israel do jugo	Os 11.4; Êx 3.7
8. Ele cuidou de seu povo e deu-lhe alimento	Os 11.4; Sl 23

222. De todo o coração

De todo o coração você deve...

Converter-se a Deus (Jl 2.12) como Josias	2Cr 34
Buscar o Senhor (Jr 29.13) como a Sulamita	Ct 3.1
Confiar no Senhor (Pv 3.5) como Abraão	Gn 15
Amar o Senhor (Mt 22.37) como Maria	Jo 12.3
Obedecer o Senhor (Dt 26.16) como Davi	1Sm 22.14
Seguir o Senhor (1Rs 2.4) como Enoque	Gn 5.22
Alegrar-se no Senhor (Sf 3.14) como Neemias	Ne 8.10

223. Juntos

Juntos andar, ter comunhão	Am 3.3
Juntos louvar ao Senhor	Sl 34.3; At 4.24ss
Juntos edificar a casa do Senhor	Ed 4.3
Juntos alegrar-se por pecadores que se arrependem	Tg 5.20

224. Prepara-te para te encontrares com Deus (Am 4.12)

Este apelo não foi apenas válido para o Israel de outrora, mas é também válido para nós hoje, pois todos terão de encontrar-se com Deus (Hb 9.27).
Com quem iremos nos encontrar?

Com o Deus de toda a graça que nos chama	1Pe 5.10
Com um Deus que mantém seus braços estendidos	Lc 15.20
Com um Deus cujo Espírito trabalha na nossa vida	Hb 3.7
Com aquele que convida a todos	Mt 11.28,29

O encontro com Deus é inevitável:

Não adianta não acreditar nem negar	Sl 14.1
Naquele dia não adiantará nenhuma desculpa	Lc 14.18; Rm 1.20

Quando será o encontro com Deus?
A ocasião do encontro é incerta:

Pode ser hoje	Lc 12.20
Pode ser em uma ocasião em que nos sentimos muito seguros	1Ts 5.3
Portanto, o melhor momento para nos preparar é agora	2Co 6.2

Como nos preparar para o encontro com Deus?

Pelo arrependimento, confissão de pecados, conversão, novo nascimento	At 3.19
Pela purificação, pois nada impuro poderá permanecer na presença de Deus	Ap 21.27

225. Libertação e santidade (Ob 17)

O profeta refere-se à libertação de Edom, que ocorreu com o julgamento de Deus sobre este povo (Ob 15,16). Entretanto, o pleno cumprimento da libertação ainda está por vir (Ap 19.11ss).

No que consiste a libertação hoje?

Libertação de Satanás, do pecado e do mundo · Rm 6.15,22

Libertação das necessidades e tentações diárias · 2Co 6.10

De onde vem o libertador de Sião? (Ap 19.11ss)

Apenas então a profecia de Obadias terá seu pleno cumprimento.

Qual é a bênção da libertação?

Santidade. Israel será santo ao Senhor. Cada nova bênção, cada nova experiência deve levar-nos para mais perto do Senhor, para que, quando ele vier nos buscar, ele encontre em nós uma noiva preparada.

226. A oração de Jonas

Sua oração intensa · Jn 2.1

Sua fé forte · Jn 2.2

Sua angústia · Jn 2.4

Sua situação desesperadora · Jn 2.6

Seu olhar firme para o Senhor · Jn 2.7

Sua libertação · Jn 2.10

227. Como nos apresentar a Deus? (Mq 6.6)

Não com justiça própria, pois ela é impura · Is 64.6

Não com ofertas como as mencionadas no texto · Mq 6.7

Não com obras mortas · Hb 9.14; Ef 2.9

Não com religião sem o mediador Jesus · Jo 14.6; 1Tm 2.5

Apenas como pecadores que confessam seu pecado · Lc 18.13; Sl 51.3

Apenas confiando na salvação por Jesus · Rm 10.9; At 16.31

228. Uma visão de Deus (Na 1)

Deus é um Deus zeloso, que não dá sua honra a nenhum outro · Na 1.2

Deus é um Deus vingador (ex.: Faraó [Êx 14.21ss], Herodes) · Na 1.2; At 12.23

Deus é um Deus tardio para se irar (ex.: tempos de Noé) · Na 1.3; Gn 6.3

Deus é um Deus poderoso, que tem muitos meios para exercer julgamento · Na 1.3-6

Deus é um Deus bondoso para com os seus · Na 1.7; Sl 118

Deus é fortaleza na angústia · Na 1.7; Sl 46; 90

Deus é um Deus que conhece os que nele confiam · Na 1.7; 2Tm 1.12

229. Cinco Ais (Hc 2)

Ai dos injustos, dos hipócritas · Hc 2.6

Ai dos avarentos · Hc 2.9

Ai dos injustos e violentos · Hc 2.12

Ai dos enganadores religiosos · Hc 2.15; Mt 23

Ai dos idólatras · Hc 2.19; Cl 3.5

230. Coisas que o Deus Todo-Poderoso não pode fazer

Deus não pode contemplar o pecado	Hc 1.13
Deus não pode mentir	Tt 1.2
Deus não pode quebrar a Escritura	Jo 10.35
Deus não pode aceitar no céu uma pessoa que não nasceu de novo	Jo 3.1-7
Deus não pode condenar um justo	Rm 3.26; 8.1
Deus não pode abandonar os seus	Hb 13.5
Deus não pode negar a si mesmo	2Tm 2.13

231. Há alegria por um pecador que se arrepende

O Pai tem grande alegria	Sf 3.17
O Filho (Jesus) se alegra pelos que voltam para casa	Lc 15.6
O Espírito Santo se alegra, pois ele operou o arrependimento	Jo 16.8
Os anjos no céu se alegram a cada conversão	Lc 15.7
A igreja rejubila quando almas são acrescentadas	At 15.3
O convertido também se alegra	Lc 15.24; At 8.39

232. O desejado de todas as nações (Ag 2.6,7)[1]

Quem é o "Desejado de todas as nações"? Nenhum outro do que aquele a quem Eva já estava esperando (Gn 3.15). Aquele de quem Moisés e todos os profetas profetizaram (Lc 24.27). O nosso texto fala não de sua encarnação, mas de sua vinda em poder e glória (Ap 1.7; 19.11ss).

O que antecederá a vinda deste Desejado?

Os céus e a terra serão abalados	Ag 2.6; 2Pe 3.7ss
O mar e a terra seca serão abalados	Ag 2.6; Ap 6.13
Todas as nações serão julgadas	Mt 25.31ss
Ele as apascentará com vara de ferro	Sl 2.9; Ap 19.21

A vinda do Desejado

Todos os povos estarão decepcionados com todas as promessas do anticristo e se alegram no Messias. Uma bonita descrição daquilo que ele trará e fará pode ser encontrada em Isaías 12.

Ele se manifestará no Templo, o novo Templo que ofuscará com sua glória o Templo de Salomão (Ml 3.1).

Todos os povos trarão para lá seu ouro e sua prata

A paz ansiosamente esperada finalmente irromperá

233. Não por força nem por violência (Zc 4.6)

O segredo do sucesso espiritual está no Espírito Santo:

O sucesso espiritual não depende do saber e do conhecimento,   1Co 8.1,2
mas do Espírito Santo

---

[1] N.T.: "As coisas preciosas de todas as nações" significa literalmente: "o que é precioso", "o que é desejável". Houve quem visse aqui uma alusão ao Messias, e em algumas versões o texto foi traduzido como: "O Desejável de todas as nações".

A salvação de almas não ocorre pelo esforço humano	Jo 3.5; Tt 3.5
A renovação dos filhos de Deus também não ocorre do esforço humano	Rm 12.2; 8.13
Os frutos no Reino de Deus são operados pelo Espírito Santo	1Co 2.4; 3.7; 1Ts 1.5 Jo 15.4

234. O Senhor abre

Uma fonte de salvação para pecadores impuros	Zc 13.1
O coração para aceitá-lo	At 16.14
O céu para enviar seu Espírito	Mt 3.16; Mc 1.10
O entendimento para compreender a Escritura e receber consolação	Lc 24.32
A boca para testemunhar de Cristo	Ef 6.19; Sl 51.15
As janelas do céu para derramar bênçãos	Ml 3.10
Uma porta no céu para entrar por ela	Ap 4.1; Jo 14

235. O Rei dos Reis (Zc 14.4-21)

A manifestação gloriosa do Rei	Zc 14.4; Ap 19.11 ss
Manifestações espantosas a acompanharão	Zc 14.5-7; Ap 6.12ss
Fluirão rios de águas vivas	Zc 14.8; Ez 47
O reinado de Cristo será universal	Zc 14.9; Dn 2.44
Ele será vitorioso sobre todos os povos	Zc 14.12-15
Tudo será santificado ao Senhor	Zc 14.21
Mas antes disto Cristo deverá ser reconhecido	Zc 12.10

236. Eis que vem o dia (Zc 14)

Qual é o dia que é mencionado aqui?	
Será o irrompimento do milênio	
Será o dia no qual o Senhor virá para Israel	Zc 14.1
Seus pés estarão sobre o Monte das Oliveiras	Zc 14.4
Será um dia de grandes sinais e milagres	Zc 14.6,7
Rios de bênçãos fluirão de Jerusalém	Zc 14.8; Ez 47
Apenas o Senhor será Rei	Zc 14.9
Haverá grande confusão no meio dos povos	Zc 14.12ss
Tudo será santificado ao Rei	Zc 14.20,21

237. O Imutável (Ml 3.6)

Aqui tudo muda, tronos caem	1Pe 1.24
A Palavra de Deus não muda	Mt 24.35; Is 40.8
O amor de Cristo é imutável	Jo 13.1; Ef 5.2
A força que Deus dá se renova constantemente	Is 40.29; 40.10
As promessas de Deus nunca caducam	2Co 1.20
Cristo é sempre o mesmo	Hb 1.12; 13.8

NOVO TESTAMENTO

238. Quem é sábio

Todos os que encontraram a sabedoria de Deus	Mt 2.1-12; 1Co 1.24
Todos os que edificam sobre a Rocha que é Cristo	Mt 7.24
Todos que são fiéis como o servo	Mt 24.45
Todos os que trabalham para Cristo e seu Reino	1Co 3.10
Todos os que andam com sabedoria e cuidado	Ef 5.15
Todos nos quais a Palavra de Cristo habita	Cl 3.16
Todos os que praticam boas obras	Tg 3.13

239. Os magos (Mt 2.1-12)

Sua origem: de um lugar longínquo	Mt 2.1; Ef 2.13
Sua atividade: astrólogos	
Sua descoberta: a estrela de Jacó	Nm 24.17
Seu desejo: ver o Rei	
Suas dificuldades: procuraram por muito tempo e ficaram desorientados	Hb 12.2
Como finalmente se encontraram com o Rei:	
Com fé infantil	
Com grande humildade e honra	Mt 2.11
Com gratidão prática	Mt 2.11
Suas ofertas – trouxeram o melhor para o menino Jesus:	
Ouro: símbolo da riqueza	
Incenso: lembra a adoração	
Mirra: era usada nos sepultamentos	Jo 12.7

240. Como Jesus foi recebido quando nasceu

Outrora, como hoje, Jesus foi recebido de diferentes maneiras:

Com ansiedade os magos o buscaram	Mt 2.2; Lc 10.24
Os pastores o receberam com grande alegria	Lc 2.15,16
Simeão, ancião, recebeu-o com louvor	Lc 2.28; Jo 1.12
Os religiosos ficaram indiferentes	Mt 2.5,6
Herodes ficou cheio de ódio	Mt 2.13,16
Como nós devemos recebê-lo?	
Com alegria	Mt 2.10
Com diligência	Mt 2.8
Com motivações corretas	Mt 2.2

241. Os frutos do verdadeiro arrependimento (Mt 3.8)

Profundo pesar pelos seus pecados diante de Deus	2Cr 7.14; Tg 4.9
Confissão sincera do pecado	At 3.19; 26.20
Deixar os caminhos pecaminosos	1Sm 7.3; Is 55.7
Romper com todo pecado conhecido	1Ts 1.9
Os resultados são frutos dignos de arrependimento	Lc 3.10; 2Co 7.11

242. O batismo (Mt 3.5ss)

No Novo Testamento, foi praticado primeiro por João Batista	Jo 3.23
O batismo de João foi reconhecido e confirmado pelo Senhor	Mt 3.13-15; Lc 3.21
Foi praticado pelo Senhor	Jo 3.22; 4.1,2
Os apóstolos batizaram	Mt 28.19; At 2.41
Esta ordenança foi dada para a igreja	Mt 28.19; Mc 16.15,16
O batismo é praticado em nome da Trindade	Mt 28.19
O batismo é um símbolo de uma realidade interior	Rm 6.3
O batismo é precedido pelo reconhecimento e perdão dos pecados	Mt 3.6; At 2.37
O batismo é praticado baseado na fé em Jesus	At 2.41; 18.8
Ele é o símbolo de um batismo maior	Mt 3.11; Tt 3.5

243. Vários testemunhos sobre o Senhor

O Pai disse: "Meu Filho amado"	Mt 3.17; 17.5
Demônios o chamaram de "O Santo de Deus"	Mc 1.24
O traidor o chamou de "inocente"	Mt 27.4
Pilatos o chamou de "Justo"	Mt 27.24
O ladrão na cruz disse que ele não tinha feito nenhum mal	Lc 23.41
O centurião testificou dizendo que era "justo"	Lc 23.47; Mc 15.39

244. Arrependimento

A necessidade do arrependimento foi destacada pelo Senhor	Mt 4.17
O arrependimento é concedido pelo Senhor glorificado	At 5.31
O arrependimento é anunciado em nome do Senhor	Lc 24.47
O arrependimento foi ordenado por Deus a todas as pessoas	At 17.30
A bondade de Deus nos leva ao arrependimento	Rm 2.4
O arrependimento é o caminho para a fé	Mc 1.15; At 2.37,38
O arrependimento traz muitas bênçãos	At 3.19,20
Não negligencie o arrependimento	Hb 12.17

245. A tentação de Cristo (Mt 4)

O Senhor Jesus foi tentado, provado em todas as coisas	Hb 2.18; 4.15
Quando o Senhor foi tentado?	
Depois do batismo	
Depois da unção com o Espírito Santo	Mt 3.16
Depois do reconhecimento público pelo Pai	Mt 3.17
Depois de longo jejum e oração	Mt 4.2
Onde o Senhor foi tentado?	
Não em um jardim, como Adão, mas no deserto	Mt 4.1
Como o Senhor foi tentado?	
Pela dúvida: "Se"	Mt 4.3,6
Pela fome	Mt 4.2
Para se exaltar a si mesmo	Mt 4.6
Para buscar a glória do mundo rejeitando a Deus	Mt 4.9
Como o Senhor venceu a tentação?	
Pela Palavra	Mt 4.4,7,10; Dt 8.3

246. Bem-aventurados os limpos de coração (Mt 5.8)

O coração humano por natureza é mau, arrogante, desanimado	Gn 6.5; Jr 17.9
O desejo pela purificação:	Sl 51.10; Jo 13.9
O desejo é operado pelo Espírito Santo	Jo 16.8; 2Sm 12.7
O meio para a purificação:	
O sangue de Jesus	1Jo 1.9; 1Pe 1.19
Pela Palavra de Deus	Ef 5.26
O objetivo da purificação:	
Para encontrar-se com Deus	Hb 12.14
Para estar diante dele santo e irrepreensível	Ef 1.4
Para sermos um povo de propriedade exclusiva	Tt 2.14
A grande bênção da purificação:	
Ver a Deus	Êx 33.20
Poder encontrar-se com Deus em oração com alegria	Hb 10.19
Vê-lo na glória	Ap 21.3
Portanto, vamos prosseguir na purificação	2Co 7.1

247. Prove a si mesmo

Cada pessoa deve provar se...	
É sal sem poder de salgar	Mt 5.13
É uma casa edificada na areia	Lc 6.49
É um ramo sem frutos na videira	Jo 15.6
É uma lâmpada debaixo do velador	Lc 8.16
É joio em vez de ser trigo	Mt 13.30
É um bastardo em vez de ser filho	Hb 12.8

248. A mansidão (Mt 5.5)

O Senhor ordenou que devêssemos aprender a mansidão	Mt 11.29
Os mansos poderão deleitar-se	Sl 37.11
Deus ensina os caminhos aos mansos	Sl 25.9
Deus pode transformar a pessoa mais iracunda	Êx 2.12; Nm 12.3
Apenas com mansidão podemos disciplinar a outras pessoas	2Tm 2.25; Gl 6.1
O Espírito Santo opera a mansidão	Gl 5.22,23
Procurar a mansidão é mandamento do Senhor	1Tm 6.11

249. Nossas necessidades

Se você estiver/for:	Então leia:
Faminto	Mt 5.6
Sedento	Sl 42.2
Pobre	Tg 2.5
Sem saber o que fazer	1Co 1.30
Impuro	Is 6.5
Se sentindo um "nada"	2Co 12.10
Propriedade de Jesus	Jo 10.14

250. O cuidado de Deus

Cristo é:

Seu pão	Jo 6.33
Sua abundância	Jo 6.35; 4.14
Seu suprimento	Fp 4.19
Sua bebida	1Co 1.30
Sua justiça	Jr 33.16
Seu tudo	Cl 3.11
Ele é seu e meu	Ct 6.3

251. A recompensa de vocês é grande (Mt 5.12)

A recompensa será:

Uma grande acolhida no céu	2Pe 1.5-11
A coroa da justiça	2Tm 4.8
Reinar com Cristo	Lc 19.17-19
Coroa de ouro para os presbíteros fiéis	1Pe 5.4
Coroa de glória para os ganhadores de almas	1Ts 2.19,20
Sentar-se no trono de Cristo como vencedor	Ap 3.21
Pleno reconhecimento pelo serviço prestado	Mt 25.14-23

252. A volta de Cristo

Peça ao Pai pela sua volta	Mt 6.10; Ap 22.20
Creia firmemente, conte com a sua volta	1Ts 4.14-18

Espere pela sua volta (Mt 25.5), não durma	Tt 2.13
Ame a sua volta	2Tm 4.8
Apresse a sua volta	2Pe 3.12
Cuide para não ser envergonhado na sua volta	1Jo 2.28
Anuncie a sua volta	2Tm 4.2

253. Ore

A sós	Mt 6.6; 2Rs 4.4
Em público	At 1.14
Vigiando	Mt 26.41; Ef 6.18
Com confiança	At 4.24ss; 1Sm 1
Sem cessar	1Ts 5.17; Cl 4.2
Com determinação, aguardando a resposta	Tg 5.17,18
No Espírito Santo	Jd 20

254. O que Deus quer em primeiro lugar

Primeiro a reconciliação	Mt 5.23,24
Primeiro buscar o Reino de Deus	Mt 6.33
Primeiro julgar a si mesmo	Mt 7.5; Gl 6.1
Primeiro limpar o interior	Mt 23.25,26
Primeiro cuidar da sua família	1Tm 5.4
Primeiro dar ao Senhor	2Co 8.5
Primeiro ser provado e depois servir	1Tm 3.10
Primeiro trabalhar, depois colher	2Tm 2.6

255. A oração

Foi ordenada por Deus	Mt 6.6; 2Rs 4.33
É incentivada pela Palavra	Tg 4.8
Não precisa de mediadores	1Tm 2.5
Em todos os lugares podemos erguer mãos santas	1Tm 2.8
É inspirada pelo exemplo de pessoas de oração:	Dn 9.20; Gn 18; Jr 15.1
O israelita fiel orava três vezes ao dia	Sl 55.17; Dn 6.10
A resposta é prometida às pessoas fiéis em oração	Is 40.31

256. Quando você orar (Mt 6.6)

O tempo da oração	Lc 18.1
O lugar da oração	Mt 6.6; Dn 6.11
A quem oramos? Ao Pai, em nome de Jesus	Jo 14.14
A promessa da resposta na oração	Mt 6.6; Sl 50.15

257. Como oramos?

Ao Pai Mt 6.9	
No nome do Filho amado	Jo 14.13,14
Com fé singela, com confiança	Mt 21.22
Estando em comunhão real com Jesus	Jo 15.7
Com um coração puro	Sl 24.3,4; 66.18
Com perseverança, sem cessar	1Ts 5.17; Lc 18.1

258. Como podemos servir o mundo?

Pela oração – "Venha o Teu Reino"	Mt 6.10; 1Tm 2.1
Pela pregação da Palavra	
Pela distribuição de literatura evangelística	Rm 1.16
Pelas ofertas para a difusão do Evangelho	Fp 4.10,15,16
Convidando pessoas de forma calorosa e fiel	Lc 14.23; Ap 22.17
Por meio de uma conduta exemplar	2Co 3.1-3; Mt 5.16
Por meio de uma fé viva	2Cr 20.17

259. A família de Deus

Como toda família humana, a família de Deus é composta...

Pelo pai	Mt 6.9
Pela mãe (temos uma mãe lá em cima)	Gl 4.26
Pelos filhos	Gl 3.26; Rm 8.17
Pelos irmãos e irmãs	Mt 12.48

260. Vá – para onde?

Vá para o seu quartinho e ore	Mt 6.6
Vá pela fé, enfrentando inimigos poderosos	Jz 6.14
Vá adiante de força em força	Sl 84.7
Vá à procura dos perdidos, como o samaritano	Lc 10.37
Vá e cumpra a sua missão testemunhando do Senhor	Is 6.9; At 28.26
Vá e fique firme mesmo diante de insucessos	Lc 14.21; Mt 22.8,9
Vá, pois a presença de Deus está com você	Êx 33.14; Mt 28.19,20

261. Nosso Pai

Conhece nossas necessidades	Mt 6.8,32
Dá com prazer, como todo pai verdadeiro	Mt 7.11; Sl 103.13
Tem um plano para seus filhos	Mt 10.29; Ef 2.10
Segura-nos em suas mãos	Jo 10.28,29; Dt 33.3
Compadece-se de nós	Sl 103.13; Ap 21.4
Portanto:	
Vamos amá-lo (1Jo 4.19) e confiar nele	Pv 3.5; Sl 4.8
Vamos contar tudo a ele	Mc 5.33; Fp 4.6

262. Livre-nos do mal (Mt 6.13)

Livre-nos de uma má consciência	Hb 10.22; Sl 32.5
Livre-nos de um coração incrédulo	Hb 3.12; 12.25
Livre-nos dos maus sentimentos	Ef 4.31; Cl 3.8
Livre-nos de toda obra maligna	2Tm 4.18; Sl 121.7
Livre-nos de más companhias	1Co 15.33; 2Co 6.17
Livre-nos de toda forma de mal	1Ts 5.22; Rm 12.9

263. Dois

Dois senhores	Mt 6.24
Dois devedores	Lc 7.41
Duas pessoas orando	Lc 18.10
Dois lugares para guardar tesouros	Mt 6.19,20
Dois caminhos	Mt 7.13,14
Dois pensamentos	1Rs 18.21
Duas possibilidades	Fp 1.23

264. Ver a Jesus

O que a visão de Jesus opera em nós...

Nos humilha	Lc 5.8; Jó 42.5,6
Nos salva	Is 45.22
Nos ilumina	Sl 34.5; At 6.15
Nos dá coragem	Hb 11.27; Sl 16.8
Nos transforma	2Co 3.18; Rm 8.29
Nos dá firmeza	Hb 11.27; 1Co 15.58
Nos dá pureza	1Jo 3.3; Hb 12.14

265. Nosso Pai (Mt 6)

De quem ele é Pai?

Ele é apenas o Pai daqueles que recebem o Filho	Jo 1.12
O Espírito Santo confirma que Deus é nosso Pai	Rm 8.16

Onde o Pai está?

No céu, em secreto	Mt 6.18; 1Tm 6.16
Com os de coração quebrantado	Is 57.15; 66.2

O que o Pai faz?

Ele enxerga as coisas ocultas	Mt 6.4,6,18; Sl 139.2
Ele recompensa o que é feito para ele em oculto	Mt 6.4,6,18; Mc 14.8
Ele conhece as nossas necessidades	Mt 6.8; Fp 4.19
Ele ouve as nossas orações (Mt 6.6) e nos protege	Mt 6.13; Jo 17.11,15
Como podemos responder à sua bondade?	Sl 116.12
Fazendo a sua vontade	Mt 6.9; Sl 143.10
Por confiança absoluta	Mt 6.11
Buscando o Reino de Deus	Mt 6.33; Ag 1.2-11

266. Filhos de Deus (Mt 6)

O que são os filhos de Deus?

São filhos do Pai por meio de Jesus	Jo 1.12
São santos e amados	Cl 3.12

O que os filhos de Deus não devem fazer:

Não devem acumular tesouros na terra	Mt 6.19
Não devem andar ansiosos pelas coisas materiais	Mt 6.25-31,34

O que os filhos de Deus devem ser e fazer:

Devem juntar tesouros no céu	Mt 6.20
Devem ter o seu coração voltado para as coisas de cima	Mt 6.21; Cl 3.2
Devem servir apenas a Deus e buscar o seu Reino	Mt 6.24,33
Devem confiar no Pai Celestial em todas as coisas	Mt 6.33,34

267. É impossível...

Servir a dois senhores	Mt 6.24; Gl 1.10
Uma árvore má dar frutos bons	Mt 7.18; 3.10
Deus deixar de cumprir o que prometeu	Hb 6.18
Agradar a Deus não tendo fé	Hb 11.6; Nm 14.11
Jesus ter descido da cruz	Mt 27.42
Salvar os que desprezam o sangue de Cristo	Hb 10.29; Mt 12.32
Mas tudo é possível para o que crê	Mc 9.23; Js 10.12

268. Atletas no estádio

A "corrida" da vida cristã...

Começa com a conversão	Mt 7.13-15
Exige que se deixe todo peso desnecessário	Hb 12.1
As regras devem ser observadas	1Co 9.26
A corrida deve ocorrer de acordo com as normas	Fp 3.12,13; 2Tm 2.5
O alvo deve ser mantido diante dos olhos	Fp 3.14
O premio é a coroa	1Co 9.25

269. Não vivam preocupados

Não devemos nos preocupar, pois...

A preocupação foi proibida por Jesus	Mt 6.25; Lc 12.22,29
O Pai cuida de seus filhos	Mt 6.26ss
Temos promessas nas quais podemos confiar	Hb 13.5
A preocupação não traz nenhum resultado positivo	Mt 6.27-31; 2Tm 2.4
Pessoas como Marta causam problemas para si e para outros	Lc 10.41
A preocupação sufoca a Palavra	Mt 13.22
Podemos lançar todas as preocupações sobre o Senhor	1Pe 5.7; Fp 4.6

270. O caminho para Deus
O caminho para Deus...

É um caminho estreito	Mt 7.13,14
É um caminho aberto	Is 60.11
É um caminho novo e vivo	Hb 10.20
É um caminho seguro (não há leões nele)	Is 35.9
É um caminho santo (no qual ninguém poderá errar)	Is 35.8
É um caminho único que conduz à casa do Pai	Jo 14.6

271. O inferno
Muito se fala sobre o inferno – que fale a Palavra!
Existirão pessoas perdidas?

Sim, pessoas serão lançadas no inferno	Mt 7.23; 22.13

Onde estarão as pessoas perdidas?

No inferno	Mt 10.28
No lago de fogo	Ap 20.15

Quem será lançado no inferno? Lc 13.25

Todos os que não nasceram de novo	Jo 3.3; Mt 13.41
Todos os que não tiverem seu nome do livro da vida	Ap 20.15

Por quanto tempo estarão no inferno?

O sofrimento no inferno será eterno	Mt 25.46

Qual será o estado das pessoas no inferno?

Estarão condenadas	Mc 16.16
Não terão descanso	Ap 14.11
Rangerão os dentes	Mt 13.41,42

272. O verdadeiro cristão
O verdadeiro cristão é ...

Um construtor que edifica sobre um bom fundamento	Mt 7.24,25
Um lutador, muitas vezes cansado, mas que continua a lutar	Jz 8.4
Um navegante que não se esquece da âncora	Hb 6.19
Um servo de Deus firme e inabalável	1Co 15.58
Uma testemunha de Cristo revestida de poder	At 1.8
Um soldado vestido de armadura	Ef 6.10ss
Um atleta em busca da coroa	1Co 9.24-27

273. Jesus, o servo

Jesus foi o servo sábio	Mt 7.28,29
Jesus foi o servo consagrado e obediente	Sl 40.8
Jesus foi o servo exemplar	Jo 13.14
Jesus foi o servo sofredor	Jo 12.27
Jesus foi o servo perseverante	Mc 14.41
Jesus foi o servo vitorioso	Jo 17.4

274. Venha a Jesus (Mt 8.1-4)

Quem pode vir a Jesus?

Os pecadores podem vir	Jo 4.18; Lc 8.2
Os fracos e doentes podem vir	Lc 8.43,44
Quem quer ser curado pode vir	2Rs 5
Por que todos podem vir a Jesus?	
Jesus não rejeita a ninguém	Jo 6.37
Jesus quer e pode curar	Mt 8.3; Ez 33.11
O que acontece quando alguém vem a Jesus?	
Os resultados são maravilhosos	Sl 32.1,2,11

275. A cura da sogra de Pedro (Mt 8.14-16)

A casa de Pedro

Pedro era casado	1Co 9.5
Pedro foi um bom pai de família (preocupou-se com sua sogra)	1Tm 3.4
Pedro foi hospitaleiro (recebeu a Jesus)	

A doença da sogra de Pedro

Ela tinha febre alta e, provavelmente, estava perto da morte

Amigos fiéis

Relataram o caso ao Senhor	Mc 1.30; Jo 11.3

O médico sempre pronto para ajudar

Jesus veio e tomou-a pela mão

Ele levantou-a. A febre a deixou

Verdadeira gratidão

Ela levantou-se e passou a servi-lo

276. O céu

O céu é um lugar...

De comunhão preciosa	Mt 8.11
De descanso	Hb 4.9
De paz	Lc 19.38
De serviço	Ap 22.3
De luz	Ap 22.5
De contemplar a Jesus	Ap 22.4

277. O fruto do trabalho de sua alma (Is 53.11)

Jesus viu "fruto do penoso trabalho de sua alma" (Is 53.11). Ele viu os muitos que virão do oriente e do ocidente (Mt 8.11,12). Ele viu a grande multidão dos salvos. Ele viu primeiro a igreja e depois a multidão de Ap 7 e muitos outros que ainda serão ganhos.

Os salvos pelo "penoso trabalho de sua alma":

Estão "assentados", isto é, descansam	Hb 4.9; Ap 14.13
Estão em comunhão, mesmo os patriarcas	Mt 8.11; 1Ts 4.17,18
Estão em eterna bem-aventurança	Ap 19.9
O que fez com que chegassem lá?	
A fé em Cristo	Jo 1.12; At 16.31

Os que rejeitaram o "penoso trabalho de sua alma":

Quem são eles?	
Filhos do reino	Mt 7.21-23
Muitos religiosos	Jo 8.33-45

Onde passarão a eternidade?

Na condenação	Mc 16.16; 2Ts 1.9

278. Os dois endemoninhados (Mt 8.28-34)

Eram habitados por demônios	Ef 2.2; 2Co 4.4
Viviam no meio dos sepulcros	Mt 8.28; Lc 1.79
Estavam com a mente perturbada	Rm 1.21ss
Estavam nus	Lc 8.27; Ap 3.17
Estavam arruinando a si mesmos (como toda pessoa no pecado)	Mc 5.4,5
Tornaram-se um perigo para outros	Mt 8.28
Tinham uma força descomunal	Mc 5.4
Foram libertados pelo Senhor Jesus	Mt 8.33

279. A fé do centurião (Mt 8.5-13)

Ele manifestou uma grande confiança em Jesus
A doença de seu servo era incurável
Ele confiou no poder da Palavra de Jesus ("apenas manda com uma palavra...")
Sua alta posição não o impediu de buscar a ajuda de Jesus
Sua fé causou admiração ao próprio Senhor
Sua fé foi ricamente recompensada

280. O verdadeiro cristão

O verdadeiro cristão é alguém que como Mateus (Mt 9.9):

Vem a Jesus e o segue	Mt 9.9; 8.21,22
Crê em Jesus como o único Salvador	Jo 3.16; At 4.12
Recebe a vida eterna	Jo 3.36; Hc 2.4
Testifica com alegria de seu Senhor	Mc 2.15; Rm 10.9
Alegra-se na salvação em Cristo	Rm 8.1
Um dia estará eternamente com Cristo	Jo 17.24

281. Trabalhadores para a seara (Mt 9.37,38)

O Senhor viu a seara madura e os poucos trabalhadores:

Os trabalhadores devem ser pedidos a Deus	Mt 9.38
Os trabalhadores devem ser chamados pelo Senhor	Mt 10.1; At 13.2
Os trabalhadores devem ser capacitados pelo Senhor	Mt 10.1; Is 6.7,8
Os trabalhadores devem ser enviados pelo Senhor	Mt 10.5; Jr 1.10
Os trabalhadores devem ganhar almas	Pv 11.30
Os trabalhadores devem testificar em toda oportunidade	2Tm 4.2
Os trabalhadores não devem se enredar com as coisas desta vida	Mt 10.9; 2Tm 2.4
Os trabalhadores devem estar prontos a sofrer por causa de Jesus	Mt 10.16

282. O mundo na visão de Jesus

Jesus viu o mundo como...

Um deserto com pessoas aflitas e exaustas	Mt 9.36; Is 53.6
Uma seara, madura para a ceifa, mas com poucos trabalhadores	Mt 9.38; Rm 10.14,15
Um grande hospital (p.ex.: Betesda)	Jo 5.1-15

283. A compaixão do Senhor (Mt 9.36)

Como Grande Sumo Sacerdote, o Senhor tem compaixão (Hb 5.2)...

Das ovelhas perdidas	Mt 9.36
Dos fracos e doentes	Mt 14.14
Dos famintos	Mc 8.2
Dos atribulados	Jo 11.33
Dos oprimidos	Mt 15.22
Dos impuros e rejeitados	Mc 1.41
Dos desprotegidos e feridos	Lc 10.33
Dos filhos perdidos	Lc 15.20

284. Cristo, o Servo exemplar (Mt 9.35-38)

Cristo foi um exemplo...

Como pregador	Mt 9.35
Como amoroso auxiliador	Mt 9.35
Como pastor preocupado com seu rebanho	Mt 9.36
Como um amigo cheio de compaixão	Mt 9.36
Como conselheiro de seus discípulos	Mt 9.37
Como missionário rogando por obreiros para a seara	Mt 9.38

285. Ordens do Senhor (Mt 10.5-16)

Hoje o alcance das ordens de Jesus são mundiais (Mc 16.15; At 1.8).
Jesus nos ordena...

Ir para onde ele determinar	Mt 10.5; Mt 28.19
Pregar o Evangelho	Mt 10.7; 2Tm 4.2
Curar os enfermos	Mt 10.8; Tg 5.14-16
Purificar os leprosos	Mt 10.8; 1Jo 1.7

Ressuscitar os mortos	Mt 10.8; Ef 2.1
Expulsar os demônios	Mt 10.8; At 16.18
Dar tudo de graça	Mt 10.8; 2Rs 5.16

286. Servos de Cristo (Mt 10)

A experiência básica do servo	Jo 3.3
A capacitação do servo	Ef 5.18
A tarefa do servo	Mt 10.8; Mt 28.19,20; 1Pe 5.1ss
A motivação do servo	2Co 5.14
O salário do servo	Mt 10.8; Lc 6.22,23
O sustento do servo	Mt 10.9,10; Fp 4.19
A recompensa do servo	2Co 5.10

287. O amigo dos pecadores (Mt 11.19)

Ser "amigo dos pecadores" era uma ofensa, mas para nós é uma honra. Jesus condenava o pecado, mas amava os pecadores.

Jesus conhecia a necessidade dos pecadores e os ajudava	Lc 19.10
Jesus veio ao mundo por causa dos pecadores	Mt 18.11; Rm 5.6
Jesus demonstrou seu amor para com os rejeitados	Jo 8.9-11; Mt 8.1-4
Jesus, mesmo na cruz, voltou-se para os pecadores	Lc 23.43
Jesus, depois da ressurreição, demonstrou ser amigo dos pecadores	Mc 16.9

288. João Batista (Mt 11.7-19)

De acordo com a palavra de Jesus, foi o maior homem nascido de mulher	Mt 11.11
Seu nascimento foi profetizado e ele foi comparado com Elias	Ml 3.1
Como Jesus, seu nascimento foi anunciado pelo anjo Gabriel	Lc 1.11,19

289. Sete orações de Jesus

Ele orou quando as pessoas o rejeitaram	Mt 11.25,26
Ele orou na ressurreição de Lázaro	Jo 11.41
Ele orou diante da cruz	Jo 12.27,28
Ele orou como Sumo Sacerdote pelos seus discípulos	Jo 17
Ele orou no jardim do Getsêmani	Mt 26.39
Ele orou pelos seus algozes	Lc 23.34
Sua última palavra na cruz foi uma oração: "Pai"	Lc 23.46

290. A humildade de Cristo (Mt 11.29)

A humildade de Cristo se mostrou:

Quando assumiu nossa natureza humana	Fp 2.7; Hb 2.17

Quando nasceu em humildade e pobreza	Lc 2.4-7; 2Co 8.9
Quando obedeceu desde a juventude	Lc 2.51
Quando submeteu-se à vontade do Pai	Mt 3.13-15; Jo 8.29
Quando tornou-se um servo de todos	Mt 20.28; Lc 22.27
Quando rejeitou toda glória humana	Jo 5.41; Jo 6.15
Quando se expôs voluntariamente ao vexame	Is 50.6; 53.7
Quando obedeceu até à morte de cruz	Fp 2.8; Hb 12.2,3

291. O que Deus quer

O que Deus quer:

Deus quer dar-nos descanso	Mt 11.28
Deus quer fazer de nós pescadores de homens	Mt 4.19
Deus quer dar-nos plena satisfação	Is 44.3
Deus quer sustentar-nos até a velhice	Is 46.4; Sl 92.14
Deus quer guiar-nos pelo caminho	Sl 32.8
Deus quer nos fortalecer, ajudar e sustentar	Is 41.10

292. O melhor amigo

Jesus é...

Um amigo dos pecadores	Mt 11.19
Um amigo mais chegado que um irmão	Pv 18.24
Um amigo que ama sem se cansar	Jo 13.1; Pv 17.17
Um amigo que ama até a morte	Jo 15.13; Gl 2.20
Um amigo que nos corrige	Hb 12.6,11
Um amigo que salva da morte	Jo 11.11,33; Ef 2.1

293. O convite de Jesus (Mt 11.28)

Quem está sendo convidado? Os pecadores!	1Tm 1.15
Como podem aceitar o convite? Assim como estão	Mt 9.13
Quando devem aceitar o convite? Agora!	Lc 14.17; 2Co 6.2
Por que devem aceitar o convite? Para receber paz e descanso	Mt 11.28; Jr 31.25
Qual a experiência de quem aceita o convite? Boas-vindas cordiais	Lc 15.2

294. O chamado de Cristo (Mt 11.28)

Quem chama?

O Criador, o Salvador, o Deus de amor	Cl 1.16; 1Jo 4.8
Aquele que perdoa os pecados e faz novas todas as coisas	Mt 9.6; Mc 5.15

Quem ele chama?

Os cansados, oprimidos, presos	Sl 40.2; Lc 4.18
Os que já perderam a esperança	2Rs 4.1,2

Por que ele chama?

Por causa de seu amor e não por nossos méritos	Lc 19.10
Por causa de sua compaixão pelos perdidos	Lc 15.2; Mt 23.37
Por causa de seu desejo de que estejamos com ele por toda a eternidade	Jo 17.24
Para colocar-nos no seu serviço	Mt 11.29; Ef 2.10

Como reagimos quando ele nos chama?

| Rejeitando | Jo 1.11 |
| Atendendo | Mt 4.20; Mt 19.27 |

Para o que ele nos chama?

| Para dar-nos paz e descanso | Jo 16.33 |

295. O chamado de Deus (Mt 11.28)

A Bíblia está repleta dos chamados de Deus, desde o primeiro chamado dirigido a Adão até o último em Apocalipse (Ap 3.20; 22.17)

A quem se dirige o chamado?

A pessoas cansadas e sobrecarregadas	Mt 11.28
A pessoas religiosas, como Nicodemos	Jo 3
A pessoas desorientadas, como a mulher samaritana	Jo 4
A pessoas manchadas de sangue, como Paulo	At 9
A pessoas manchadas de pecado, como a mulher pecadora	Lc 7.37
A pessoas como as que Paulo descreve em...	1Co 6.9-11

Quando atender ao chamado?

| Agora | Hb 3.7,13 |
| Com urgência | Gn 19.22 |

Como atender ao chamado?

| Crendo em Jesus | At 16.31 |
| Confessando e deixando o pecado | Is 55.7 |

296. Jesus é maior que Salomão (Mt 12.42)

O nome de Salomão significa paz	– Jesus é o Príncipe da Paz
Salomão foi filho de Bate-Seba	– Jesus é o eterno Filho de Deus
O reino de Salomão terminou	– O Reino de Jesus é eterno
A sabedoria de Salomão foi grande	– Jesus é a Sabedoria de Deus
O reinado de Salomão foi breve	– Jesus é o Rei Eterno
O renome de Salomão foi grande	– A glória de Jesus é eterna

297. O exemplo da rainha de Sabá (Mt 12.42)

Ela veio dos confins da terra trazer suas perguntas a Salomão (1Rs 10.1,2) e teve experiências maravilhosas:

Suas perguntas e dúvidas foram respondidas	1Rs 10.3
Seu testemunho	1Rs 10.7
Sua gratidão	1Rs 10.10

Sua alegria ao retornar, como em…	At 8.39
Sua advertência em relação aos indecisos e incrédulos	Mt 12.42

298. Salomão, um tipo de Cristo (Mt 12.42)

Salomão: seu nome significa paz – Jesus é o Príncipe da Paz	Is 9.6
Salomão: o sábio (1Rs 4.29-34) – Jesus: o onisciente	Jo 2.25
Salomão: o construtor do Templo da Velha Aliança – Jesus: o construtor do Templo da Nova Aliança	Mt 16.18
Salomão: o senhor de riquezas (1Rs 10.22,23) – Jesus: o Senhor de tudo	Hb 1.3; Rm 10.12
Salomão: justo no seu julgamento (1Rs 3.16-28) – Jesus: o Juiz Divino	Jo 5.22,27
Salomão e seu casamento (2Cr 8.11) – Jesus e sua noiva	Ap 21.9
Salomão e seu fim trágico (1Rs 11) – Jesus e sua glória eterna	Fp 2.9-11

299. Semeadura e colheita

O campo é o mundo	Mt 13.38
A semente é a Palavra de Deus	Lc 8.11
O tempo de semear é agora	Ec 11.6; 2Tm 4.2
O crescimento exige a morte	Jo 12.24
O fruto é diverso	Mt 13.4-8
A colheita é agora e depois	Jo 4.36; Ap 14.15
A colheita é certa (Gl 6.9) e abundante	Mt 9.37; 2Co 9.6
A recompensa dos ceifeiros será grande	Dn 12.3

300. A semente e os espinhos

Jesus mencionou vários tipos de espinhos (Mt 13.22):

As preocupações da vida	Mc 4.19; 2Tm 2.4
A fascinação pelas riquezas	Mt 13.22; Lc 12.18
O amor ao dinheiro	1Tm 6.10,17
A ambição de possuir cada vez mais	Mc 4.19
O desejo de ter o proibido	Gn 3.6
O anseio pelos prazeres	Lc 8.14

Exemplos de pessoas sufocadas pelos espinhos

Demas	2Tm 4.10
Ló	Gn 13.10
Diná	Gn 34.1ss

301. Símbolos da igreja

Pérola – a igreja é mais preciosa do que a mais bela pérola	Mt 13.46; At 20.28
Família – a igreja proporciona mais abrigo do que a família mais acolhedora	At 2.44-47

Coluna – a igreja é uma coluna que ornamenta e sustenta	1Tm 3.15; 1Rs 7.15,16
Corpo – a igreja é um corpo unido à cabeça que é Cristo	Ef 1.22,23; Ef 5.30
Candeeiro – a igreja ilumina	Ap 1.12,20
Ramo – a igreja dá frutos	Jo 15; Mt 5.14-16

302. Herodes (Mt 14.1-14)

Um pecador, adúltero e assassino	Mc 6.14,27
Ainda assim: procurado por Deus – a Palavra o tocou	Mc 6.20; Hb 4.12
Um arrependimento fingido: não deixou o pecado	Is 55.7
Voltou ao pecado com um ímpeto maior	2Pe 2.22; Hb 6.4ss
Violentou sua consciência	Mt 14.9
Era um covarde, com medo dos homens	Mt 14.9
Ele perdeu a última chance	Mt 14.9; 2Co 7.9,10
Tornou-se o assassino de João Batista	Mt 14.10; Mt 11.11
Seu fim foi terrível	At 12.23; Dn 5.30

303. Protegidos nas tempestades (Mt 14.22-33)

A ordem do Senhor	Mt 14.22
A obediência dos discípulos: eles subiram no barco	Mt 14.22
A adversidade: o vento	Mt 14.24,30; 10.21,22
A consolação do Senhor	Mt 14.27; Is 41.13,14
A grande salvação	Mt 14.31,32; Sl 107.29
A adoração e o testemunho:	Mt 14.33; 16.16; Jo 6.14

304. Lições de Mateus 14.22ss

O Senhor honra a fé	Mt 14.29; Mc 9.23
A Palavra de Cristo é o consolo dos discípulos	Mt 14.27; Is 41.10
Jesus está junto aos seus, especialmente nas necessidades	Hb 13.5,6
Para a fé não há impossíveis	Rm 4.20
A maior preocupação do Senhor são os seus	Mt 14.25; Jo 10.28-30
O Senhor aproxima-se dos seus nas necessidades	At 27.23
A fé em Cristo pode todas as coisas	Mt 14.29; Fp 4.13
Jesus não nos abandona mesmo quando fracassamos	Mt 14.31; Lm 3.57

305. Um imitador de Cristo (Mt 14.28-30)

O desejo de Pedro: andar sobre as águas como seu Mestre	Mt 14.28
O pedido de Pedro: "Manda-me ir ter contigo!"	Mt 14.28; Jo 21.6,7
O convite a Pedro: "Vem!"	Mt 14.29; Jo 6.35
A ousadia da fé de Pedro: andou sobre as águas	Mt 14.29; Fp 4.13
A visão errada de Pedro: olhou o vento	Mt 14.30; Hb 12.2
A consequência desta visão errada: começou a afundar	Mt 14.30; 1Rs 19.4ss

O clamor de Pedro por ajuda: "Salva-me, Senhor!"   Mt 14.30; Sl 50.15
A mão estendida a Pedro   Mt 14.31; Sl 116.3,4
A experiência vitoriosa de Pedro   Mt 14.32,33; 8.27; Ap 5.9ss

306. Nossa natureza corrompida
As Escrituras mostram a realidade a respeito do ser humano.

O Senhor revela o que está em nosso coração   Mt 15.19,20
O Senhor mostrou a Nicodemos quem ele é e quem nós somos   Jo 3.6
Ao homem rico Jesus revelou sua avareza   Mc 10.17ss
Paulo fala que todos somos pecadores   Rm 3.23
A Bíblia afirma que somos infratores da lei de Deus   Gl 3.10
Somos impotentes diante do pecado   Rm 5.6
Nosso estado é desesperador   Ef 2.12; Is 1.5,6
Mas Jesus veio salvar os perdidos   Lc 19.10

307. O que a oração é:
A chave para abrir as riquezas de Deus   Mt 15.25-28
O colírio para enxergar a ação de Deus   2Rs 6.17; Ap 3.18
O canal da paz de Deus   Fp 4.6,7
O abrigo nos perigos   Ne 4.9
A proteção segura   Ef 6.18
O caminho para a força e a comunhão   At 4.31-33
O escape em todas as necessidades   At 12.5ss

308. A mulher Cananeia (Mt 15.22-28)
Quem ela era?
Uma cananeia, pagã, longe das promessas   Ef 2.12
Alguém que era considerada morta nos pecados   Ef 2.12
Qual a sua necessidade?
Sua filha estava com grandes problemas   Mt 15.22
A quem ela recorreu?
A Jesus, que destrói as obras satânicas   1Jo 3.8
Como ela veio a Jesus?
Com profunda humildade, reconhecendo que não era digna   Mt 15.27
Clamando por graça e compaixão   Mt 15.22
Confiando firmemente na ajuda de Jesus   Mt 15.28
Crendo em Jesus como o Filho de Davi, o Messias   Mt 15.22
Qual a sua experiência com Jesus?
Ela teve uma grande experiência   Mt 15.28
Ela agradeceu e adorou   Mt 15.25

309. Pessoas a quem o Senhor elogiou

A mulher cananeia, por causa de sua grande fé	Mt 15.28
O leproso curado, por causa de sua gratidão	Lc 17.18
Maria, por escolher a boa parte	Lc 10.39,42
Pedro, por causa da sua confissão de fé	Mt 16.17
Conclusão: sejamos nós também causa de alegria para o Senhor	Mt 25.40; Mc 9.41

310. A igreja de Jesus Cristo

O fundamento da igreja é Cristo, o Filho de Deus	Mt 16.18
A salvação da igreja é o sangue de Cristo	At 20.28
O cabeça da igreja é Cristo	Ef 1.22,23; 5.23
O dirigente da igreja é o Espírito Santo	1Co 12.28
A motivação da igreja é o amor	Ef 5.2; 5.25
A força da igreja é a oração	At 12.5
A responsabilidade da igreja é conservar a unidade	Jo 17 21-23; Ef 4.3

311. A ressurreição do Senhor

É o cumprimento das suas próprias profecias	Mt 16.21
É o canal das nossas bênçãos	At 5.31; 13.37,38
É a justificação de nossa fé	Rm 4.25
É o alvo e o propósito de nossa vida	2Co 5.15
É o fundamento de nossa esperança	1Pe 1.3
É o aval para nosso reencontro na eternidade	1Ts 4.14
É a força de nosso testemunho	At 4.10; 3.15,16
É a prova de que o Senhor será o Juiz	At 17.31
É o centro de nosso pensamento e nossa reflexão	Fp 3.10, Cl 3.1,2

312. Regras sem exceções

Quem viver para si mesmo irá perder a vida	Mt 16.25; At 20.24
Quem viver para Jesus irá ganhar a vida	Mt 16.25; Jo 12.24
Quem viver para o mundo irá perder a vida	Mt 16.26
Quem quiser seguir a Jesus precisa carregar a sua cruz	Mt 16.24
Quem quiser seguir a Jesus precisa andar como ele andou	1Jo 2.6
Quem não tem Cristo tem seu próprio "eu" no centro de sua vida	Gl 2.20

313. Quanto custa ser um cristão?

Renunciar a uma vida egocêntrica	Mt 16.24-26
Rejeitar o mundo, como Noé e Abraão	Hb 11.7-10
Abandonar o pecado, como José e Daniel	Gn 39.9; Dn 1.8
Não amar o mundo	1Jo 2.15-17
Não mancar entre dois caminhos	1Rs 18.21; Ap 3.15

314. Por amor do seu nome

Pelo seu nome renunciamos a tudo	Mt 19.29
Pelo seu nome estamos prontos a sofrer	Mt 10.22
Pelo seu nome suportamos provações	Ap 2.3
Pelo seu nome ficamos firmes apesar da fúria de Satanás	Ap 2.13
Em seu nome nos congregamos	Mt 18.20
Em seu nome servimos os necessitados e doentes	Mt 25.40; Tg 5.14
Em seu nome oramos com liberdade ao Pai	Jo 14.13

315. Cristo vive! O que ele é:

O Filho Vivo	Mt 16.16
A Água Viva	Jo 4.11-14
O Pão Vivo	Jo 6.51
A Pedra Viva	1Pe 2.4
O Caminho Vivo	Hb 10.20
O Sumo Sacerdote Vivo	Hb 7.24–8.1
A Esperança Viva	1Pe 1.3

316. Exortações do Senhor

Venha a mim	Mt 11.28
Aprenda de mim	Mt 11.29
Permaneça em mim	Jo 15.7
Siga a mim	Jo 21.22
Ande na minha presença	Gn 17.1
Lembre de mim	Lc 22.19
Olhe para mim	Hb 12.2

317. O Senhor salva

O seu nome é: Salvador (Mt 1.21) – Além dele não há outro que salve (At 4.12).

Ele veio para salvar	Mt 18.11
Ele veio para salvar pecadores (como Paulo)	1Tm 1.15
Ele veio para tirar o pecado	Jo 1.29
Ele veio para salvar pelo seu sangue	Cl 1.20; Ef 1.7
Ele veio para salvar da iniquidade	Tt 2.14

318. A vinha (Mt 21.33)

Sete coisas são ditas acerca do Senhor da casa:

Ele plantou uma vinha	Sl 1.3
Ele cercou a vinha	Jó 1.10
Ele construiu um lagar	
Ele edificou uma torre	Is 5.2
Ele a arrendou a lavradores	Rm 9.4,5

Ele viajou para fora do país	Jo 14.2,3
Ele esperou frutos da vinha	Lc 13.7

319. As bodas reais (Mt 22.1-7)

A exaltação do Filho: suas bodas são celebradas	Mt 22.2; Fp 2.9
O convite gracioso: o Evangelho da graça	Mt 22.4; Mt 11.28
O grande convite: todos são bem-vindos	Mt 22.4; Jo 6.37
A rejeição pela indiferença: rejeição de Cristo	Mt 22.5; Lc 19.14
A rejeição aberta: servos agredidos	Mt 22.6; Mc 15.13
A retribuição justa: o juízo	Mt 22.7; 2Ts 1.8

320. Hipócritas

Sua malícia: revelada pelo Senhor	Mt 22.18; Jo 2.25
Sua cegueira: perderam a visão da realidade e dos valores	Mt 23.17,19,23,26
Sua aparência: o exterior é mais importante para eles que a Palavra	Mt 15.1-3; 2Tm 3.5; 2Co 5.12
Suas orações: são apenas de lábios	Mt 15.8
Seu zelo: fazer prosélitos	Mt 23.15
Seu prazer: serem honrados pelos homens	Mt 23.6,7
Seu julgamento: as Escrituras lançam sobre eles um "ai" condenador	Mt 23.13; Is 29.15

321. Uma surpresa inesperada (Mt 22.11-14)

Uma visita pessoal: o Rei
Uma observação acurada: Ele viu um homem
Uma pergunta pessoal: "Amigo, como entraste...?"
Um momento constrangedor: ele emudeceu
Uma ordem assustadora: "Amarrai-o e lançai-o fora"
Um final terrível: "Choro e ranger de dentes"

322. Excluídos (Mt 25.10)

Este é um final terrível: "Eternamente excluído, eternamente fora!" Excluídos – do quê? Das alegrias da glória vindoura (Ap 19.7).
Uma aplicação:

Uma festa está preparada	Mt 22.2,4,8
Todos são convidados	Mt 22.4
A porta está bem aberta	Mt 25.10; Jo 14.6
A porta é uma imagem do Senhor	Jo 10.9
A porta se fecha na hora da morte	Hb 9.27
A porta fechada é chocante	Gn 7.16
Existe outra porta: a da perdição eterna	Mt 7.13; Lc 16.23; Ap 22.14,15

O excluídos podem apenas acusar a si mesmos
Portanto, o que é necessário? Purificação! Prontidão! 1Jo 3.3
Devemos estar prontos hoje Hb 4.7

323. Administradores de Deus

O Senhor nos confia os bens e a tarefa	Mt 25.14; Mc 13.34
A responsabilidade é grande	1Co 4.1ss; 2Tm 2.2
O Senhor irá requisitar de nossas mãos o que nos confiou	1Ts 2.4
O Senhor nos confiou o Evangelho	Mc 16.15; Rm 1.16
O Senhor nos confiou toda a sua Palavra	At 20.27
O despenseiro serve conforme os dons que recebeu	1Pe 4.10
Ele serve em todo o tempo	Lc 12.42,43
O servo infiel desperdiça os bens	Lc 16.1
A recompensa do servo fiel será grande	2Tm 4.8

324. Pecados de omissão (Mt 25.25-46)

Os pecados de omissão são tão condenáveis como os pecados de ação. No julgamento estes pecados serão revelados.
Alguns pecados de omissão:

Não testemunhar	Lc 12.8,9
Não orar	1Sm 12.23
Não confiar (crer) no Senhor (2Rs 7.2)	Jo 16.9; Hb 3.17-19
Não amar o Senhor	1Co 16.22; 13
Não praticar o bem	Gl 6.9; Mt 25.45
Não fazer a obra do Senhor com dedicação	Jr 48.10; Jz 5.23

325. Herdeiros do Reino (Mt 25.34)

Como entramos no Reino?

Assim como estamos e somos	Jo 6.37
Cansados e sobrecarregados	Mt 11.28
Confessando: Eu pequei	Lc 15.21
Pelo novo nascimento	Jo 3.5

Quando devemos entrar no Reino?

No dia da salvação – o dia de hoje	2Co 6.2; Hb 3.7

O que nos qualifica para o Reino?

A renovação pelo Espírito Santo	Tt 3.5
Ter recebido o Senhor em arrependimento e fé	Jo 1.12; At 20.21

326. A ceia do Senhor

É um rememorar a morte do Senhor	Mt 26.26-28
É uma ceia memorial	1Co 11.24,25
É uma festa	1Co 5.8

É uma celebração de gratidão	Mt 26.27
É um encontro de comunhão amorosa	1Co 10.16,17
É um testemunho de nossa esperança ("... até que ele venha")	1Co 11.26

327. O cálice (Mt 26.39)

A palavra "cálice" (copo) aparece várias vezes nas Escrituras. Pela primeira vez ocorre na história de José (Gn 40.21; 44.2). Davi cantou do "cálice transbordante" (Sl 23) e, mais tarde, do "cálice da salvação" (Sl 116.13). Em Isaías lemos do "cálice da ira" (Is 51.17). O nosso texto fala do cálice dos sofrimentos de Cristo. No cenáculo o Senhor deu aos discípulos o cálice da bênção (Mt 26.27; 1Co 10.16).

Jesus mesmo tomou, em nosso lugar, o cálice que o Pai lhe deu (Jo 18.11).

Qual o conteúdo do cálice que Jesus tomou?

A ira de Deus sobre nossos pecados	Mt 26.39
A incredulidade das pessoas	Jo 1.11; 7.15
Os pecados do mundo inteiro	Jo 1.29

Como o Senhor tomou o cálice?

Com tremor e temor (Mt 26.38-46) e angústia	Mt 26.39
De acordo com a vontade do Pai	Lc 22.42
Esvaziando-o em nosso lugar	Is 53.4-6

O que é para nós hoje o cálice da Ceia?

Fonte de bênçãos	1Co 10.16
Uma recordação do seu sangue precioso	Mt 26.28
Motivo de gratidão e adoração	1Co 11.24
Um indicativo da volta de Cristo	1Co 11.26

328. A filiação divina de Cristo

O Senhor a afirmou	Mt 26.63,64
O Pai a declarou	Mt 3.17; 17.5
A ressurreição a provou	Rm 1.4
Pedro a testificou	Mt 16.16; At 3.15
Paulo a anunciou	At 9.20
Os demônios a reconheceram	Mc 3.11
Os discípulos creram nela	Mt 14.33
Todos um dia a confessarão	Fp 2.9-11

329. Verdadeiro amor fraternal

O mandamento do amor "Amarás o teu próximo como a ti mesmo" (Mt 22.39).

O Senhor deu-nos o mandamento do amor	Jo 13.34; 15.12 O
Senhor deu-nos o exemplo do amor	Ef 5.2
As Escrituras nos instruem sobre o amor	1Ts 4.9

Como cumprimos o mandamento do amor?

Participando das necessidades de outros	Mt 25.35; Rm 12.13

Servindo uns aos outros em amor	Gl 5.13
Perdoando uns aos outros	Ef 4.32; Cl 3.13
Quais os resultados do amor?	
Permanecemos na luz	1Jo 2.10
Cumprimos a lei de Cristo	Rm 13.8-10; Gl 5.14
Exemplos de amor	
José diante de seus irmãos	Gn 45.15
Jônatas e Davi	1Sm 20.17,41,42
Paulo	2Co 12.15

330. O que vocês pensam de Cristo (Mt 22.42)

Ele é Salvador: salva totalmente	Hb 7.25
Ele é Mestre: ensinava com autoridade	Mt 7.29; Mt 23.8
Ele é Poderoso: curou a todos	At 10.38
Ele é Amigo: "Vós sois meus amigos"	Jo 15.14
Ele é Juiz: é um justo juiz	2Tm 4.8

331. A volta de Cristo nos motiva:

À vigilância	Mt 24.42; 25.13
À sobriedade (1Pe 1.13; 4.17)	1Ts 5.1-10
À fidelidade	Mt 25.21; Lc 12.42,43
À diligência	Mt 16.26,27
A crucificar a carne	Cl 3.3-5
À consagração ao serviço	2Tm 4.1ss
À moderação ao julgar os demais	1Cor 4.5
A permanecer em Cristo	1Jo 2.28
A uma vida santa	2Pe 3.11-13
Ao amor fraternal	1Ts 3.12,13

332. O Senhor voltará (Mt 24,25)

Quando o Senhor voltará?

Quando o mundo não estiver esperando	Mt 24.42-51
Quando as pessoas estiverem dormindo	Mt 25.5; Ef 5.14
Quando o mundo estiver sonhando a respeito de paz	1Ts 5.3
Quando o mundo estiver vivendo nos prazeres	Lc 21.34,35; 17.28
Quando os sábios estiverem preparados	Mt 25.10
Quando os tolos estiverem despreparados	Mt 25.12

333. A volta de Cristo (Mt 24)

Como será a volta de Cristo:

Será repentina	Mt 24.27; Ap 22.20
Será inesperada	Mt 24.44; Ap 16.15

Será causa de medo para muitos	Lc 17.26-30
É aguardada com ansiedade por toda a criação	Rm 8.21,22

Por isso devemos ser semelhantes:

Às virgens prudentes	Mt 25.1ss
Aos servos fiéis (prontos para prestarem contas)	Mt 24.45,46
Ao lavrador (que espera pacientemente o fruto da terra)	Tg 5.7,8
Ao soldado vigilante	Ap 16.15; Is 21.12

334. Devemos vigiar (Mt 24)

Por que devemos vigiar?

Porque o Senhor assim nos ordenou	Mt 24.45-51
Porque a hora de sua vinda é desconhecida	Mt 24.44
Porque vigiar produz santificação	1Jo 3.2,3
Porque vigiar resulta em um serviço ativo para o Senhor	Mt 24.45
Porque vigiar produz um ganho temporal e eterno	Mt 24.46,47
Porque vigiar nos guarda de sermos maus servos	Mt 24.48-51

335. "E fechou-se a porta" (Mt 25.10)

Uma porta oferece a oportunidade de entrar ou ficar fora. Jesus mesmo se denomina de "A Porta" (Jo 10.9). Esta porta está aberta para todos que quiserem entrar, assim como nos tempos de Noé a porta da arca se manteve aberta por muito tempo (Gn 7.1).

O pecador deve entrar agora por esta porta porque:

Do lado de fora há perdição – a ira de Deus	Jo 3.36
Dentro há perdão – o novo cântico	Ef 1.7; Sl 40.2
Dentro o Pai espera com amor	Lc 15.20
Dentro acena a glória vindoura	Jo 17.24
Não há desculpas: todos ouviram o chamado	Hb 3.7
Todos ouviram Cristo batendo à porta do coração	Ap 3.20
Há duas portas abertas: por qual você entrará?	Mt 7.13,14

336. Sete coroas

A coroa de espinhos – que o Senhor carregou	Mt 27.29
A coroa de ouro – a glória dos 24 anciãos	Ap 4.4
A coroa da vida – a honra dos fiéis	Tg 1.12; Ap 2.10
A coroa incorruptível – a recompensa do atleta cristão	1Co 9.25
A coroa da justiça – para os que amam a vinda do Senhor	2Tm 4.8
A coroa de glória – para os ganhadores de almas	Fp 4.1; 1Ts 2.19,20
A coroa da glória – para os pastores fiéis	1Pe 5.4

337. A mensagem do véu rasgado (Mt 27.51)

No antigo Israel apenas o sumo sacerdote podia, uma vez ao ano, passar pelo véu e entrar no Santo dos Santos (Êx 26.31; Hb 9.1-8). Desde que o véu foi rasgado, o caminho para Deus está aberto. Cada pessoa pode chegar livremente a Deus (Hb 10.19).

O rasgar do véu significa:

O fim de todos os cultos levíticos	Rm 10.12; Hb 9.8-12
Chegamos a Deus apenas pela morte de Jesus	Hb 10.19; Ef 3.12
O caminho para o santuário celestial está aberto. Lá o Senhor está intercedendo por nós	Hb 9.3,7,11,19,24

338. O grito do Senhor na cruz (Mt 27.46)

Nenhuma das sete palavras da cruz nos toca tanto quanto a quarta. É a palavra central e nos leva ao cerne dos sofrimentos de Cristo. O Filho Unigênito, tão honrado pelo Pai (Mt 3.17; 17.5; Jo 12.28), é aqui desamparado pelo Pai. Por que ele foi desamparado por Deus?

Porque ele nos amou	Jo 15.13; Rm 5.7,8
Porque ele estava pagando os nossos pecados	1Jo 4.10; Gl 3.13
Porque ele estava nos resgatando	Mt 20.28; Gl 3.13
Porque a Escritura tinha que se cumprir	Sl 22.1
Porque ele estava destruindo a morte	2Tm 1.10

O Senhor não se queixou: não se queixou da traição de Judas, da negação de Pedro, do fracasso dos discípulos, dos seus verdugos. Diante de tudo isso ele se calou. Entretanto, aqui ele gritou em alta voz, porém seu grito foi um grito de confiança, pois clamou: "Deus meu, Deus meu!". Mesmo na sua hora mais escura ele se firmou em Deus! Você também?!

339. O que o Senhor fez por nós na cruz (Mt 27.46)

Ele pagou nossos pecados	1Jo 2.2; 4.10
Ele cumpriu as Escrituras	Sl 22.1; Dn 9.26
Ele entregou sua vida por nós	Mt 27.50
Ele confiou em Deus até o fim	Mt 27.46
Ele pediu perdão por todos	Lc 23.34
Ele salvou o criminoso arrependido	Lc 23.43
Ele abriu o caminho para a casa do Pai	Mt 27.51; Hb 10.19,20

340. Lições da ressurreição de Cristo (Mt 28)

Em Mateus 28 vemos de maneira clara o poder da ressurreição. A ressurreição de Cristo manifesta:

O poder da vida: "Vinde ver: Ele vive!"	Mt 28.6
O poder do amor: ele levou as mulheres ao túmulo	Mt 28.1
O poder dos anjos: a pedra da sepultura foi removida por um deles	Mt 28.2-4
O poder do testemunho: "Ide, pois, depressa e dizei...!"	Mt 28.7,8; Lc 24.33,34
O poder do Senhor: liberta do medo	Mt 28.9,10
O poder do serviço	Mt 28.18-20
O poder da verdade: mais poderosa que a mentira	Mt 28.11-15

341. O impacto da ressurreição de Cristo

Sobre os guardas: eles estremeceram de susto	Mt 28.4
Sobre as mulheres: foram tomadas de medo e alegria	Mt 28.8
Sobre os discípulos entristecidos: receberam nova vida	Jo 20.19-22
Sobre os frustrados discípulos de Emaús: foram tomados de certeza	Lc 24.15-31
Sobre o incrédulo Tomé: ele creu	Jo 20.27-29
Sobre o fracassado Pedro: foi restaurado	Jo 21.15-19
Sobre todos nós: nos faz testemunhas	Mt 28.18-20

342. Por que missões?

Porque é ordem do Senhor	Mt 28.18-20
Porque Deus não quer que ninguém se perca	1Tm 2.4
Porque o amor de Cristo nos constrange	2Co 5.14
Porque devemos o Evangelho às pessoas	Rm 1.14
Porque os primeiros cristãos foram missionários	At 8.4
Porque o fruto de missões traz grande alegria	At 14.27
Porque as portas ainda estão abertas	Ap 3.8; 1Co 16.9
Porque deste modo apressamos a volta de Cristo	2Pe 3.12
Onde praticar missões?	
Em todo o mundo	Mt 28.18-20
Onde vivemos	Mc 5.19; 1Tm 5.4

343. Uma promessa poderosa (Mt 28.20)

Deus prometeu nunca deixar os seus filhos (Hb 13.5):

No deserto – Deus os sustenta nos seus braços	Ct 8.5
Nas situações mais impossíveis – Deus é suficiente	Is 32.2; Ap 2.13
Nas fornalhas da vida – Deus está presente	Dn 3.25; 6.22,23
Nas tempestades e nos vendavais – Deus os salva	Mt 14.31
No calor do sol – Deus é a sombra	Is 32.2
No vale da sombra da morte – Deus está com eles	Sl 23.4; 2Co 5.1

344. Atuando para o Senhor

De que consiste o serviço para o Senhor?

Ir para todo o mundo	Mt 28.18-20
Anunciar o Evangelho	Lc 16.29
Nosso exemplo	2Co 3.2; 1Pe 3.1
Quem deve servir o Senhor?	
Todos os que creem	Jo 14.12
Todos os convertidos	1Ts 1.9; 1Pe 2.9
O que necessitamos para este serviço?	
Amor ao Senhor	2Co 5.14; Jo 21.15

O poder do alto e a oração	At 1.8; At 4.31
A Palavra de Deus	Hb 4.12; Sl 107.20
A armadura de Deus	Ef 6.10ss

345. A grande comissão (Mt 28.18-20)

A quem foi confiada a grande comissão? A todos os discípulos	At 1.8
Por quanto tempo vale a grande comissão? Até a volta de Cristo	Mt 28.20; Lc 19.13
Onde a grande comissão deve ser cumprida? Em todo o mundo	Mt 28.18
De que forma a grande comissão deve ser cumprida? Pelo ensino e batismo	Mt 28.20
Como é possível cumprir a grande comissão? Pelo poder do Espírito Santo	At 1.8

346. Tentações

Qual é a origem das tentações? Satanás e a cobiça do coração	Mc 1.13; Tg 1.14
Quem é tentado? Todos	Mc 1.12,13; Jó 1.8
Quando somos tentados? Sempre, especialmente depois de grandes bênçãos	Mc 1.11; Mt 4.1
Quando somos tentados? Nas áreas de fragilidade (Jesus: quando teve fome)	Lc 4.2,3
Em que áreas somos tentados? Todas	Lc 4.3,6,9; 1Jo 2.16
Qual a frequência das tentações? São contínuas	Lc 4.13
Qual o propósito em Deus permitir as tentações? Nos provar	Lc 4.1; Gn 22.16ss
Como alcançamos a vitória nas tentações? Usando a Palavra ("Está escrito")	Lc 4.4,8,12
Como alcançamos a vitória nas tentações? Usando a armadura de Deus	Ef 6.10ss

347. A mão estendida de Jesus

Para curar	Mc 1.31
Para purificar	Lc 5.13
Para dar vida	Lc 7.14
Para levantar	Lc 13.13
Para salvar	Mt 14.31
Para abençoar	Mc 10.16
Para vivificar	Ap 1.17

348. O que o Senhor nos dá

Sua graça	2Co 12.9
Seu poder	2Co 12.9
Sua paz	Jo 14.27
Seu amor	Jo 15.9

Seu jugo	Mt 11.30
Seus mandamentos	Jo 14.21
Sua glória	Jo 17.24

349. A bênção de levantar cedo

Jesus nos dá o exemplo	Mc 1.35; Lc 21.38
Levantar cedo promove a vida de fé	Sl 5.3; Sl 88.13
Cedo devemos cumprir nossas obrigações	Gn 22.3; Pv 31.15
Preguiçosos são pobres por dentro e por fora	Pv 6.9-11

Exemplos de pessoas que levantavam cedo: Abraão (Gn 19.27), Isaque (Gn 26.31), Jacó (Gn 28.18), Josué (Js 3.1), Gideão (Jz 6.38), as mulheres (Mc 16.2), os apóstolos (At 5.21).

350. Conte para Deus as suas necessidades

O leproso pediu purificação	Mc 1.40
Davi pediu perdão	Sl 51
Pedro pediu salvação	Mt 14.30
O ladrão na cruz pediu que Jesus se lembrasse dele	Lc 23.42
O publicano pediu misericórdia	Lc 18.13
A mulher cananeia pediu ajuda para sua filha	Mt 15.22
O cego pediu para ver	Mc 10.51

351. O crescimento espiritual

O crescimento espiritual é comparado a...

Uma semente	Mc 4.27
Um lírio	Os 14.5; Lc 12.27
Um cedro	Sl 104.16
Um carvalho	Is 61.3
Uma palmeira	Sl 92.12
Um ramo na videira	Jo 15.5

O crescimento é uma vida...

Que vai de força em força	Sl 84.7
Que vai de glória em glória	2Co 3.18

352. Com Jesus na tempestade (Mc 4.35-41)

Uma ordem clara: Jesus ordena que naveguem para a outra margem	Mc 4.35
Uma atitude sábia: os discípulos levam Jesus consigo	Mc 4.36
Um acontecimento perigoso: água entra no barco	Mc 4.37
Uma visão tranquilizadora: o Senhor dorme na tempestade	Mc 4.38
Um grande contraste: os discípulos assustados – o Senhor dormindo	Mc 4.38

Uma pergunta cheia de dúvidas: "Não te importas?"   Mc 4.38
Uma resposta maravilhosa: Jesus acalma a tempestade   Mc 4.39
Uma repreensão merecida: "Homens de pequena fé!"   Mc 4.40
Um final abençoado: temor ao Senhor   Mc 4.41

353. Onde devemos realizar a obra missionária?
Em nossa própria casa e família   Mc 5.19
Nos caminhos e estradas   Mt 22.9; Lc 10.33
Na vinha do Senhor   Mt 20.4
Até os confins da terra   Mt 28.19; At 1.8
Mas apenas se o Senhor nos chamar e enviar   At 13.2-4

354. Instruções para "Pescadores de Homens" (Mc 1.17)
O Senhor chamou dois de seus discípulos que estavam ativamente envolvidos no trabalho. Eram pescadores de peixes e deveriam tornar-se "pescadores de homens". Um verdadeiro pescador sabe atrair os peixes. "Pescadores de homens" devem estudar a maneira de pensar, os costumes e a vida das pessoas.
Os pescadores de homens necessitam ter...
Tato e sabedoria   Mt 10.16; Pv 11.30
Persistência (não devem desanimar)   1Tm 4.16
Consciência dos perigos   Mt 10.16,17

355. "Passemos para a outra margem" (Mc 4.35-41)
Podemos comparar o texto com a nossa vida e com a igreja.
Nossa vida é uma viagem do tempo para a eternidade   Hb 11.16
A tempestade é um quadro das provações da vida   Mt 7.25
O piloto é o Senhor (jamais perecerá quem a ele se confia)   Mc 4.38; At 27.22-25
A bússola são as promessas de Deus   At 27.22-25
O lastro que dá estabilidade é a Palavra de Deus   Mc 4.39
O barco tem uma âncora   Hb 6.19

356. Tocando a Jesus (Mc 5.25-43)
Sua necessidade
Doze anos doente (pessoas vivem ainda mais tempo no pecado)   Mc 5.25
Grande necessidade (o pecado também traz necessidades)   Mc 5.25,26
A enfermidade a tornou impura diante da lei   Lv 15.25-27
Sua situação era desesperadora   Mc 5.26
Seus esforços vãos por alcançar cura
Foi a muitos médicos (quantos "médicos" espirituais existem)   Mc 5.26; Jó 13.4
Sua fé no Senhor
Ouviu dele   Rm 10.17
Veio a ele   Jo 6.37; 1Rs 10.1

Tocou-o com fé	Mc 5.27
Sua cura	
Poder saiu de Jesus	Mc 5.30
Tocar e ser curada foram experiências simultâneas	Mc 5.28,29
Seu testemunho	
Contou sua experiência com tremor	Mc 5.33
Testemunhou sem constrangimento	Mc 8.38; Rm 10.10
Paz inundou sua alma (a fé traz a paz)	Mc 5.34; Rm 5.1

357. Diferentes ceias

A ceia do pecador (para satisfazer suas paixões)	Mc 6.21; Dn 5.1ss
A ceia do Senhor (para a qual todos estão convidados)	Mc 14.16
A ceia do amor (preparada para o Senhor)	Jo 12.2
A ceia da amizade (para ouvir do Senhor)	Mc 2.15
A ceia das bodas do Cordeiro (para a esposa do Cordeiro)	Ap 19.9
A ceia grande de Deus	Ap 19.17
A ceia memorial (para anunciar a morte do Senhor)	1Co 11.23ss

358. Bênçãos que caem da mesa do Senhor (Mc 6.30-44)
Pensamentos variados:

Todos os que anunciam a Palavra necessitam tempos de repouso	Mc 6.31
Sem tempo com o Senhor somos apenas forma sem conteúdo	Mc 6.31
Organização e planejamento facilitam o trabalho	Mc 6.39-41
Nossas necessidades são as oportunidades de Deus	Mc 6.41
Quem vive da provisão do Senhor não passa necessidade	Mc 6.42
A oração é meio para recebermos a provisão do Senhor	Mc 6.43; Ml 3.10b
A bênção de Deus é suficiente para todos e traz abundância	Mc 6.44

359. O amor do Senhor pelas pessoas (Mc 6)

O Senhor veio para as multidões famintas	Mc 6.34; Lc 19.10
O Senhor vê a necessidade das pessoas	Mc 6.34; Lc 10.33
O Senhor se compadece diante das necessidades humanas	Mc 6.34; Mt 11.28-30
O Senhor ensina as multidões	Mc 6.34; Lc 24.45
O Senhor se preocupa com as pessoas	Mc 6.37; Mt 6.25-34
O Senhor dá orientação para as pessoas	Mc 6.39; Jo 6.27
O Senhor alimenta as pessoas	Mc 6.41; Jo 21.9

360. Uma oração modelo (Mc 7.24-30)
A mulher orou...

Com intensidade	Mt 15.22
Com fé	Mc 7.28
Com humildade (comparou-se com cachorrinhos)	Mc 7.28; 2Sm 9.8

Com persistência (não permitiu que nada a desviasse de seu intento)	Mc 7.28; 1Sm 1.12
Com confiança (não se deixou abalar por uma aparente rejeição)	Mc 7.28; Mt 15.21-18
Com vitória	Mc 7.28

361. Canais da graça (Mc 8.1-9)

Os discípulos deveriam ser "canais da graça de Deus", mas ainda não o eram pois lhes faltava a mente de Cristo, o amor aos necessitados. Eles não enxergavam como Jesus a situação do povo. Jesus via as multidões como ovelhas sem pastor, perdidas e desorientadas. Jesus via a multidão, mas vê também a necessidade de cada um individualmente. Jesus sabia que muitos fizeram uma longa viagem para lá estar. Ele conhecia aquele lugar ermo onde nada havia.

A missão dos discípulos era ajudar, mas como?

Eles disseram: "Mande-os embora".

Não tinham fé, pois não conheciam aquele que sustentou o povo de Israel por 40 anos no deserto.

Não tinham compaixão pelos famintos.

Não enxergavam uma saída: "O lugar é ermo".

Mas os discípulos estavam na escola de Jesus:

Ele os chamou a si.

Abriu a eles seu coração: "Tenho compaixão desta gente".	Mc 8.2
Tomou os pães e os peixes.	2Co 8.1-5

Os discípulos puderam repartir os alimentos e desta forma ser uma bênção.

Eles puderam ver milagres e ser grandemente recompensados.

362. Desculpas (Mc 8.38)

Eu quero segui-lo, mas...

Ninguém deve saber	Mc 8.38
Posso ter prejuízos	Mt 16.24-26
Existem outras maneiras de ser salvo	Jo 14.6
Os cristãos têm tantos defeitos	Rm 14.12
Ainda não é hora de tomar uma decisão	2Co 6.1,2
Primeiro preciso melhorar a minha vida	Mt 9.12,13
Não sei por onde e como começar	At 16.31
Tenho medo das dificuldades	Nm 13.26-33

363. O cego Bartimeu (Mc 10.46-52)

Ele estava em grande necessidade	Mc 10.46
Ele ouviu a respeito do Grande Médico	Mc 10.47
Ele o procurou insistentemente (clamou em alta voz)	Mc 10.47
Ele não permitiu que nada o atrapalhasse	Mc 10.48

Ele abriu mão de tudo (capa)	Mc 10.50
Ele respondeu prontamente o chamado de Jesus	Mc 10.50
Ele implorou a Jesus	Mc 10.51
Ele recebeu resposta	Mc 10.52
Ele passou a seguir a Jesus	Mc 10.52

364. Jesus e as crianças (Mc 10.13-16)

De acordo com os costumes da época, as mães traziam os seus filhos aos anciãos para que eles os abençoassem. Até hoje este é um costume precioso.

Uma ação exemplar: levar seus filhos a Jesus

Por que as mães trouxeram as crianças a Jesus?

Porque criam nele e o reconheciam como o Messias

Porque sabiam que em Jesus seus filhos estariam abrigados

Jesus se indigna com os discípulos que queriam impedi-las	Mc 10.14
Um grande contraste: Os discípulos impedem – Jesus abençoa	
Jesus tomou as crianças nos seus braços	Mc 9.36; Lc 2.28
Ele impôs as mãos sobre elas	
Ele as abraçou	Mc 10.16
Ele as abençoou	Pv 10.22

As crianças são um exemplo para nós. Isto Jesus ensinou em Mt 18.3-5
Quem quiser ser salvo precisa se humilhar
Quem se humilha como uma criança, será grande um dia
Nós devemos nos tornar como crianças

365. A pergunta essencial (Mc 10.17-22)

Um homem faz a pergunta mais importante de todas: "O que devo fazer para ser salvo?"
Jesus mostrou a sua necessidade espiritual.
Jesus olhou para ele e o amou.
Jesus viu sua seriedade, sua humildade (ajoelhou-se a seus pés), e sua vida moral exemplar.
Será que você também poderia responder à colocação de Jesus (v. 19) com um "sim"?
Apesar de tudo, "uma coisa lhe faltava".
O que lhe faltava era "Jesus". Tinha seriedade e sinceridade mas nenhuma vida com Deus.
O Senhor exigiu renúncia: "Vende tudo o que tens". No caso do jovem, os impedimentos eram suas riquezas. Na vida de outras pessoas podem ser as paixões ou amizades.
Um resultado triste: ele não foi capaz (como Moisés [Hb 11.25,26]) de renunciar aos valores mundanos, por isso renunciou a Jesus.
Maria escolheu a boa parte. Qual é a sua escolha?

366. Tenha fé em Deus (Mc 11.22)

Todos deveríamos ter consagração e uma fé viva em Deus. Para pessoas cheias de fé não há impossíveis (Mc 9.23). Nós vemos qual é...
A natureza da fé (Hb 11.1)
Pela fé Noé construiu a arca, Abraão saiu de sua terra e Moisés abandonou o Egito.

O objeto da fé

Deus é o objeto da fé. A fé conta com Deus. Deus não quebra sua aliança (Is 40.8; Sl 119.89).

A atuação da fé (Rm 4.5; Hb 11.8)

Calebe honrou a Deus pela sua fé. Não olhou para os gigantes mas para Deus (Nm 13.30). Pedro lançou as redes pela palavra de Jesus (Lc 5.4,5).

O incentivo da fé

"Se creres verás a glória de Deus" (Jo 11.40).

Pense no sacrifício de Isaque (Gn 22.15-18)

A necessidade da fé (Hb 11.6)

O fruto da fé (Hb 11)

367. O bom perfume (Mc 12.41-44)

No meio dos conflitos e rejeição por parte do povo de Israel, o Senhor Jesus foi confortado por uma pobre viúva, pela sua oferta de tudo o que tinha e que entregou para Deus. Considere esta pobre viúva e coloque-se na sua situação desoladora:

Sua grande necessidade: não tinha nem sustento próprio nem filhos que dela cuidassem.

Seu abrigo seguro: como Asafe (Sl 73) ela foi para a casa de Deus para ouvir a Palavra. (Será que ela não deveria ter usado o seu tempo para trabalhar a fim de ganhar sustento?) No templo encontrou aquele que se tornou pobre por nossa causa.

Sua oferta de gratidão. Pela Palavra que ouviu foi confortada e fortalecida e em gratidão entregou ao Senhor uma oferta maior que todos os ricos (v. 41). O que a moveu a agir assim? Certamente o amor a Deus.

Sua confiança na provisão de Deus. O Senhor que viu a sua oferta e tanto a valorizou seguramente não permitiu que perecesse de fome.

O Senhor que tudo vê e observa. Ele estava assentado à frente do cofre de ofertas. Também ele vê e observa o que nós ofertamos. Será que ele é confortado pelas nossas ofertas?

Ele sabe todas as coisas.

Ele avalia tudo corretamente. Ele viu os ricos e a pobre viúva.

Ele é tocado profundamente por aquilo que é feito por amor a ele.

A oferta da viúva foi pequena no seu valor monetário, mas era tudo o que tinha.

368. Até o fim (Mc 13.13)

"Até o fim" tem uma grande importância dentro da Bíblia

Até o fim devemos permanecer firmes	Mc 13.13
Até o fim devemos manter a ousadia da esperança	Hb 3.6
Até o fim devemos manter a confiança	Hb 3.14
Até o fim devemos manter a plena certeza da esperança	Hb 6.11
Até o fim devemos guardar as obras de Cristo	Ap 2.26
Até o fim o Senhor nos confirma	1Co 1.8; Fp 1.6

369. A obra valorizada (Mc 14.1-9)

Esta obra foi realizada por Maria de Betânia. Jesus denominou-a "uma boa ação" (v 6). Nós fomos chamados para praticar boas obras (Ef 2.10; Tt 2.14). Nós devemos ser ricos em boas obras (At 9.36). As boas obras não ficam sem recompensa (Hb 6.10; Ap 14.13).

Foi uma obra de fé (ela a praticou em vista do sepultamento de Jesus)	Mt 26.12
Foi uma obra oportuna (alguns dias antes da morte do Senhor)	Mc 14.1
Foi uma obra preciosa (custou muito dinheiro)	Jo 12.5
Foi uma obra de suave aroma (a casa ficou cheia do perfume e alegrou ao Senhor)	Jo 12.3

370. O Senhor diante do sumo sacerdote (Mc 14.53)

O Senhor estava diante do sumo sacerdote...

Entregando-se voluntariamente	Mc 14.53; At 8.32
Não opondo resistência	Jo 18.6
Caluniado	Mc 14.55-59
Calado diante das acusações	Mc 14.60,61
Condenado à morte	Mc 14.64
Testemunhando da verdade	Mc 14.60-62
Como o Juiz vindouro	Mc 14.62

371. Nosso patrimônio espiritual

Nós temos...

Fé em Deus	Mc 11.22; Hb 11.6
A salvação pelo sangue	Ef 1.7; 1Pe 1.18-20
Paz com Deus	Rm 5.1
Intrepidez para entrar no Santo dos Santos	Hb 10.19; Ef 3.12
Um Sumo Sacerdote junto a Deus	Hb 4.15,16; 1Jo 2.1
As promessas de Deus	Lc 15.31; 2Pe 1.4
Uma herança incorruptível	1Pe 1.4

372. João Batista

Seus pais

Ele foi o fruto das orações de seus pais	Lc 1.13; 1Sm 1.26,27
Seu nome foi dado por Deus ("O Senhor é gracioso")	Lc 1.13
Ele foi a alegria e a felicidade dos pais	Lc 1.14

Seu caráter

Ele seria grande diante do Senhor	Lc 1.15
Ele seria um asceta como Daniel	Lc 1.15; Dn 1
Ele seria cheio do Espírito Santo	Lc 1.15

Sua atividade

Ele iria diante do Senhor preparando seu caminho	Lc 1.17; Jo 1.23

Ele atuaria com o espírito e a força de Elias	Lc 1.17; Mt 3.5,6
Ele abriria os olhos dos incrédulos	Lc 1.17; At 26.18
Ele chamaria Israel ao arrependimento	Lc 1.17; Mt 3.5,6
Ele prepararia um povo para o Senhor	Lc 1.17; Ef 5.26,27

373. Os anjos na vida do Senhor

Manifestavam-se continuamente na vida do Senhor	Lc 2.10,11
Anunciaram a concepção do Senhor	Lc 1.30,31
Anunciaram o nascimento do Senhor	Lc 2.9
Serviram-lhe no deserto	Mt 4.11
Fortaleceram-no em Getsêmani	Lc 22.43
Anunciaram a ressurreição do Senhor	Mt 28.5,6
Dois anjos participaram da ascensão	At 1.10
Dois anjos anunciaram o seu retorno	At 1.11
Multidões de anjos o acompanharão no seu retorno	Ap 19.14

374. Ele será grande (Lc 1.32)

Ele é...	
Grande como nosso Deus e Salvador	Tt 2.13
Grande como o Criador e Sustentador	Hb 1.2,3
Grande no seu amor incomparável	Ef 5.2,25; Gl 2.20
Grande na salvação que alcançou para nós	Hb 2.3
Grande em graça e misericórdia	Sl 103.11; Is 55.7
Grande em força e poder	Sl 147.5; Cl 1.16
Grande na luz que trouxe	Is 9.2; Jo 2.11
Grande como o sumo pastor das ovelhas	Hb 13.20
Grande como Rei dos Reis	Ap 19.16

375. O caráter de Cristo

Santo na sua natureza	Lc 1.35; Jo 8.46
Inculpável, como o Cordeiro sem manchas	At 10.38; Hb 9.14
Puro em toda a sua vida	1Jo 3.5; Hb 7.26
Separado e santificado no seu ministério	Jo 17.19; Hb 10.10
Manso e humilde de coração	Mt 11.29; Zc 9.9
Consagrado à obra	Hb 5.7-9
Persistente até o fim no seu propósito de salvar	Lc 23.43
Amoroso até o fim	Jo 13.1

376. O propósito da encarnação de Cristo (Lc 1.68ss)

Cristo se fez carne...	
Para nos salvar	Lc 1.68
Para nos libertar dos inimigos	Lc 1.71

Para podermos adorá-lo	Lc 1.74
Para podermos servir-lhe em justiça e piedade	Lc 1.74,75
Para podermos servir-lhe por todos os nossos dias	Lc 1.74,75

377. Visitados e salvos (Lc 1.68)

Quem é o visitante? É o nosso Senhor	Tt 2.13,14; At 4.12
A promessa do visitante	Lc 1.77-79
A humildade do visitante	Sl 8.4,5
A revelação do visitante	Jo 1.14; 2Co 5.19
Os visitados	
Seu povo, sua propriedade, Israel	Jo 1.11
Não o reconheceram	Jo 1.11; Lc 19.44
Israel rejeitou o visitante	Jo 19.14,15
O propósito da visita	
Libertar e salvar	Lc 1.71; 2Co 4.6
Como?	Mt 20.28
Do quê?	Tt 2.14
Para o quê?	Lc 1.74; Ef 2.10

378. Múltiplo testemunho sobre o Senhor

Afirmações significativas sobre o Senhor:

Zacarias o chamou de a Visita de Deus	Lc 1.68
Isabel o chamou de Bendito	Lc 1.42
Maria o chamou de a Misericórdia	Lc 1.54
Simeão o chamou de a Luz para Revelação	Lc 2.32
Ana o louvou como o Redentor	Lc 2.38
Os magos o chamaram de o Rei	Mt 2.2
Paulo o denominou de a Graça de Deus	Tt 2.11
Jesus mesmo se denominou de a Dádiva de Deus	Jo 3.16
Tomé e nós o exaltamos exclamando: "Senhor meu e Deus meu!"	Jo 20.28

379. A humildade de Cristo

Nasceu humildemente	Lc 2.4-7
Assumiu nossa natureza humana apesar de ser Deus	Fp 2.7; Hb 2.16,17
Tornou-se voluntariamente pobre	2Co 8.9; Lc 9.58
Participou de nossas fraquezas	Hb 4.15; Hb 5.2
Submeteu-se ao cumprimento da justiça	Mt 3.13-15
Tornou-se um servo de todos	Mt 20.28; Fp 2.7
Teve comunhão com pessoas desprezadas	Mt 9.10,11; Lc 15.2
Foi obediente em todo o tempo	Jo 6.38; Hb 10.9
Serviu aos seus realizando um serviço de escravo	Jo 13.4,5

| Tomou sobre si voluntariamente todas as dores | Is 50.6; 53.7 |
| Morreu para nos salvar | Jo 10.15-18; Fp 2.8 |

380. Ele se fez pobre

Não teve uma casa para lá nascer	Lc 2.7; 2Co 8.9
Não teve onde reclinar sua cabeça	Mt 8.20; Jo 1.10,11
Não teve o suficiente para pagar os impostos	Mt 17.27
Não teve ninguém que se levantasse em sua defesa	Mc 14.50; Sl 88.8
Não teve nem o amparo de Deus na sua dor mais profunda	Mt 27.46
Não teve um túmulo onde pudesse ser sepultado	Mt 27.60
Tudo isso por amor a nós	Gl 2.20; Is 53.5

381. As várias vestimentas do Senhor

Veste de humildade (as faixas)	Lc 2.7
Veste de poder	Mt 9.20
Veste de luz	Mt 17.2; Sl 104.2
Veste de servo	Jo 13.4
Veste da zombaria, do desprezo	Mt 27.28
Veste do despojamento (seus inimigos levaram tudo)	Jo 19.23,24
Veste sacerdotal	Ap 1.13
Veste de vitória	Ap 19.11-16
Veste de glória	Hb 2.9

382. O menino Jesus (Lc 2.40-52)

Seu crescimento físico	Lc 2.52
Seu crescimento em sabedoria	Lc 2.40,52
Seu crescimento na graça	Lc 2.40,52
Sua observância das leis (observava a Páscoa)	Lc 2.41,42
Sua fidelidade ao Pai	Lc 2.43,49
Sua centralidade (tudo girava ao redor dele)	Lc 2.46,47
Seu parentesco mais sublime (o Pai)	Lc 2.49

383. O que devemos fazer com Jesus (Lc 2.7-20)

Como os pastores devemos:

Ouvir a Palavra	Lc 2.10
Crer na Palavra	Lc 2.15
Divulgar a Palavra	Lc 2.17
Glorificar a Deus	Lc 2.20

Como Maria devemos:

| Guardar a Palavra no coração | Lc 2.19 |

Como os pastores devemos receber a Jesus:

| Eles ouviram | Lc 2.11 |

Foram apressadamente	Lc 2.16
Viram-no	Lc 2.17
Glorificaram a Deus	Lc 2.20
O que não devemos fazer com Jesus:	
Não ter lugar para ele	Lc 2.7

384. A notícia mais maravilhosa (Lc 2.11)

A notícia: "Hoje vos nasceu o Salvador"

A maravilha da notícia: foi o cumprimento de profecias	Gn 3.15; Is 9.6
Os destinatários da notícia: "vós" e "todo o povo"	Lc 2.10
A atualidade da noticia: "Hoje"	2Co 6.2
O objeto da notícia: Jesus, Salvador e Rei	Mt 1.21; 2.2; Sl 24.7
A proximidade do objeto da notícia: "Em Belém"	At 17.27; Ap 3.20

O efeito da notícia:

Fé singela: "foram apressadamente"	Lc 2.16
Rica experiência: eles o acharam	Lc 2.16
Corações transbordantes:	Lc 2.17
Testemunhas entusiasmadas	Lc 2.18,19
Adoração a Deus	Lc 2.20

385. Coisas abertas no Evangelho de Lucas

Um céu aberto (para derramar bênçãos)	Lc 3.21,22; Is 64.1
Um livro aberto (para testemunho)	Lc 4.17
Uma porta aberta (para oração)	Lc 11.9,10
Uma sepultura aberta (prova da ressurreição)	Lc 24.2
Olhos abertos (para ver Jesus)	Lc 24.31
Escrituras abertas (para dar entendimento)	Lc 24.27,32

386. De quem ele é filho?

Filho de Adão (como o segundo Adão)	Lc 3.38
Filho de Abraão (e era antes de Abraão)	Mt 1.1; Jo 8.58
Filho de Davi (descendência real)	Lc 1.32,33
Filho do Homem (nascido de mulher)	Gl 4.4
Filho do Pai (desde a eternidade)	Mt 17.5
Filho do Altíssimo	Lc 1.32

387. O que Deus fez com seu Filho

Deus o enviou

Para curar corações quebrantados	Lc 4.18; Sl 51.17
Para anunciar as boas-novas aos pobres	Lc 4.18
Para dar visão aos cegos	Lc 4.18; Jo 9.41
Para libertar escravos do pecado	Lc 4.18

Para colocar em liberdade os oprimidos	Lc 4.18
Para ser o Salvador do mundo	1Jo 4.14
Deus o feriu	
Foi o propósito de Deus entregá-lo à morte	Is 53.5; Zc 13.7
Deus o ressuscitou	Rm 4.25
Deus o ressuscitou	At 2.32; 3.15
Deus o elevou à sua destra	Sl 110.1
Ele se assentou à direita de Deus	Hb 1.3; 8.1; 12.2

388. O Evangelho maravilhoso (Lc 4.18,19)

O Evangelho	
Liberta pessoas oprimidas (como Manassés)	2Cr 33
Cura cegos (como o servo de Eliseu)	2Rs 6.17
Levanta abatidos	At 9.17
Salva das profundezas	Jn 2
Os pregadores do Evangelho	
Seu poder é o Espírito do Senhor	Lc 4.18; At 1.8
A unção é o seu revestimento	1Jo 2.27
A oferta do Evangelho	
Aos pobres, despojados e desesperançados	Lc 4.18
A oportunidade de aceitar o Evangelho	
No jubileu	Lc 4.19; Hb 3.7,8
Hoje	2Co 6.1,2

389. Não temas

Não tenha medo...	
Nas ocasiões em que você se sentir pecador	Lc 5.8-10
Nos tempos de perseguição	Mc 10.28-30
Nos dias de extrema necessidade	Lc 12.32; 2Rs 4
Nas horas de tribulação	Mt 24.9
Nos dias de perigos	At 27.44
Nas horas de desânimo	At 23.11
Na presença do Senhor glorificado	Ap 1.7; Is 6

390. Ver Jesus

O leproso o viu como aquele que purifica	Lc 5.12
O endemoninhado o viu como aquele que liberta das cadeias	Lc 8.28
Zaqueu o viu como aquele que traz salvação	Lc 19.5
Pedro o viu como aquele que provê as necessidades	Lc 5.8
João, Pedro e Tiago o viram como o glorificado	Lc 9.32
O centurião o viu na cruz e creu nele	Lc 23.47
Nós podemos ver a Jesus em cada situação da vida	Hb 12.2

MAIS MIL ESBOÇOS BÍBLICOS   111

391. O centurião de Cafarnaum (Lc 7.1-10)
Seu caráter exemplar

Era uma boa pessoa cheia de compaixão	Lc 7.2
Tinha um coração voltado para o povo de Israel	Lc 7.5
Humilde	Lc 7.6,7
Altamente considerado pelos concidadãos	Lc 7.5
O Senhor reconheceu suas qualidades	Lc 7.9

Sua fé

Grande como a de Abraão	Rm 4.3
Cria no poder da Palavra de Jesus	Lc 7.7
Cria que o Senhor podia curar à distância	Lc 7.6,10

Sua súplica

Profunda, séria e cheia de fé	Lc 7.3,4; Tg 1.6,7
Humilde e cheia de esperança	Lc 7.6,7
Perseverante	Lc 7.10

Sua experiência

Seu servo foi curado	Lc 7.10
Foi elogiado pelo Senhor	Lc 7.9; Hb 11.6
Foi acolhido no Reino de Deus	Mt 8.11,12

392. O toque de Jesus
O toque de Jesus trouxe...

Vida quando tocou o esquife	Lc 7.14
Purificação quando tocou o leproso	Mc 1.41
Cura quando tocou a sogra de Pedro	Mt 8.15
Visão quando tocou o cego	Mt 9.29
Fala e audição quando tocou o surdo-mudo	Mc 7.33
Bênção quando tocou as crianças	Mc 10.16

393. Duas pessoas (Lc 7.36-50)
Duas pessoas...

Procuram a Jesus (Simão e a mulher)
Estão endividadas (parábola – ambas incapazes de pagar)
São perdoadas (parábola – ambas perdoadas)
Têm experiências divergentes (Simão e a mulher: amor e rejeição)

394. Vês a esta mulher? (Lc 7.44)
A atitude da mulher

Veja sua culpa e pecado	Lc 7.37,39,47,49
Contemple seu profundo arrependimento	Lc 7.38; Sl 51.17
Observe seu profundo amor a Jesus	Lc 7.43-46
Note sua decisão, que nada poderia impedir	Lc 7.39

A atitude de Jesus

Acolheu à mulher, mas não a Simão	Lc 7.44
Perdoou seus pecados	Lc 7.48
Justificou-a diante dos seus acusadores	Lc 7.47
Deu-lhe paz	Lc 7.50

395. Justificação pela fé

O reconhecimento do pecado antecede a justificação	Lc 7.29
Deus nos concede a justificação	Rm 8.30,33
A graça é o canal pelo qual somos justificados	Rm 3.24; Gl 5.4
O sangue de Jesus é o meio para nossa justificação	Rm 3.24; 5.9
A morte de Jesus possibilita nossa justificação	1Pe 3.18
A justiça de Cristo o qualificou para ser o Justificador	Rm 5.18; Gl 2.16
A ressurreição de Cristo é o selo da justificação	Rm 4.24,25
A justificação é um presente, recebido pela fé	Rm 5.1; Gl 3.24
A evidência da justificação são as obras	Tg 2.21,24,25

396. Fé salvadora (Lc 7.50)

A fé salvadora:

Brota do ouvir a Palavra	Rm 10.17; 1Rs 10.1
Leva ao Senhor cada necessidade	Mt 15.28; Fp 4.6
Aproxima-se do Salvador	Mc 5.27; Mt 14.36
Baseia-se na Palavra	Mt 8.13; Jo 4.50
Alcança a esperada salvação	Mc 5.24-29; Rm 1.17

397. Um clamor na necessidade (Lc 8.24)

O Senhor estava cansado das lides do dia e adormeceu no barco. Semelhante à história de Jó (Jó 1.18,19), Satanás lançou uma tempestade sobre o lago. (Será que o barco poderia ter afundado com o Senhor dentro dele?) O clamor dos discípulos foi ouvido e eles foram salvos.

Cada pessoa está em perigo	Is 53.6; Jo 3.36
Jesus descreve nosso estado de perdição	Mc 7.21; Is 1.18
O resultado é a condenação eterna	Ap 20.15
A salvação está unicamente no Senhor	Jn 2.10
Ninguém, só Jesus, poderia acalmar a tempestade	At 4.12; Hb 7.25
Apenas ele obteve nossa salvação	Hb 9.12
Apenas ele operou a salvação	1Pe 3.18
Exemplos de pessoas salvas: Zaqueu, Levi, o ladrão na cruz…	
Todos os salvos o glorificam pela salvação	Ap 5.9
O perdido deve clamar pessoalmente ao Salvador	At 2.37,38
Clamar em arrependimento e fé	Lc 13.3; At 17.30
Clamar em oração	Lc 23.42; Rm 10.13

Este clamor não fica sem resposta	Jo 6.37
O seu nome é a garantia da resposta	Mt 1.21
O propósito da sua obra é garantia da resposta	Lc 19.10

398. O gadareno

Seu estado

Sem vontade própria, impulsionado pelo diabo	Lc 8.29
Sem esperança, ninguém podia domina-lo	Mc 5.4
Sem alegria, ele habitava sozinho nas cavernas	Mc 5.5
Sem paz, se feria e perambulava	Mc 5.5

Sua experiência

O encontro com Jesus	Mc 5.6
A autoridade de Jesus	Lc 8.28
O poder de Jesus	Mc 5.8

Sua libertação

Espiritual: os demônios saíram	Mc 5.15
Mental: ficou em perfeito juízo	Lc 8.35
Física: vestido	Lc 8.35
Emocional: estava assentado em paz aos pés de Jesus	Lc 8.35
Existencial: um novo propósito de vida: ser testemunha	Lc 8.38,39

399. Segue-me (Lc 9.59)

O Senhor necessita trabalhadores para a sua vinha e queria fazer de outras pessoas seus discípulos. Alguém a quem ele chamou com o apelo: "Segue-me", falhou no momento da decisão.

O que significa seguir o Senhor?

Tomar uma clara decisão e abrir mão das coisas antigas	Lc 9.59; 1Rs 18.21
Às vezes implica deixar pais, amigos e bons salários	Gn 12.1
Aceitar limitações e sofrimentos	Lc 9.58; At 9.16
Perseverar sem olhar para trás	Lc 17.32; 9.62
Renunciar a tudo	Lc 14.33

Por que muitos voltam atrás?

Por causa dos bens deste mundo	Mt 19.22; Sl 62.10
Por causa dos negócios	Lc 14.19
Por causa dos valores deste mundo	1Jo 2.15-17
Por causa do medo dos homens	Mt 10.28

400. Uma bonita comparação (Lc 9.23,24)

A Bíblia compara os cristãos com soldados, lutadores, atletas	2Tm 2.3; 1Co 9.25
A convocação	Lc 9.23
Nossa posição: firmeza	Fp 4.1; Ef 6.14
A disciplina	2Tm 2.3

A ordem do dia: lutar pelo Senhor	Ef 6.12; Jz 7.17,18
O manual: a Bíblia	2Tm 3.16,17; Ef 6.17
As lutas: um bom combate	2Tm 4.7
A recompensa: a coroa da justiça	2Tm 4.8

401. Boas regras para filhos de Deus
O filho de Deus...

Se nega a si mesmo	Lc 9.23; Fp 3.8
Ama seus irmãos de fato e de verdade	1Jo 3.14-18
Procura o bem dos outros	Fp 2.4; 1Co 13.5
Pensa nas necessidades dos outros	Gl 6.10
Chora com os aflitos e os consola	Rm 12.15; Jo 11.35
Deixa a primazia aos outros	Rm 12.10; 1Co 10.24
Faz tudo para a glória de Deus	Hb 13.21

402. A face do Senhor
A face de Jesus...

Foi decidida, voltada para a cruz	Lc 9.51
Estava desfigurada, desonrada e cuspida	Lc 22.64,67
Estava profundamente abatida	Mt 26.39
Foi também uma face gloriosa	Mt 17.2
Foi uma face animadora	Jo 20.20
Terá um dia uma expressão atemorizadora	Ap 6.16; 20.11
Irá brilhar sobre nós	2Co 3.17,18
Um dia veremos sua face	Ap 22.3,4

403. Nosso serviço

É tão necessário hoje quanto nos dias de Jesus	Lc 10.2
O Senhor mesmo chama os seus servos	At 13.2
Ele não os envia para uma organização	Mt 10.16; Jr 1.5
A obediência do servo: renunciar – seguir	Is 6.8; Mt 4.19,20
A condição para servir: ser um vaso puro	2Tm 2.20,21
O revestimento para o serviço	At 1.8; 13.4
As bênçãos do serviço	Sl 126.5,6
A recompensa e o descanso do servo	Mt 25.23

404. Situações difíceis na vida dos cristãos
Os cristãos estão/são...

Em perigo como ovelhas no meio de lobos	Lc 10.3
Perseguidos como por um leão que ruge	1Pe 5.8
Cercados por cobras e escorpiões	Lc 10.19
Cercados por touros selvagens	Sl 22.12

Envolvidos por cardos e espinhos	Ez 2.6
Moram em lugares perigosos	Ap 2.13
São enviados e colocados pelo Senhor	Lc 10.3
Cercados por exércitos celestiais	2Rs 6.17; Sl 125.2
Grande será a recompensa dos fiéis	Mt 25.23

405. Vocês são superiores às aves (Lc 12.7)

O Senhor nos conhece pelo nome	Jo 10.3
Ele se preocupa com as menores coisas de nossas vidas	Mt 10.30
Ele conhece nossos caminhos e conta os nossos passos	Jo 31.4
Ele escuta o que falamos	Ml 3.16
Ele coleta as nossas lágrimas	Sl 56.8
Ele nos segura pela mão direita	Is 41.13
Ele pensa em todas as nossas necessidades	Fp 4.19
Ele nos sustenta até à velhice	Is 46.4; Hb 13.8

406. Um lar cristão (Lc 10.38)

Em Betânia o Senhor Jesus teve um lar. Lá encontrou acolhimento, amor caloroso. Esta era a forma pela qual todo o Israel o deveria ter acolhido (Jo 1.11), mas não o fez.

O lar em Betânia é um exemplo de lar cristão.

Foi um lar de amor	Jo 11.5; 1Jo 4.21
Foi um lar onde havia ensino (v. 39)	Dt 33.3; Mt 11.29
Foi um lar onde se servia	Jo 12.2; Lc 8.3
Foi um lar hospitaleiro	Hb 13.2; Mt 25.35; Ap 3.20
Foi um lar onde havia adoração (unção)	Jo 12
Foi um lar provado pelo sofrimento (morte de Lázaro)	Ap 3.19
Foi um lar onde Jesus foi glorificado	Jo 11.42,46

407. Nomes da Bíblia

A Palavra de Deus	Lc 11.28; Hb 4.12
A Palavra de Cristo	Cl 3.16
A Palavra da Verdade	Tg 1.18
Escrituras Sagradas	2Tm 2.15
O Livro	Sl 40.8; Ap 22.19
A Espada do Espírito	Ef 6.17

408. Do que devemos nos guardar

Devemos nos guardar:

Da avareza	Lc 12.5; Hb 13.5
Dos falsos profetas e heresias	Mt 7.15
Dos falsos cooperadores	Fp 3.2

Da vã filosofia	Cl 2.8
Dos maus pensamentos	Dt 15.9; Mt 1.19
Do vinho	Jz 13.4
Da idolatria	1Jo 5.21
Das mulheres más	Pv 6.24

409. O agricultor rico (Lc 12.20)

Este homem era o que a maioria das pessoas gostaria de ser: rico! Jesus não falou nada contra a riqueza mas contra a idolatria da riqueza. Qual foi o efeito da riqueza sobre ele?

Ele confiava em si mesmo em não em Deus (o real doador de tudo)
Ele ansiava por acumular cada vez mais riquezas
Ele estava preocupado com a segurança de suas riquezas (que farei?)
Ele apenas pensava em si e nas suas riquezas
Ele era egocêntrico (seu "eu" estava no centro)
Ele era carnal (seu propósito era apenas usufruir)
Ele vivia, juntava e pensava apenas nesta vida
Ele foi chamado de "tolo" por Deus
Ele era um candidato à morte (como Belsazar, morreu na mesma noite)

410. O cuidado de Deus com os seus

Ele conhece todas as suas necessidades	Lc 12.30
Ele sente todas as suas dores	Êx 3.7
Ele pensa em todas as suas preocupações	Sl 40.18
Ele carrega todos os seus fardos	1Pe 5.7
Ele vigia pelo seu bem-estar	Jr 31.28
Ele aplaina os seus caminhos	Is 45.13
Ele anseia por eles	Jo 17.24

411. Como devemos servir o Senhor?

Como devemos servir o Senhor?

Debaixo da direção do Mestre	Mc 13.34
Realizando a obra de todo o coração	Cl 3.23
Motivados pelo amor de Cristo	2Co 5.14
Anunciando todo o desígnio de Deus	At 20.27
Tendo as qualificações bíblicas	2Tm 2.24-26
Sem medo e temor	At 4.13
Sempre prontos e dispostos	2Tm 4.2

412. A alegria do Senhor

O que alegra a Deus?

O arrependimento (1Rs 21.27-29)	Lc 15.7,10
A fé	Hb 11.5,6

O temor	Sl 147.11
A confiança	Sl 147.11
A oração	Pv 15.8
A humildade	Sl 149.4
A consagração	1Cr 29.17

413. Como o Senhor nos encontrou

O Senhor nos encontrou...

No pecado - em perigo mortal	Lc 15.9; Ez 16.3-14
Enredados no pecado (como a ovelha nos espinhos)	Lc 15.4-6
No deserto	Dt 32.10
Na lama	Sl 40.2
Em uma vida sem sentido	Mt 21.19
De tudo o Senhor nos livrou	Lc 10.33-35

414. O Pai e o filho perdido (Lc 15.11-32)

Impressionante a atitude do Pai para com seu filho! O amor e a compaixão de Deus pelos perdidos é muito maior do que o podemos imaginar!

Seus *olhos* se voltam em compaixão para o perdido
Seu *coração* está cheio de misericórdia
Seus *pés* correm ao seu encontro
Seus *braços* envolvem o pecador coberto de sujeira
Seus *ouvidos* ouvem: "Eu pequei..."
Sua *boca* beija o filho arrependido
Sua *língua* o defende das acusações do irmão
Sua *casa* está aberta para o filho que retorna

415. Há grande alegria

Quando o pastor encontra a ovelha perdida	Lc 15.5
Quando o pecador encontra o Senhor	Mt 2.10; At 8.39
Quando há avivamento	At 8.8
Quando ouvimos sobre a salvação de pessoas	At 15.4
Quando filhos de Deus são libertados de necessidades	Et 8.16,17
Quando a obra de Deus cresce	Ed 3.12
Quando todos os remidos estiverem na glória	Sl 16.11

416. Jesus recebe pecadores (Lc 15.2)

Quem recebe pecadores? O Senhor	Lc 19.10
A quem ele recebe? A pecadores arrependidos	Lc 7.37
Como ele os recebe? Com amor e compaixão	Mt 11.28
Quando ele os recebe? Agora, a todo o tempo	Jo 6.37
Por que ele os recebe? Porque ele os ama	Gl 2.20

417. O caminho dos pecadores (Lc 15)

O caminho dos pecadores é um caminho para longe de Deus. Um caminho que leva para baixo (como o caminho de Abraão para o Egito (Gn 12.10), o caminho de Sansão (Jz 14.1), o caminho de Jonas (Jn 1.3), ou o caminho descrito em Lc 10.30)

O caminho dos pecadores é...

Um caminho de desperdício e perdas: desperdiçou seus bens	Lc 15.30
Um caminho de necessidades: começou a passar necessidades	Lc 15.14
Um caminho de escravidão: juntou-se a um dos cidadãos daquele país	Lc 15.15
Um caminho de insatisfação	Lc 15.16
Um caminho miserável: começou a mendigar	Lc 15.16
Um caminho de morte: "este meu filho estava morto"	Lc 15.24; Ef 2.1
Um caminho insano: "... caindo em si"	Lc 15.17ss

418. Serviço tríplice (Lc 16.13)

Serviço dividido

Este serviço é totalmente rejeitável. Não se serve a Deus e não se pretende servir o diabo. Coxear em dois caminhos é antinatural (1Rs 18.21; Ap 3.16; Tg 4.4). Pessoas mornas (que não são nem frias nem quentes) entristecem o Senhor.

Serviço dedicado a Mamon.

A palavra Mamon não se refere apenas ao dinheiro mas a toda mentalidade mundana (Fp 3.18,19). Encontramos exemplos em Nabal e no agricultor rico (Lc 12.15; 1Sm 25). O serviço a Mamon leva à ruína eterna.

Serviço ao Senhor.

O verdadeiro serviço a Deus baseia-se em uma plena consagração (Rm 12.1). Expressa-se no amor às pessoas (2Co 5.14; At 4.34,35). É um consumir-se pela causa do Senhor (At 20.24). Este serviço terá grande recompensa (1Co 15.58).

419. O poder da oração

Salva de situações impossíveis	Lc 18.1ss
Liberta do medo	Sl 107.9,13,28
Move e abre os céus	At 4.31; Tg 5.17
Protege do inimigo	1Pe 5.7-9
Livra das preocupações	Fp 4.6,7
Conduz a uma vida frutífera	Jo 15.7,8
Move o coração de outras pessoas	At 16.25

420. O que Zaqueu sabia (Lc 19.1-10)

Zaqueu sabia...

Que era um grande pecador	Lc 18.13
Que estava longe do Reino de Deus	Lc 18.13
Que tinha motivos de se envergonhar	Lc 18.13

Que apenas a graça o poderia salvar	Lc 18.13
Onde podia encontrar perdão	Lc 18.13
Que havia encontrado a graça e a salvação	Lc 18.14

421. Pessoas amarradas

Os fariseus estavam presos pela justiça própria	Lc 18.11
Ananias e Safira estavam presos pela avareza	At 5
Demas estava preso pelo amor ao mundo	2Tm 4.10
Esaú estava preso pela impureza	Hb 12.16
Simão estava preso pela feitiçaria	At 8.9ss
Pedro estava preso pelo medo dos homens	Mc 14.66-72
O capitão estava preso pela incredulidade	2Rs 7.2,19,20
E você? Está livre?	

422. A justiça própria

Uma pessoa cheia de justiça própria...

É arrogante diante de Deus e é rejeitada	Lc 18.11
Tenta justificar-se a si mesma	Lc 10.29; 16.15
Rejeita a justiça que vem de Deus	Rm 10.3
Condena os verdadeiramente justos	Mt 9.11-13; Lc 7.39
Julga-se justa a seus próprios olhos	Pv 21.2
Vangloria-se de suas boas obras	Pv 20.6
É reprovada aos olhos de Deus	Is 65.5

Uma pessoa que crê na justiça de Deus...

Rejeita sua própria justiça	Fp 3.7-10
Gloria-se na justiça que vem de Deus	Rm 5.1

423. A oração que Deus ouve e que Deus rejeita (Lc 18.10-14)

Nem todas as orações recebem uma resposta do céu.
O nosso texto apresenta dois homens orando, ilustrando este fato.
Observemos o fariseu – sua atitude em oração.
Ele não se curva respeitosamente diante de Deus
Não o ouvimos dizer: "Teu nome seja santificado"
Sua oração gira ao redor de si mesmo e de suas obras
Aparentemente começa com gratidão, porém, não é uma gratidão pela graça, pelo perdão
Seu louvor é por si mesmo e pelas suas realizações
Muito diferente é a oração do publicano
Sua oração parece um clamor como a oração de Sl 40.1; 50.15
Ele ora humildemente sem ousar erguer os olhos
Ele ora cheio de arrependimento pelo seu passado. Seus olhos certamente, como os de Pedro, derramaram lágrimas
Ele se chegou a Deus como pecador: "Deus, seja propício a mim, pecador!"

Deus atendeu a sua oração
Ele retornou justificado (v. 14).
Deus dá graça aos humildes – Deus resiste aos soberbos

424. Zaqueu (Lc 19.1-10)

Seu anseio sincero – ele queria ver Jesus	Lc 19.3; Jo 12.21

Sua dificuldade em ver Jesus – era de pequena estatura
Sua sinceridade – se apressou para ver Jesus
Um convite inesperado – "Zaqueu, desce da árvore!"
Sua pronta obediência – ele desceu depressa
Sua prontidão – ele recebeu a Jesus com alegria
Sua grande experiência – "Hoje houve salvação nesta casa"

425. Zaqueu vem a Jesus (Lc 19.1-9)

Zaqueu era rico, mas insatisfeito	Lc 19.2; Lc 12.17-19
Zaqueu estava procurando, mas tinha impedimentos	Lc 19.3
Zaqueu era sério na sua busca por Jesus	Lc 19.4
Zaqueu foi obediente pois desceu imediatamente da árvore	Lc 19.6; 2Rs 5.14
Zaqueu converteu-se pois recebeu a Jesus	Lc 19.6; Jo 1.12
Zaqueu tornou-se feliz pois recebeu a Jesus com alegria	Lc 19.6; At 8.39
Zaqueu foi criticado	Lc 19.7; Jo 9.34
Zaqueu foi sincero, pois pôs em ordem seu passado	Lc 19.8; Fm 18
Zaqueu tornou-se uma testemunha, pois chamou a Jesus de Senhor	Lc 19.8; Jo 20.28

426. O chamado da graça (Lc 19.5)

É um chamado pessoal	Is 43.1; At 9.4
É um chamado insistente	Gn 19.22
É um chamado que quebranta	2Rs 5.14
É um chamado da graça	At 16.34
É um chamado atendido	At 8.38
É um chamado que resultou em grande alegria	At 16.34

427. Pessoas felizes

Um novo convertido feliz	Lc 19.16
Um filho de Deus feliz (feliz no meio das bênçãos)	Lc 1.47
Um servo feliz (pobre, mas, mesmo assim, rico)	2Co 6.10; 7.16
Um pastor feliz (por causa do tesouro encontrado)	Lc 15.5
Um Pai feliz (pelo retorno do filho perdido)	Lc 15.32
Um filho de Deus feliz (pois foi restaurado)	Sl 32.1,2,11
Um apóstolo feliz (pelo ministério abençoado)	Fp 1.18; 2.17,18

428. Por que o Senhor veio ao mundo?

Para procurar o perdido	Lc 19.10
Para cumprir a lei	Mt 5.17
Para destruir as obras do diabo	1Jo 3.8
Para chamar pecadores ao arrependimento	Mt 9.13
Para dar a sua vida	Jo 10.11,28
Para trazer luz para as trevas	Jo 12.46
Para dar sua vida em resgate	Mt 20.28

429. Nossa tarefa até a volta de Jesus

Até que Jesus volte – devemos:

Negociar (trabalhar)	Lc 19.13
Anunciar a sua morte	1Co 11.26
Firmar-nos na verdade	Ap 2.25
Estar preparados para encontrá-lo	Lc 12.36; Mt 24.44
Segui-lo	Jo 21.22,23
Ser pacientes e firmes até que ele volte	Tg 5.8

430. Perguntas sobre a parábola de Lc 19.11-28

Quem é o senhor que saiu da terra?	At 1.9-11
Quem são os servos?	Ef 4.11; Mt 28.19
O que acontecerá quando o Senhor retornar?	Mt 25.19
Quando ocorrerá a prestação de contas?	2Rs 5.10; 1Pe 1.7
Qual será a recompensa?	Mt 25.20; Ap 21.7
O que significa a autoridade sobre cidades?	2Tm 2.12
O que entendemos ser a alegria?	Rm 8.17

431. Qual foi a causa da queda de Pedro?

Sua autoconfiança	Lc 22.33
Ele dormiu quando devia ter vigiado e orado	Lc 22.45
Ele seguiu a Jesus de longe	Lc 22.54
Ele se assentou no meio dos incrédulos	Lc 22.55; Sl 1
Ele se envergonhou do nome do Senhor	Lc 22.57
Ele negou a Cristo com juramentos	Mc 14.70,71
Entretanto, ele chorou de arrependimento	Lc 22.62

432. A restauração de Pedro

Pedro se lembrou das palavras de Cristo	Lc 22.61
Ele chorou amargamente sobre seu pecado	Lc 22.62
Ele correu para o túmulo	Jo 20.4
O Senhor apareceu a Pedro – ele pensou em Pedro	Lc 24.34; Mc 16.7
Ele foi inquirido pelo Senhor	Jo 21.15-17

O Senhor lhe confiou seu rebanho — Jo 21.22
O Senhor o encheu com o Espírito Santo — At 1.2,14-18

433. O Senhor na cruz
A atitude do Senhor na cruz
Ele esqueceu de si mesmo pensando nos outros — Lc 23.34
Ele perdoou sem que lhe tivessem pedido perdão — Lc 23.34
Nos seus sofrimentos só pensou nos outros — Lc 23.35
O que ele sofreu:
Ódio, desprezo e escárnio das pessoas — Lc 23.33,35,36
Prostração total — Lc 23.26
A morte terrível e cruel — Lc 23.33
E tudo por amor a você e a mim

434. A Palavra da cruz
É a palavra da intercessão — Lc 23.34
É a palavra de graça para o perdido — Lc 23.42
É a palavra de amor e cuidado — Jo 19.26,27
É a palavra da mais profunda saudade — Mt 27.46
É a palavra do mais profundo anseio — Jo 19.28
É a palavra da vitória — Jo 19.30
É a palavra de contínua confiança — Lc 23.46

435. Lembra-te de mim (Lc 23.42)
Este pedido foi feito por:
Um criminoso condenado — Lc 23.42
Um esquecido — Gn 40.14
Um líder atarefado — Ne 13.14
Um pecador — Sl 25.7
Um perseguido — Jr 15.15
Servo fiel — Ne 13.31

436. Três olhares para Jesus
Nós olhamos para aquele que por nós morreu — Lc 23.35
Nós olhamos para aquele que nos transforma — 2Co 3.18; Hb 7.25
Nós olhamos para aquele que voltará e reinará — Ap 1.7; 5.6

437. Seis orações que foram atendidas
Senhor, lembra-te de mim! — Lc 23.42
Deus, se propício a mim, pecador! — Lc 18.13
Tem compaixão de mim, Filho de Davi! — Mc 10.47
Senhor, socorre-me! — Mt 15.25
Jesus, Mestre, compadece-te de nós! — Lc 17.13
Senhor, salva-nos! — Mt 8.25

438. Uma oração que recebeu uma resposta rápida (Lc 23.42,43)

Esta oração, feita no meio das trevas mais espessas, irradia uma clara luz. No criminoso temos a imagem da maior perdição – no Senhor a imagem do maior Salvador.

Observemos a oração do ladrão na cruz – foi...

Uma confissão aberta da culpa e do pecado	Lc 23.41
Uma oração dirigida à pessoa certa	Lc 23.42
Uma oração que manifestou confiança no Salvador	Lc 23.42
Foi uma confissão de Jesus como o Rei	Lc 23.42

A resposta misericordiosa de Jesus

O Senhor, sem repreensões, perdoou suas blasfêmias	Mt 27.44
Perdoou-o imediatamente, sem pré-condições	Lc 23.43

O ladrão pediu que Jesus se lembrasse dele quando viesse no seu Reino e Jesus o perdoou no ato.

439. Os discípulos de Emaús (Lc 24.13-35)

Um retorno triste	Lc 24.13,17
Uma conversa importante (o crucificado)	Lc 24.14; 1Co 2.2
Um forasteiro bem-vindo	Lc 24.15,18
Uma orientação abençoada	Lc 24.15-24
Uma exposição frutífera	Lc 24.25-27
Uma hospitalidade calorosa	Lc 24.29-30
Um testemunho agradecido: "Não ardia o nosso coração?"	Lc 24.32
Uma pressa jubilosa (para alegrar a outros)	Lc 24.33
Um testemunho feliz	Lc 24.33-35

440. O Senhor ressuscitou (Lc 24.34)

A importância da ressurreição de Cristo — 1Co 15.14

As opiniões humanas a respeito da ressurreição de Cristo não são determinantes. Apenas as Escrituras nos dão a resposta correta. A ressurreição de Cristo foi o tema central da pregação apostólica.

A realidade da ressurreição de Cristo — 1Co 15. 3-8

As bênçãos da ressurreição de Cristo:

A grande salvação	Hb 2.3,4
O grande Sumo Sacerdote	Hb 8.1
O grande Pastor das ovelhas	Hb 13.20

O poder da ressurreição de Cristo – como o experimentamos?

Pelo nosso grande sumo sacerdote, que está à direita de Deus	Hb 1.3; 7.25; 10.19ss
Pelo nosso Intercessor	1Jo 2.1

Quando o Senhor realizou a salvação, ele se assentou à direita de Deus.

Desta forma, o caminho para o santuário está aberto para nós.

441. Uma visita inesquecível (Lc 24.36)

Quando o Senhor se manifestou?

Depois de um comportamento indigno	Mt 26.56
Enquanto lamentavam sobre a grande perda sofrida	Lc 24.17-21
Embora alguns já afirmassem que ele vivia	Lc 24.33-35

As ações do Senhor quando ele se manifestou:

Mostrou-lhes os sinais dos cravos	Lc 24.40
Comeu com eles	Lc 24.41-43
Deu-lhes um novo entendimento e força	Lc 24.44-48

O fruto da manifestação do Senhor

Todas as suas dúvidas desapareceram

Seus corações foram novamente enchidos com o amor de Cristo

Receberam novo poder para testemunhar

Passaram a olhar com confiança para o futuro

442. O servo e seu serviço (Lc 24.44-53)

Qual é o preparo para o serviço

A experiência pessoal	Lc 24.44
Um bom conhecimento da Palavra de Deus	Lc 24.45

Qual é o conteúdo do serviço

A pregação da Palavra	Lc 24.46,47

Quem pode realizar o serviço

Todos os filhos de Deus são chamados para realizá-lo	Lc 24.48

Como podemos estar capacitados para o serviço

Recebendo a promessa do Pai	Lc 24.49
Revestidos do poder do alto	Lc 24.49
Tendo recebido a bênção do Ressuscitado	Lc 24.50

Como realizar o serviço

Com louvor e gratidão	Lc 24.53
Crendo na Palavra e na missão que Cristo lhe confiou	At 4.19-21
Perseverando até o fim	2Tm 4.7

443. Perdão

A Palavra nos fala do perdão	Lc 24.47; At 13.38
Deus é a origem do perdão	At 5.31
O ser humano é o beneficiário do perdão	Mt 9.2
O sangue de Cristo é a base do perdão	Cl 1.20; Ef 1.7
A Escritura nos dá a garantia do perdão	1Jo 2.12; Lc 7.47

444. A múltipla rejeição de Cristo

O Senhor foi rejeitado...

Pelo mundo que criou	Jo 1.10
Pelo seu povo, a quem amava	Jo 1.11; Lc 23.18
Pelos seus concidadãos	Lc 19.14
Pela sua cidade natal	Lc 4.29
Por sua família	Jo 7.5
Por um a quem chamou de amigo	Mt 26.15,50
Pelos seus discípulos	Sl 41.9
Para ele não havia nenhum lugar (Lc. 2.7), a não ser na cruz	Lc 23.21

445. O que um verdadeiro cristão é

Pela fé, um verdadeiro cristão é uma propriedade de Jesus (Jo 1.11,12). Ele tem características marcantes:

Seu caráter: ele é um santo	Ef 1.1
Sua comunhão: ele é um amigo de Jesus	Jo 15.15
Sua experiência: ele é um peregrino e um estrangeiro	Hb 11.13
Sua posição: ele é um soldado de Cristo	2Tm 2.3
Sua esperança: ele é coerdeiro com Cristo	Rm 8.17
Seu parentesco: ele é um filho de Deus	1Jo 3.1; 5.1

446. Passos na vida de fé

Primeiro passo: a conversão	Jo 1.12
Segundo passo: testemunho para o Senhor	Rm 10.10
Terceiro passo: permanecer em Cristo	Jo 15.4
Quarto passo: carregar diariamente sua cruz	Lc 9.23; Hb 13.13
Quinto passo: servir o Senhor com fervor	Rm 12.11; 6.19
Sexto passo: viver em comunhão com Cristo	Jo 15.4; 1Jo 1.3
Sétimo passo: aguardar o Senhor dos céus	1Ts 1.10

447. O que somos, de acordo com o Evangelho de João

Filhos na família de Deus	Jo 1.12
Adoradores de Deus	Jo 4.23,24
Discípulos que reconhecem o que devem fazer	Jo 8.31; 13.15-17
Servos disponíveis para o Senhor	Jo 12.26
Amigos que se deleitam na comunhão com o Senhor	Jo 15.14
Servos que fazem sua vontade	Jo 13.16; 15.20
Irmãos do Ressuscitado	Rm 8.29; Jo 20.17

448. Filhos de Deus são:

Nascidos de Deus	Jo 1.13; 3.5
Filhos de Deus pela fé em Jesus	Gl 3.26; Rm 8.17

Pessoas com a vida em ordem com Deus	Fp 3.13
Justificados pela fé em Jesus	At 13.39; Rm 5.1
Santificados em Cristo	1Co 1.2
Não estão mais longe, porém perto de Deus	Ef 2.13
Aperfeiçoados em Cristo	Ef 2.6
Reis e sacerdotes	1Pe 2.9; Ap 1.6

449. O que nos tornamos pela graça

Filhos de Deus pelo novo nascimento	Jo 1.13; 1Pe 1.23
Justificados pela fé	2Co 5.21
Achados e salvos	Lc 15.24; Ef 2.13
Criados para as boas obras	Ef 2.10
Cidadãos da vocação celestial	Hb 3.1
Embaixadores de Cristo	2Co 5.20
Participantes da natureza divina	2Pe 1.4
Herdeiros de Deus e coerdeiros com Cristo	Rm 8.17

450. Porque Jesus se tornou homem

Jesus veio para...

Revelar o Pai	Jo 14.9; Mt 11.27
Mostrar o que o ser humano deveria ser	1Pe 2.21
Fazer um sacrifício pelos pecados	Hb 10.1-10
Destruir as obras de Satanás	Hb 2.14; Cl 2.15; 1Jo 3.8
Ser o Sumo Sacerdote compassivo	Hb 2.16-18; 9.11
Cumprir a aliança com Davi (2Sm 7.16)	Lc 1.32; At 2.30
Tornar-se o cabeça de tudo	Cl 2.10

451. Um povo celestial

O povo de Deus...

É de cima, nascido de Deus	Jo 1.13; 1Pe 2.10
Está assentado nos lugares celestiais	Ef 2.6
Foi chamado com uma vocação celestial	Hb 3.1
É abençoado com todas as bênçãos espirituais	Ef 1.3
Está destinado a uma herança incorruptível	1Pe 1.4
Possui uma cidadania celestial	Fp 3.20

452. Jesus como homem

Divino na sua origem	Jo 1.14; Mc 15.39
Sem pecado no seu caráter	Lc 23.4; Jo 8.46
Poderoso nas suas obras	Mt 8.27
Cheio de amor e graça nas suas atitudes	Lc 15.2

Impressionante nos seus ensinos	Jo 7.46
Perfeito no seu sacrifício	Hb 10.12
Imutável no seu sacerdócio	Hb 7.25

453. Porque devemos ter comunhão uns com os outros

Porque temos todos o mesmo Pai	Jo 1.13; 1Pe 1.17
Porque fomos todos comprados com o mesmo sangue	1Co 6.20
Porque somos todos membros do mesmo corpo	Cl 1.18
Porque fomos todos batizados pelo Espírito para formar um corpo	1Co 12.13; Cl 1.18
Porque todos andamos no mesmo caminho de fé	2Co 5.7
Porque todos temos o mesmo Mestre	Mt 23.8
Porque todos esperamos a mesma herança	Rm 8.17
Porque todos somos aguardados pelo Pai no lar celestial	Jo 17.24

454. Cristo nos dá a plenitude

Cristo nos dá:

Plenitude de graça para abençoar	Jo 1.14
Plenitude de bênçãos para enriquecer	Rm 15.29; Sl 36.8
Plenitude de alegria	Jo 15.11; Sl 23.5
Plenitude de Deus	Ef 3.19; Cl 1.9
Plenitude de Cristo (maturidade)	Ef 4.13
Plenitude de frutos	Lc 5.6,7

Você vive na plenitude (Lc 15.17) ou na penúria?

455. O que olhar para a cruz opera

Salvação do pecado	Jo 1.29
Consagração ao Crucificado	Gl 2.20
Amor ao Crucificado	2Co 5.14-16
Comunhão com Jesus	Ef 5.1,2
Separação do mundo	Gl 1.4
Seguir as pegadas de Cristo	1Pe 2.21-24
Força nas tribulações	Hb 12.3
Eles olharam e foram curados	Sl 34.5

456. Sete passos em João 1

Ouvir de Jesus	Jo 1.37
Olhar para Jesus	Jo 1.36
Seguir a Jesus	Jo 1.37
Buscar a Jesus	Jo 1.38
Permanecer em Jesus	Jo 1.39
Testemunhar de Jesus	Jo 1.41
Ganhar outros para Jesus	Jo 1.42

457. Sete chamados

O chamado para a salvação	Jo 1.43; Mt 9.9
O chamado para separação	Mt 8.22
O chamado para a renúncia pessoal	Mt 16.24
O chamado para a consagração	Mt 19.21
O chamado para a imitação	Jo 13.15
O chamado para o serviço	Mt 4.19
O chamado para a prontidão	Mt 24.44; 25.10

458. Nosso testemunho

Nosso testemunho deve ser dado...

Na família	Jo 1.40-42
Entre os vizinhos	Jo 1.45-49
Aos caídos	Jo 4.7ss
Nas prisões	At 16.30
Nas ruas e estradas	Lc 14.23
Nos caminhos desertos	At 8.26
Em todo lugar	Mc 16.15

459. Um convite abrangente

Vem e vê	Jo 1.46
Vem e bebe	Jo 7.37
Vem e come	Jo 21.12
Vem e segue-me	Mt 19.21
Vem aqui para cima	Ap 4.1
Vem e descansa	Mt 11.29
Vem para as bodas	Mt 22.4

460. A grande transformação (Jo 3)

O que esta transformação não é

Não é o nascimento natural	Jo 3.4
Não é aceitar uma doutrina	
Não é uma reforma de vida	
Não é tornar-se membro de uma igreja	

O que esta transformação é

Uma transformação operada por Deus	Jo 4
Uma renovação interior	2Co 5.17
Uma experiência consciente	Jo 9.25

Porque esta transformação é indispensável

A santidade de Deus a exige	Hc 1.13
A obra de Cristo a pede, pois para isto ele morreu	Rm 5.8
Por causa dela o Espírito Santo opera nos pecadores	Jo 16.8

A Palavra de Deus a ordena	Mt 3.2; Am 4.12
Como ocorre esta transformação	
Pela obra do Espírito Santo nos pecadores	Jo 3.5,8; Ez 37.9
Pela Palavra de Deus	1Pe 1.23
Pela fé no Crucificado	Jo 3.14-16

461. Os filhos de Deus e sua posição

São nascidos de Deus	Jo 1.12; 1Jo 5.12
Estão em um novo relacionamento	Rm 8.15; Jo 8.35
Estão intimamente ligados a Cristo	Jo 20.17; Hb 2.11
São herdeiros e coerdeiros de Cristo	Rm 8.17
São incompreendidos pelo mundo	1Jo 3.1; Jo 15.18,19
Estão esperando pelo grande dia	Rm 8.19; Cl 3.4

462. O cristão

O Espírito Santo faz o cristão	Jo 3.3,5
A fé viva leva o cristão a Cristo	Jo 1.12
A santidade comprova o cristão	1Pe 3.16
As tribulações provam o cristão	1Pe 1.7
O serviço é tarefa do cristão	1Ts 1.8
A oração fortalece o cristão	Jo 14.13
A Palavra alimenta o cristão	1Pe 2.2
A volta de Cristo coroa o cristão	Cl 3.3,4

463. A Palavra para todos

Ao não convertido, a Palavra mostra a necessidade	Jo 3.7
Ao que busca, a Palavra mostra o caminho para Cristo	Jo 1.12
Ao que está em dúvidas, a Palavra concede certeza	1Jo 5.12,13
Ao novo convertido, a Palavra oferece alimento	1Pe 2.2
Ao ancião, a Palavra anuncia uma velhice abençoada	Is 46.4
Ao cansado, a Palavra dá força para o caminho	Is 40.29,30

464. Sete coisas impossíveis

É impossível:

Entrar no Reino de Deus sem o novo nascimento	Jo 3.5-7
Obter perdão sem o derramamento do sangue	Hb 9.22; Ef 1.7
Ser salvo sem fé	Hb 11.6; Mc 16.16
Receber a vida eterna depois desta vida	Lc 16.26; Mt 9.6
Escapar do juízo vindouro	Hb 2.3
Que Deus minta Hb 6.18	
Que Deus não possa salvar	Mt 19.26

465. O novo nascimento

O novo nascimento é a experiência espiritual necessária pela qual uma pessoa se torna filha de Deus. É uma obra de Deus através do Espírito Santo. O Espírito convence o pecador de seu pecado por meio da Palavra e mostra o escape pela cruz de Cristo (Jo 3.14). O novo nascimento é uma dádiva de Deus e não é alcançado pelas nossas obras. (Jo 3.1-8); Ef 2.8,9)

A Palavra é a semente do novo nascimento	1Pe 1.23; Tg 1.18
A fé é o meio de experimentarmos o novo nascimento	Jo 3.36; 2Ts 2.13
A fé é despertada pelo ouvir	Hb 4.2; Rm 10.17

466. O novo nascimento é um milagre da graça de Deus

O novo nascimento traz vários resultados na vida de uma pessoa. A pessoa que nasceu de novo...

Não vive mais na prática do pecado	1Jo 3.9; 5.18
Vive em justiça	1Jo 2.29; At 24.16
Ama a todos os filhos de Deus	1Jo 3.14; 4.7
Ama a Palavra de Deus	1Pe 2.2
Tornou-se participante da natureza divina	2Pe 1.4
Possuiu uma esperança viva	1Pe 1.3; 2Co 5.1

467. O que o Espírito Santo opera

Ele opera o novo nascimento	Jo 3.3; 16.8
Ele fortalece a vida espiritual do cristão	Ef 3.16
Ele guia os cristãos	Rm 8.14
Ele faz do cristão uma testemunha	1Ts 1.5; At 1.8
Ele nos enche com louvor e adoração	Ef 5.18-20; Fp 3.3
Ele envia obreiros para a seara	At 13.2-4
Ele dirige na vida diária	At 16.6,7
Ele conduz a toda a verdade	Jo 16.13

468. Certezas do cristão

Os filhos de Deus são pessoas com grandes convicções. Eles estão seguros:

Do grande amor de Deus	Jo 3.16; 16.27; 17.23
Da expiação dos pecados	Mt 20.28
Do pleno descanso em Jesus	Mt 11.28
Do cuidado do Pai	Mt 6.32
De pertencer à família de Deus	Mt 12.50
Da ajuda do Espírito Santo em todas as necessidades	Mt 10.19
De seu lugar no lar eterno	Jo 14.3

469. O versículo mais conhecido da Bíblia (Jo 3.16)

Ele nos mostra:

O maior doador: Deus	Rm 8.9,17
A melhor dádiva: seu Filho amado	2Co 9.15
O amor mais maravilhoso: amou de tal maneira	1Jo 4.8,9
Os receptores indignos: todo aquele	Gl 2.20
O convite mais abrangente: ao mundo	Mt 11.28
O caminho mais simples: crer	At 16.31
A afirmação mais rica: não pereça	Jo 10.28
A bênção mais magnífica: tenha a vida eterna	Jo 3.36

470. Tudo se fez novo

Pelo novo nascimento uma nova vida começa (Jo 3.3)

Um novo homem	Cl 3.10
Uma nova vida	Rm 6.4
Um novo cântico	Sl 40.3
Um novo caminho (para o Trono da Graça)	Hb 10.19,20
Um novo serviço	Rm 7.6; Fp 3.3
Uma nova cidade	Ap 21.2

471. O amor de Deus (Jo 3.16)

A origem do amor é Deus
O objeto de seu amor é o mundo pecador
A prova de seu amor é a entrega de seu Filho
Os beneficiários de seu amor são todos que nele creem
O propósito de seu amor é que ninguém se perca
A grande bênção de seu amor é a vida eterna

472. A salvação de Deus

O que é a salvação de Deus?

O amor de Deus revelado a nós homens	Jo 3.16
A filiação divina para todos os que aceitam Jesus	Jo 1.12
O perdão de pecados para todos os que pedirem	Ef 1.7
A esperança viva para todos os que nele crerem	Tt 2.13

Para o que conduz a salvação de Deus?

Da escravidão para a liberdade	Lc 4.18; Jo 8.36
Para o reconhecimento e a confissão de Cristo	1Jo 4.2; 5.1
Para o discipulado feliz e serviço dedicado	Mc 1.31; 2.14

O que a salvação de Deus envolve?

Uma vida nova e pura	2Co 5.17
Serviço e vida para o Senhor	1Ts 1.9

Qual o objetivo da salvação de Deus?
Tornar-nos semelhantes a Cristo	1Jo 3.2,3; Ef 4.15
Estar sempre com o Senhor	Jo 14.3; 17.24

473. A morte de Cristo
É a certeza de que Deus nos ama	Jo 3.16; Rm 5.8
É o preço que foi pago pela nossa salvação	Mc 10.45; 1Tm 2.6
É o castigo pelos nossos pecados	Rm 4.25
É um ato de obediência em relação à lei	Gl 1.4; 3.13; 4.4; Fp 2.8
É o meio de nossa reconciliação	2Co 5.18,19
É um ato substitutivo (como com Isaque [Gn 22.8])	Lv 16.21,22

474. A incredulidade
Rouba a salvação eterna	Jo 3.36
Conduz para o juízo eterno	Jo 3.18
Tira a vida eterna	Jo 3.36
Não reconhece porque Jesus veio	Jo 6.36; Hb 9.28
Fecha os ouvidos a toda argumentação	Jo 5.46
Não aceita o testemunho de Jesus	Jo 10.25ss
Não reconhece os milagres do Senhor	Jo 12.37; Mt 12.24
Pretende crer apenas no que vê	Jo 20.25

475. A experiência da samaritana (Jo 4)
Sua sede de água viva	Jo 4.15
Seu conhecimento limitado do Senhor	Jo 4.12,19
Sua ostentação vã de conhecimento religioso	Jo 4.20
Sua fé no Messias vindouro apesar de seus pecados	Jo 4.25
Sua grande experiência com o Senhor	Jo 4.29
Seu desejo de que outros conhecessem a Jesus	Jo 4.28
Seu testemunho bem-sucedido	Jo 4.30

476. A samaritana (Jo 4)
Era uma pecadora conhecida	Jo 4.18
Seu desconhecimento das coisas de Deus	Jo 4.10
Cheia de perguntas e curiosidade	Jo 4.11,12
Desejava a água viva, mas não o doador da mesma	Jo 4.15
Foi convencida de seus pecados	Jo 4.17
Tentou fugir do confronto por meio de uma conversa sobre religião	Jo 4.20
Finalmente reconheceu o Senhor	Jo 4.26
Bebeu da água viva	Jo 4.7,10,14
Convidou outros para vir e beber	Jo 4.29
Trouxe toda uma cidade a Jesus	Jo 4.30,39

477. Aprendei de mim (Jo 4)

Da conversa de Jesus com a samaritana aprendemos como podemos ganhar almas:

O Senhor sentiu compaixão pela mulher	Jo 4.17,18
Ele estava muito desejoso de salvá-la	Jo 4.7
Por causa dela andou um longo caminho	Jo 4.4
Ele pediu algo pequeno e lhe deu o maior de tudo	Jo 4.7
Tentou ganhar sua confiança	Jo 4.7-15
Tratou seu pecado com tato	Jo 4.16
Ajudou-a pacientemente e revelou quem era	Jo 4.9-12,26

478. O Senhor em João 4.47-54

Jesus é sempre "o mais formoso dos filhos dos homens".

Ele atrai a si os cansados e oprimidos	Jo 4.47
Ele pode e quer ajudar onde todo o resto falha	Jo 4.46
Cada um pode buscar sua ajuda em oração	Jo 4.47-50; Sl 50.15
Ele sempre ouve a oração da fé	Jo 4.50
Ele nem sempre atende de acordo com a nossa ideia	Jo 4.47-50
Ele responde sempre à sua maneira	Jo 4.47-50
Ele não quer ser apenas médico, mas Salvador	Jo 4.48
Sua Palavra cura qualquer enfermidade	Jo 4.50-53; Sl 107.20

479. O filho do alto funcionário (Jo 4)

Ele tinha uma alta posição social	Jo 4.46; 1Co 1.26
Ele tinha uma grande necessidade: mas veio a Jesus com ela	Jo 4.47
Ele achava que Jesus podia apenas ajudar no próprio local	Jo 4.47,49
Ele achava que Jesus podia curar enfermos, mas não ressuscitar mortos	Jo 4.49
Ele foi repreendido por Jesus por causa de suas dúvidas	Jo 4.48
Ele perseverou em oração	Jo 4.49
Ele foi atendido, recebeu a bênção	Jo 4.51-53

480. O doente e o médico (Jo 5)

O doente

Ele não tinha possibilidade de receber ajuda	Jo 5.6
Ele estava disposto	Jo 5.7
Ele era ignorante	Jo 5.7
Ele foi obediente	Jo 5.9

O médico

Ele viu o doente	Jo 5.6; Lc 10.33
Ele falou com o doente	Jo 5.6
Ele curou o doente	Jo 5.9
Ele deu determinações ao doente	Jo 5.8

481. O Senhor como Filho de Deus em Jo 5.19-24

Ele mesmo se denominou de Filho do Pai	Jo 5.19
Ele apenas faz o que agrada ao Pai	Jo 5.19; Hb 10.7
Ele é completamente dependente do Pai	Jo 5.19; 14.24
Ele é o um com o Pai	Jo 5.23
Quem o desonra, desonra o Pai	Jo 5.22,23
Ele tem poder para ressuscitar mortos e exercer juízo	Jo 5.21,22,27
Ele dá a vida eterna a todos os que nele creem	Jo 5.24

482. Jesus e o Pai em João 5

Jesus era o amado do Pai	Jo 5.20; Mt 3.17
Jesus foi o enviado do Pai	Jo 5.37; 2Co 5.20
Jesus veio em nome do Pai	Jo 5.43
Jesus veio para fazer a vontade do Pai	Jo 5.30
Jesus seguia o exemplo do Pai	Jo 5.17
Jesus tem a mesma vida que o Pai	Jo 5.26
Jesus vivifica como o Pai	Jo 5.21
Jesus exerce julgamento em nome do Pai	Jo 5.22
Jesus é um (igual) com o Pai	Jo 15.23

483. O poder da Palavra de Jesus

Jesus, pelo poder de sua palavra...

Ressuscita mortos	Jo 5.25; Ef 2.1
Dá vida aos mortos	Jo 5.25
Um dia sua palavra ressuscitará todos os mortos	Jo 5.28,29
Todos ouvirão : "Lázaro, vem para fora!"	Jo 11.43
Dá vida eterna aos que creem	Jo 5.24; 3.16
Os judeus rejeitaram as palavras de Jesus	Jo 5.18

484. Eu sou a verdade (Jo 14.6)

O Senhor não é apenas o único e verdadeiro caminho, ele é a própria verdade. Ele é o Mestre da verdade e o exemplo da verdade. Quem é da verdade ouve a sua voz. (Jo 18.37).

De que forma o Senhor foi confirmado como sendo a Verdade?

Pelas muitas promessas da Bíblia	Lc 24.45; At 10.43
Pelas muitas profecias do Antigo Testamento	Jo 5.39
Pelas muitas imagens da Bíblia que nele se cumpriram	Hb 9.11,12
(como, p.ex.: a arca, a escada que atingia o céu, o tabernáculo)	

Como o Senhor era a Verdade?

Como o Mestre da verdade	Jo 7.46
Como aquele que concede a graça e a verdade	Jo 1.16,17
Como testemunha da verdade	Ap 1.5

Jesus é a verdade absoluta. Nada pode ser acrescentado às suas palavras.

485. O que o Senhor é para nós

O Senhor Jesus é para nós...

O Pão da Vida	Jo 6.35,41,48,51
A Fonte da Vida	Jo 4.14; Sl 36.9
A Luz da Vida	Jo 8.12
O Caminho da Vida	Jo 14.6; Sl 16.11
A Palavra da Vida	1Jo 1.1; Jo 6.63
A Árvore da Vida	Ap 2.7
O Autor da Vida	At 3.15
O Doador da Vida	Jo 10.28
O Tudo da vida	Rm 8.32

486. Toda vida flui de Deus

Deus é o Pai vivo	Jo 6.57
Cristo é o Pão Vivo (que nos alimenta)	Jo 6.51
Cristo é o Caminho vivo	Jo 14.6; Hb 10.20
Cristo é a Pedra Viva	1Pe 2.4
Moisés recebeu palavras vivas	At 7.38
Filhos de Deus são sacrifícios vivos	Rm 12.1
O povo de Deus tem uma esperança viva	1Pe 1.3

487. Os olhos do Senhor

Veem os necessitados	Jo 6.5
Nos viram antes de sermos criados	Sl 139.14-16; Jr 1.5
Dirigem os filhos de Deus	Sl 32.8
Estão voltados para os justos	Sl 34.15
Estão voltados para os seus servos e os seus adversários	Ed 5.5
Observam aqueles cujo coração é totalmente dele	2Cr 16.9
Iluminam os seus filhos	Ap 1.16
Nossos olhos estão voltados para o Senhor	Sl 121; Hb 12.2

488. O cristão em João 6

É um presente do Pai para o Filho	Jo 6.37; 17.6
Foi atraído pelo Pai para Jesus	Jo 6.44; Jr 31.3
É ensinado pelo Senhor na Palavra	Jo 6.45
Encontra plena satisfação em Deus	Jo 6.35,57
Recebeu vida eterna	Jo 6.54

489. O que o Senhor é e quer ser para nós

Estamos famintos – ele é nosso pão	Jo 6.35,41,48,51
Estamos sedentos – ele é nossa água	Jo 7.37
Estamos nas trevas – ele é nossa luz	Jo 8.12

Estamos desorientados – ele é nosso caminho	Jo 14.6
Estamos trancados – ele é nossa porta	Jo 10.7,9
Estamos infrutíferos – ele nos dá frutos	Jo 15.1-5

490. Senhor, para onde iremos nós? (Jo 6.67-69)

Podemos deixar o Senhor, mas onde encontraremos alguém ou algo melhor? (Gn 16.8)

Para onde você irá quando o pecado pesar sobre você?	Is 43.25
Para onde você irá quando o Espírito Santo revelar as coisas escondidas?	Jo 4.17,29
Para onde você irá quando se sentir desesperado consigo mesmo?	Rm 7.15,19,24
Para onde você irá quando perder o que você mais ama?	2Co 1.3
Para onde você irá quando precisar de graça na hora de sua morte?	Lc 23.42

491. O chamado de Deus

Cada um pode vir ao Senhor como está	Jo 7.37; Ap 22.17
Todos, sem exceção, são convidados	Is 55.1; Mt 11.28
Todos são convidados insistentemente	2Co 5.20; Lc 14.23
Atender o chamado e crer é um mandamento	1Jo 3.23; Hb 11.6
O Senhor convida a todos os necessitados	Lc 14.23
Os que não atenderem ao chamado estão perdidos	2Ts 1.7,8

492. Símbolos do Espírito Santo

O Espírito Santo é comparado...

Com a água que refrigera	Jo 7.37-39
Com o fogo que purifica	Ml 3.3; At 2.3
Com o vento que vivifica	Jo 3.8; Ez 37.9
Com o óleo que cura e consola	Is 61.1; Lc 10.34
Com a pomba mansa e pura	Lc 3.22
Com a voz que ensina	1Rs 19.12; Is 30.21
Com o selo que dá segurança	Ef 1.13
Com o orvalho e a chuva que trazem os frutos	Dt 32.1-3

493. A voz do Senhor

A voz do Senhor é...

Convidativa	Jo 7.37
Vivificadora	Jo 11.43
Convincente	At 9.4
Poderosa	Ap 1.15
Consoladora	Jo 11.23
Diretiva	Jo 10.27
Súplice	Ap 3.20

494. Sempre nós devemos

Nós devemos sempre...

Viver uma vida que agrada Deus	Jo 8.29
Vigiar e orar	Lc 21.36
Trabalhar	1Co 15.58
Triunfar	2Co 2.14
Morrer	2Co 4.10
Estar de prontidão	Mt 25.10
Estar alegres	2Co 6.10

495. Por que vocês não creem em mim? (Jo 8.46)

Por que vocês não creem em mim já que...

Eu sou a luz do mundo	Jo 8.12
O Pai me enviou	Jo 8.18
O pecado é a perdição das pessoas	Jo 8.24
O homem natural serve a Satanás	Jo 8.44
Apenas a minha Palavra salva da morte	Jo 8.51
Apenas eu liberto do pecado	Jo 8.36
Unicamente o renascido entra no Reino de Deus	Jo 3.3

496. Quem quiser vir após mim (Jo 8.12)

Seguir a Jesus implica uma transformação de vida (Lc 5.11). Implica...

Consagração – Jesus era completamente consagrado ao Pai	Jo 12.23-26
Humildade – Jesus era humilde	Jo 13.4,5; Fp 2.5-8
Participação – Jesus participava dos sofrimentos das pessoas	Mt 9.36; 14.14
Trabalho – Jesus trabalhava dia e noite	Jo 3.2; 4.6
Amor – Jesus amava constantemente	Jo 13.1; Lc 23.34
Sofrimento – Jesus sofreu da manjedoura à cruz	1Pe 3.18
Persistência – Jesus ficou firme até o fim	Mt 10.22; 24.13

497. Eu sou a luz do mundo (Jo 8.12)

Jesus, como a luz, ilumina a cada pessoa (Jo 1.9). Ele é...

A luz do Evangelho	2Co 4.4
A luz da Palavra	Sl 119.105
A luz da igreja	Ap 1.20
A luz dos povos	Is 9.2
A luz da Jerusalém celestial	Ap 21.23
A luz do cristão	Sl 27.1

498. O servo obediente

Por natureza somos inúteis	Jo 8.34; Lc 17.10
Somos salvos para servir	1Ts 1.9

Somos santificados, purificados, para servir	Hb 9.14; Is 6.7,8
Consagração é a base do serviço	Rm 6.16
Seguir a Jesus dá direção para o serviço	Jo 12.26
Responsabilidade é necessária no serviço	2Co 5.10
Por toda a eternidade continuaremos a servir	Ap 22.5

499. A pergunta mais importante (Jo 9.35-38)

A pergunta mais importante é esta: "Você crê no Filho de Deus?"
Crer em Jesus significa...

Aceitar suas afirmações como verdade absoluta	Jo 6.33
Confiar plenamente nele	Ef 1.13
Recebê-lo como o Filho de Deus	Jo 1.12
Provar a sua presença na vida diária	Mt 28.20; Hb 13.5

A fé do cego...

Foi gradativa	Mc 8.24,25
Veio por ouvir a Palavra	Rm 10.17
Foi fortalecida pela presença de Jesus	Jo 9.36,37
Permaneceu firme mesmo em meio à oposição	Jo 9.34

500. O cego de nascença (Jo 9)

O que ele era? Um pobre cego, entregue a si mesmo, sem amigos	Mt 20.30
O que lhe aconteceu? Jesus o viu e o acolheu	Jo 9.6,7
O que ele fez? Ele obedeceu (como os 10 leprosos)	Jo 9.7; Lc 17.14
Qual foi sua experiência? Ele tornou a ver	Jo 9.7
O que ele fez depois de tornar a ver? Ele creu e adorou	Jo 9.38

501. As dádivas de Cristo para seu povo

Ele deu sua vida	Jo 10.15
Ele deu a si mesmo	Gl 2.20
Ele deu seu Espírito	1Jo 3.24
Ele deu sua Palavra	Jo 17.8
Ele deu sua paz	Jo 14.27
Ele deu seu exemplo	Jo 13.15
Ele deu sua glória	Jo 17.22

502. As ovelhas de Cristo

As ovelhas de Cristo são...

Chamadas	Jo 10.3
Guiadas	Jo 10.4
Salvas	Jo 10.9
Conhecidas	Jo 10.14

Amadas	Jo 10.15b
Protegidas	Jo 10.28
Pastoreadas	Jo 10.9

503. Comunhão com Deus
Como é possível termos comunhão com Deus?

Por meio de Jesus, a Porta	Jo 10.7
Pelo Espírito Santo	Ef 2.18
Pela Fé	Ef 3.12; Hb 11.6
Ter comunhão com Deus é o privilégio do cristão	Sl 15; 23.6; 24.3,4
O quartinho de oração é o melhor lugar para ter comunhão com Deus	Mt 6.6
Ricas bênçãos são o resultado da comunhão com Deus	Hb 4.16
O caminho para a comunhão com Deus está aberto a todos os cristãos	Ef 3.12; Hb 4.16
Já Moisés já usufruía o privilégio da comunhão com Deus	Êx 24.2; 34.1-7

504. O Senhor é a Porta
Para a família de Deus	Jo 10.7
Para a igreja do Senhor	At 2.41
Para o santuário	Hb 10.19,20
Para o Pai	Jo 14.6
Portanto devemos abrir a ele a porta de nosso coração	Ap 3.20

505. O que o Senhor dá aos seus
Sua vida para a nossa salvação	Jo 10.11
Sua carne como nosso alimento	Jo 6.51
Seu sangue como nossa bebida	Jo 6.53
Sua paz para a nossa alegria	Jo 14.27
Seu exemplo para nossa imitação	Jo 13.15
Sua Palavra para a nossa santificação	Jo 17.17
Sua glória para assim o vermos no lar eterno	Jo 17.24

506. O grande poder de Jesus
Ele tem poder de dar e conservar sua vida	Jo 10.18
Ele tem poder para perdoar pecados	Mc 2.10; Mt 9.6
Ele tem poder sobre os demônios	Lc 4.36
Ele tem poder sobre as enfermidades	Mt 4.23
Ele tem poder para exercer juízo	Jo 5.27
Ele tem poder sobre toda carne	Jo 17.2
Ele tem poder no céu e na terra	Mt 28.18

507. Nas mãos de Jesus

Das suas mãos ninguém pode nos arrebatar	Jo 10.28,29
Nas suas mãos todos os santos estão protegidos	Dt 33.3
Na sua mão está a alma	Jó 12.10
Sua mão nos segura	Ez 3.14
Suas mãos amorosas nos disciplinam	2Sm 24.14
Suas mãos feridas trouxeram a salvação	Lc 24.40; Is 53.5
Nas suas mãos seremos muito honrados	Is 62.3

508. Patrimônio dos filhos de Deus

Os filhos de Deus têm um patrimônio que não lhes pode ser tirado. Deste patrimônio fazem parte:

A vida eterna	Jo 10.28
Seu parentesco espiritual	Gl 3.26; Jo 1.12
A justiça de Deus	2Co 5.21
A paz de Deus	Ef 2.14
Aceitação e amor eternos por parte de Deus	Ef 1.6
Uma herança incorruptível	1Pe 1.4

509. Jesus, o amigo dos seus (Jo 11)

O amigo amoroso – "Senhor, aquele a quem amas está doente"	Jo 11.3-5
O amigo ouvinte – Jesus ouviu que Lázaro estava doente	Jo 11.6
O amigo mestre – Jesus respondeu	Jo 11.9
O amigo animador – "Teu irmão ressuscitará"	Jo 11.23
O amigo inquiridor – "Marta, ele te chama"	Jo 11.28
O amigo participante – Jesus chorou	Jo 11.35
O amigo intercessor – "Pai…"	Jo 11.41
O amigo poderoso – "Lázaro, vem para fora"	Jo 11.43
O amigo desafiador – alguns creram	Jo 11.45,46

510. O amor de Cristo

Jesus nos ama e conhece pelo nome	Jo 11.5; Is 43.1
Ele amou os seus até o fim	Jo 13.1
Alguns têm um relacionamento especial com ele	Jo 13.23
Seu amor nos leva a amar	Jo 13.34
Seu amor atrai a todos	Jo 12.32; 21.7
No seu amor podemos permanecer	Jo 15.9

511. O chamado do Mestre (Jo 11.28)

Para o que Jesus chama?

Chama para o arrependimento	Mt 4.17; Lc 24.47
Chama para o serviço	Mt 4.18,19

Chama para a prestação de contas	Lc 19.13ss
Chama para vigiar	Mt 25.13
Chama para casa	Jo 17.24

512. A herança do Senhor

Seu dinheiro foi deixado para Judas	Jo 12.6
Seu corpo foi deixado para José	Lc 23.50-52
Suas vestes foram deixadas para os soldados	Jo 19.23
Sua mãe foi entregue ao discípulo amado	Jo 19.27
Seu sangue foi entregue pela sua igreja	At 20.28; Lc 22.20
Seu espírito foi entregue a Deus	Lc 23.46
Sua paz foi dada aos discípulos	Jo 14.27

Como será o nosso testamento?

513. Quem será recompensado?

Os que renunciarem a si mesmos	Jo 12.25,26
Os que sofreram por causa do seu nome	Mt 5.12; Lc 6.22,23
Os que foram provados no fogo	1Pe 1.7; Dn 3.25
Os vigilantes	Lc 12.35-38
Os que administram bem os bens recebidos	Lc 19.13; 2Co 5.9,10
Os administradores fiéis	1Co 4.2; Tt 1.7
Os pastores fiéis	1Pe 5.1-4
Os ajudadores fiéis	Mt 6.4; Mc 9.41
Os que perdem os bens por causa de Jesus	Hb 10.34; 11.26
Os doadores fiéis	2Co 9.7-15

514. Frutos da comunhão com o Senhor

A comunhão com o Senhor nos dá...

Alegria em lugar de tristeza	Jo 11.32,44
Louvor nas perseguições e sofrimentos	At 16.25
Força nas fraquezas	2Co 12.8,9
Ricas bênçãos no trabalho	Jo 21.6
Graça para suportarmos tribulações	Ap 1.9,12-13
Vitória nas tentações	Gn 39.9

515. Uma louvável demonstração de amor (Jo 12.1-11)

Foi Maria de Betânia que praticou esta ação de amor pouco antes da cruz de nosso Senhor e por ocasião da ceia que lhe estava sendo oferecida.

A ação de amor de Maria

Ela deu ao Senhor um perfume caro e precioso. Ela deu para Jesus o melhor que tinha. Esta oferta de amor fluiu de seu coração. O que damos ao Senhor é igualmente precioso?

A impressão que a ação de Maria causou

Em Jesus: Ele ficou profundamente comovido. "Ela fez isto para mim" (Mc 14.8). "Ela fez o que pode". Não existe louvor maior do que estes. Mais adiante Jesus disse: "Ele o fez tendo em vista o dia de meu sepultamento".

Nos demais: Toda a casa ficou cheia do perfume (Jo 12.3; 2Co 2.14,15; Ef 5.2; Fp 4.18).

Apenas uma pessoa tinha uma opinião diferente: Judas (Jo 12.4).

516. O discípulo de Jesus

O seu Mestre	Jo 13.14
O seu livro	2Tm 3.16
As suas vestes	1Pe 5.5
A sua marca	Jo 13.35
A sua cruz	Lc 14.27
Os seus amigos	Sl 119.63
O seu fruto	Jo 15.8

517. O que o Senhor faz agora por nós

Ele nos dirige	Jo 10.4
Ele nos reconcilia	Rm 5.10
Ele intercede por nós	Hb 9.24
Ele pede por nós	Rm 8.34
Ele nos guarda	Jd 24
Ele nos purifica	Ef 5.26
Ele restaura	Sl 32

518. O melhor lugar na terra

O melhor lugar na terra é...

Ao lado do Senhor, para usufruir de seu amor	Jo 13.25
Nos ombros do Senhor, para ser sustentado por ele	Lc 15.5
Junto ao coração do Senhor	Êx 28.15ss
Nas mãos do Senhor	Is 49.16
Nas asas do Senhor, para termos vitória	Sl 91.4; Is 40.31
Aos pés do Senhor, para ser ensinado por ele	Lc 10.39
Nos braços amorosos do Senhor	Dt 33.27

519. Judas (Jo 13.26,27)

Para um estudioso da Bíblia, Judas é um problema:

Por que o Senhor o escolheu, já que sabia do seu fim?

Por que os demais discípulos nada perceberam da realidade de Judas?

Judas foi o oposto do Senhor, que se tornou pobre (2Co 8.9). Ele, entretanto, queria ficar rico (1Tm 6.9). Por causa disto caiu na armadilha do diabo.

Judas foi chamado pelo Senhor (Mt 10.4), ouviu as mensagens mais impressionantes (Mt 7.29) e viu muitos sinais e maravilhas. Foi o tesoureiro do Senhor (Jo 13.29). Ele expulsou demônios de outros, mas não de si mesmo (Mc 6.7). Ele gozou da comunhão com o Senhor (Jo 13.29). Rejeitou o último apelo do Senhor (Jo 13.26,27) e vendeu o Senhor (Mt 26.15). Foi possuído por Satanás (Jo 13.27) e terminou de forma terrível (Mt 27.5).

520. A beleza da glória vindoura
Para descrever a grandiosidade, beleza e variedade do céu, a Bíblia usa várias imagens.

Um lar junto ao Pai	Jo 14.2; 20.17
Uma cidade com ruas de ouro	Ap 21.21; Hb 13.14
Um paraíso	2Co 12.4
Uma terra gloriosa, celestial	Hb 11.14-16
Um lugar de verdadeiro descanso	Hb 4.9; Ap 14.13
Um monte, a Sião celestial	Hb 12.22
Um lugar de rica herança	Cl 1.12; 1Pe 1.3ss
Um lugar permeado pela glória de Cristo	Jo 17.24

521. O amor do Senhor pelos seus

Ele os ama com um amor eterno	Jo 13.1; Jr 31.3
Ele ama a cada um individualmente	Gl 2.20
Ele os ama como o Pai o tem amado	Jo 15.9
Ele os ama com um amor inimaginável	Ef 3.19

522. A volta de Cristo
A volta de Jesus:

Foi prometida pelo Senhor	Jo 14.1-3
Oferece uma perspectiva maravilhosa	1Jo 3.2
Será uma manifestação do poder divino	Fp 3.21

Qual o efeito da esperança da volta de Jesus:

Ela motiva à purificação	1Jo 3.3
Ela opera a paciência	Tg 5.7
Ela é uma exortação à vigilância	Mt 24.42

O que a volta de Jesus será para nós:

A revelação da pessoa de Jesus	1Ts 4.16
O arrebatamento ao encontro do Senhor	1Ts 4.17
O reencontro com nossos queridos	1Ts 4.18
Estaremos para sempre com Jesus	1Ts 4.17

523. O nosso futuro maravilhoso
Como será o futuro para nós?

Um lugar onde teremos mansões maravilhosas	Jo 14.1-3
Uma linda herança está guardada para nós	1Pe 1.4
Um lugar onde o pecado não terá entrada	Ap 21.27
Um paraíso onde a serpente não terá lugar	Ap 12.7

Um lugar de harmonia imperturbável	Ap 22.3
Um lugar onde teremos uma liberdade gloriosa	Sl 17.15; 126.1-3

524. O Senhor vem
O Senhor virá para...

Buscar os seus para si	Jo 14.3; 17.24
Transformar nossos corpos desgastados	Fp 3.20,21
Restaurar a Israel	Rm 11.26
Pastorear as nações	Ap 12.5; Mt 25.32
Castigar os perversos	2Ts 2.8
Reinar sobre a terra	Ap 20.4
Restaurar todas as coisas	Rm 8.21; Is 35.1,2

525. Eu voltarei

O Senhor prometeu voltar	Jo 14.3
Os anjos afirmaram que Jesus voltaria	At 1.11
Pedro anunciou a volta de Jesus	At 3.20
Paulo ensinou a volta de Cristo	1Co 15.51ss
Tiago escreveu sobre o retorno do Senhor	Tg 5.7
João descreve a revelação de Cristo	1Jo 3.2
Judas anunciou: "Eis que o Senhor breve voltará"	Jd 14
O Senhor do céu proclama seu retorno	Ap 22.20

526. A casa de meu Pai (Jo 14.2)

A casa paterna tem um nome: "A Casa de Meu Pai"	Jo 14.2
A casa paterna é destinada para a família de Deus	Sl 16.3
A casa paterna é anseio do Pai e do Filho	Jo 17.24
A casa paterna é "eterna"	2Co 5.1
A casa paterna é uma casa santa	Ap 21.27; Sl 15
A casa paterna é grande, tem muitos lugares	Jo 14.2
A casa paterna é um lugar de descanso	Hb 4.9; Ap 14.13
A casa paterna é alcançada pelo caminho que é Jesus	Jo 14.6

527. O que a volta de Cristo é
A volta de Cristo é...

Nosso consolo em todas as situações	Jo 14.1,2
Nossa bendita esperança	Tt 2.13
Nossa motivação para o serviço	1Co 15.58
Nosso impulso para a santificação	1Jo 3.3
Nossa segurança diante do medo da morte	1Co 15.54-57
Nossa certeza da manifestação com Cristo	Cl 3.4
Nossa convicção do dia da recompensa	1Co 3.8

528. Nosso anseio

Nós ansiamos...

Pelo nosso Senhor	Jo 14.3
Pelas moradas eternas	Jo 14.2
Pela misericórdia do Senhor	Jd 21
Pela nossa bendita esperança	Tt 2.13
Pelo nosso corpo glorificado	Fp 3.20,21
Pelo novo céu	2Pe 3.13
Nós nos esforçamos por agradá-lo	2Pe 3.14; 1Jo 3.3
Nós apressamos a volta do Senhor	2Pe 3.12

529. Jesus voltará

Para buscar o seu povo	Jo 14.3; 1Ts 4.16
Para recompensar os seus servos	Ap 22.12
Para castigar os pecadores	2Ts 2.7,8
Para julgar o mundo	Ap 19.11ss; Sl 96.13

530. Uma pessoa de oração

Quem ora e é atendido pelo Pai...

Vai com confiança ao Pai em nome do Filho	Jo 14.13,14
Procura estar a sós com o Pai	Mt 6.6; 2Rs 4.1-7
Conhece o caminho para Deus e está certo de ser ouvido	Jo 14.13; 1Jo 3.22
Ora de acordo com a vontade de Deus	1Jo 5.14,15
Descansa nas promessas	2Co 1.20
Ora com fé	Tg 1.6,7
O resultado: o Pai é glorificado	Jo 14.13

531. Jesus, o caminho (Jo 14.6)

Jesus é o caminho para a libertação do pecado	Jo 8.36
Jesus é o caminho para o perdão e a paz	At 10.36
Jesus é o único caminho seguro	At 4.12
Jesus é o caminho novo e vivo	Hb 10.19,20
Jesus é o caminho aberto para todos	Jo 10.9
Jesus é o caminho com um destino maravilhoso	Mt 7.14
Jesus é o caminho pelo qual podemos andar sem demora	At 22.16
Jesus é o caminho para todos	Jo 3.16
Jesus é o caminho acessível pela fé	At 16.31
Jesus é o caminho ao qual devemos procurar levar a todos	Lc 14.23
Jesus é o caminho do qual jamais devemos sair	Lc 17.32

532. A Videira (Jo 15)

A videira é uma figura para Jesus	Jo 15.1,2
A videira é uma figura para o povo de Israel	Is 5; Sl 80.8

O ramo é uma figura para o cristão frutífero	Jo 15.5
A poda dos ramos é um quadro da purificação	Jo 15.2; Ef 5.26
O ramo infrutífero é uma madeira inútil	Ez 15.1-6
Estar assentado debaixo da videira é um quadro de segurança	1Rs 4.25; Mq 4.4

533. Permanecer em Jesus

Permanecer em Jesus é uma ordem do Senhor a nós	Jo 15.4
Permanecer em Jesus é manter a comunhão	Jo 15.4; 1Jo 1.3
Do permanecer em Jesus depende os nossos frutos	Jo 15.5
Sem permanecer em Jesus seremos um ramo inútil	Ez 15.1-6
Permanecer em Jesus faz com que nossas orações sejam ouvidas	Jo 15.7
Permanecer em Jesus se mostra pela obediência	Jo 15.10
Permanecer em Jesus sempre traz frutos contínuos	Jo 15.16

534. Realidades na vida dos filhos de Deus

Como ramos, trazem frutos para o Senhor	Jo 15.8
Como luz, brilham no mundo	Mt 5.16
Como testemunhas, falam do Senhor	Lc 24.48
Como servos, estão a disposição do Mestre	Jo 13.14-17
Como peregrinos, abstêm-se das paixões carnais	1Pe 2.11
Como filhos, trabalham na vinha do Pai	Mt 21.28
Como soldados, lutam e sofrem pelo Rei	2Tm 2.3

535. O amor

Devemos permanecer no amor	Jo 15.9
O amor de Deus está derramado em nós	Rm 5.5
Devemos crescer no amor	Fp 1.9; 1Ts 3.12
Andamos no amor como Cristo amou	Ef 5.2
O amor deve ser sincero e prático	1Pe 1.22
Devemos ser aperfeiçoados no amor	1Jo 4.18

536. Frutos

Ter frutos...

É nossa vocação	Jo 15.16; Ef 2.10
É prova de sermos discípulos	Jo 15.8
Nos poupa da faca do lavrador	Jo 15.2
Traz respostas a nossas orações	Jo 15.7,16
É o caminho para glorificar ao Pai	Jo 15.8

Condições para sermos frutíferos:

Purificação constante	Jo 15.2,3; 2Co 7.1
Permanecer nele	Jo 15.5
Guardar a Palavra	Jo 15.10

O resultado:

Ele nos faz seus amigos íntimos	Jo 15.14
Deixa que conheçamos os propósitos do Pai	Jo 15.14,15
Leva-nos a usufruir continuamente de seu amor	Jo 15.10

537. Promessas preciosas (Jo 16)

Antes de deixar seus discípulos, o Senhor Jesus disse que enfrentariam tempos difíceis. Entretanto, não os deixou com coração pesado, mas lhes deu preciosas promessas e incentivos.

Que promessas o Senhor deu aos discípulos?

A promessa do Consolador	Jo 16.7

O Consolador deveria ser tão importante para os discípulos como o próprio Jesus. O Consolador seria o guia dos discípulos (Jo 16.13,14). Seria também o seu instrutor (1Jo 2.20-27)

A promessa da sua vinda	Jo 16.22
A promessa das respostas às suas orações	Jo 16.23,24; Sl 81.10
A promessa da sua intercessão	Jo 16.26,27
A promessa da sua paz	Jo 16.33
A promessa da vitória	Jo 16.33

538. Discípulos de Cristo, de acordo com João 16

São instrumentos pelos quais o Espírito opera	Jo 16.7-11
São dirigidos pelo Espírito em toda a verdade	Jo 16.13
Estão instruídos acerca das coisas vindouras	Jo 16.13
Irão atravessar vales difíceis	Jo 16.20
Gozarão de alegria indescritível	Jo 16.22,23; At 16.25
Terão um abrigo constante e seguro	Jo 16.33
São felizes por serem amados de Deus	Jo 16.27
Não perdem a coragem nas tribulações	2Co 4.8

539. Operações do Espírito Santo

Ele convence do pecado, da justiça e do juízo	Jo 16.8; At 2.37
Ele opera o novo nascimento	Jo 3.5; 1Pe 1.23
Ele testifica que somos filhos de Deus	Rm 8.16
Ele purifica o coração	At 15.8,9
Ele derrama seu amor em nós	Rm 5.1-5
Ele dá força às nossas orações	Rm 8.26
Ele nos reveste para sermos testemunhas	At 1.8
Ele nos transforma	2Co 3.18

540. O cristão no mundo

Naturalmente nascemos no mundo	Jo 16.21
Pelo novo nascimento nascemos no Reino de Deus	Jo 3.3; Tt 3.5
Somos propriedade do Senhor	Jo 17.6
Fomos salvo do mundo	Gl 1.4
Estamos crucificados para o mundo	Gl 6.14
Não somos mais do mundo apesar de estarmos no mundo	Jo 17.16
Não somos compreendidos pelo mundo	1Jo 3.1
Somos odiados pelo mundo	Jo 17.14

541. O Senhor Jesus e o Pai

O Senhor Jesus...

Andava sempre nos caminhos do Pai	Jo 16.28
Fazia sempre o que agradava ao Pai	Jo 8.29
Procurava sempre a vontade do Pai	Jo 5.30; Mt 26.39
Anunciava as palavras do Pai	Jo 14.24
Realizava as obras do Pai	Jo 17.4
Alegrava-se no amor do Pai	Jo 10.17; 15.9
Pedia pela ajuda do Pai	Jo 11.41
Procurava unicamente a glória do Pai	Jo 12.27,28

542. O cristão e o mundo (Jo 17)

Os cristãos foram retirados do mundo. Isto é ensinado pelas Escrituras, de Gn 12 até Ap 18.4. A palavra "mundo" não se refere à criação, mas ao mundo no sentido de 1Jo 2.1517.

Os cristãos são odiados pelo mundo	Jo 15.20

Por quê? Porque o mundo odeia a Jesus. Muitas vezes este ódio começa na própria família (Mt 10.21; Mc 13.12).

Os cristãos vivem Deus no meio de um mundo sem Deus	Jo 17.11
Os cristãos no mundo são semelhantes luzes na escuridão	Fp 2.15; Mt 5.14
Os cristãos estão separados do mundo	Jo 17.16; Gn 1.4
Os cristãos não comungam com os falsos irmãos	1Rs 18.21; Ap 3.15
Os cristãos têm a maior tarefa neste mundo	Jo 17.18; 2Co 5.20
Os cristãos são guardados no mundo	Jo 17.15; 2Ts 3.3
Os cristãos em breve deixarão o mundo	Jo 17.24; 14.3

543. O uso que Jesus fez da expressão "Eu tenho" em João 17[2]

Seis vezes Jesus usou na sua oração a expressão "Eu tenho".

Eu tenho te glorificado	Jo 17.4

Desde o início Jesus glorificou o Pai (Sl 40.8,9; Jo 8.29) por palavras e obras, pela pregação e pelos milagres (Jo 10.38).

---

[2] N.T.: Estas expressões estão baseadas na versão alemã da Bíblia usada pelo autor.

Eu tenho consumado a obra (da salvação)	Jo 17.4; Hb 10.10,14
Ele realizou a obra da salvação para expiar os nossos pecados	1Jo 2.2; 4.10
Eu lhes tenho transmitido as palavras	Jo 17.8; 1.18
Nós podemos também anunciar a Palavra de Deus	Lc 24.47; At 1.8
Eu os tenho protegido	Jo 17.12,15; 10.28,29
Ele nos protege do mundo e do maligno	
Eu tenho lhes dado a glória	Jo 17.22; 14.3
Já temos aqui um pequeno antegosto desta glória (Mt 17.2)	
Eu tenho te conhecido	Jo 17.25
Este conhecimento ele transmitiu aos seus. O mundo não o conheceu, porém os discípulos sim	Jo 16.3; 6.69

544. Os pedidos do Senhor em João 17

Ele pede pela proteção de seus discípulos	Jo 17.11
Ele pede para que tenham alegria	Jo 17.13
Ele pede para que sejam guardados do inimigo	Jo 17.15
Ele pede que se tornem uma bênção para outros	Jo 17.20
Ele pede pela santificação de seus discípulos	Jo 17.17
Ele pede para que sejam um	Jo 17.21
Ele pede para que estejam com ele na glória	Jo 17.24

545. Coloca tua espada na bainha (Jo 18.11)

Esta palavra de Jesus vale para todos nós. Muitas vezes nós também revidamos com violência, como Pedro. Estas reações, como a de Pedro, são inúteis. O que Pedro poderia fazer contra os soldados? Por outro lado, Jesus não precisava de Pedro (Mt 26.53; Ap 19.15). Ele agiu sem refletir e demonstrou mais paixão que razão. Ele correu risco de vida com sua ação intempestiva (Jo 18.26). A razão pela qual Jesus o repreendeu era esta: "Não beberei o cálice que o Pai me deu?" (Jo 18.11). Todas as nossas ações devem demonstrar de quem somos filhos (Mt 5.44,45)

546. Eis o homem (Jo 19.5)

O que as pessoas viram ao olharem para Jesus?	
Pilatos viu um inocente	Jo 18.38
Os líderes de Israel viram alguém a quem odiavam	
O povo estava cego e desorientado	
Os soldados viram apenas um judeu desprezível	
Judas viu sua própria culpa	Mt 27.4
As mulheres viram as suas dores	
O centurião viu o Filho de Deus	Mt 27.54
O ladrão na cruz viu o seu Salvador	Lc 23.39
O que vemos nós em Jesus?	Jo 1.29; At 4.12
O que Israel verá em Jesus?	Ap 1.7

547. Manifestações do Jesus Ressuscitado (Jo 20.19-25)

O que a manifestação do Jesus ressuscitado operou nos discípulos...

Alegria	Jo 20.20
Certeza de fé	Jo 20.20; Hb 10.22
Paz	Jo 20.19,20
Serviço	Jo 20.21
Poder do alto	Jo 19.22; Mc 16.15-18

548. Uma reunião abençoada (Jo 20.19-22)

O motivo da reunião dos discípulos: medo dos judeus	Jo 20.19
O dia da manifestação de Cristo: o dia da ressurreição	
A bênção da manifestação de Jesus	
Alegria	Jo 20.20
Destemor	
Paz	Jo 20.21; 14.27
Libertação de uma consciência culpada	
Certeza do perdão de pecados	Jo 20.20; Is 53.5
Um novo começo	Jo 20.21

549. Manifestações de Jesus (Jo 21)

Jesus manifestou aos seus discípulos:

Sua fidelidade inquebrantável	Jo 21.4
Seu amor imenso	Jo 21.5; 13.1
Seu poder: ele mandou	Jo 21.6
Seu cuidado: ele pensou nas necessidades	Jo 21.9
Sua sabedoria em aconselhar	Jo 21.15-18
Sua graça restauradora	Jo 21.15-18

550. Amor ao Senhor (Jo 21.15)

Flui como fruto da gratidão	Jo 21.7
Resulta da admiração ao Senhor	
Supera a tudo	Ef 3.19
É a maior motivação	2Co 5.14
É persistente, íntima, doadora	1Sm 18.4
Por quê?	
Por causa daquilo que Jesus é	
Por causa daquilo que Jesus nos dá	Jo 10.15
Por causa de tudo que Jesus nos promete	

551. Uma reunião de oração abençoada (At 1.14)

O Senhor deixou os seus, quando estavam de joelhos	Lc 24.52
Antes da ressurreição, Jesus os ensinou a orar	Mt 6.9-13

Jesus lhes deu seu próprio exemplo na oração	Mc 1.35; Lc 9.18
Depois da ressurreição, ele lhes ordenou que orassem	At 1.4,14

O que aprendemos das pessoas de oração?

Perseverar humildemente em oração	At 1.14; 2.1
Orar junto com outros irmãos	At 4.24
Como eles reconheceram a necessidade da oração.	
Pouco antes estavam congregados ao redor do Senhor, mas	Hb 1.3
agora ao redor do Trono da Graça, para onde ele subiu	
Como eles, devemos confiar nas promessas	At 1.4

552. "Que quer isto dizer?" (At 2.12)

A vinda do Espírito Santo causou admiração em alguns e zombaria em outros.
Para nós, a vinda do Espírito Santo significa:

Que a promessa de Joel se cumpriu	Jl 2.28
Que o Senhor foi exaltado à direita de Deus	At 2.24,33; Jo 7.39
Que o Senhor cumpriu a sua promessa	At 1.5
Que o Senhor tem a plenitude para todos	At 2.38,39
Que as pessoas mais simples podem ter o Espírito Santo	At 2.7
Que todos devem invocar o nome de Jesus	At 2.21

553. O que o Espírito Santo operou no Pentecostes

Ele convenceu as pessoas dos seus pecados	At 2.37
Ele operou muitas conversões a Deus	At 2.38,41
Ele operou o testemunho da fé pelo batismo	At 2.41
Ele operou firmeza na Palavra de Deus e nos seus caminhos	At 2.42
Ele concedeu uma consagração voluntária a Deus	At 2.45
Ele operou um amor sincero e sacrificial	At 2.45
Ele operou uma alegria constante em Deus	At 2.46

554. Membros da igreja

A igreja consiste de pessoas...

Que foram salvas pelo seu arrependimento e fé	At 2.38; Jo 1.12
Que se converteram por uma decisão que tomaram	At 2.37
Que encontraram a paz no sangue de Jesus	Ef 1.7; Rm 5.1
Que se colocam inteiramente debaixo da Palavra	At 5.29
Que trabalham para o Senhor e aguardam sua volta	1Ts 1.8-10
Que pelo batismo testemunham do Senhor	At 2.38,41; 8.36

555. A igreja local (At 2.42-47)

De acordo com as Escrituras, nós temos a Igreja universal, que é composta de todos os cristãos (Hb 12.23), mas temos também a Igreja local. Não devemos desconsiderar a igreja local, como muitos, pretendendo ser "livres", o fazem. A Bíblia proíbe negligenciar a igreja local (Hb 10.25). Os filhos de Deus devem fazer parte de uma igreja local. As sete cartas do Apocalipse foram dirigidas a igrejas locais (Ap 1.4).

O Senhor ama a Igreja e se entregou por ela	Ef 5.25-27
O Senhor está no meio de sua igreja para abençoá-la	Mt 18.20; Ap 2.1
Na igreja local os cristãos têm comunhão preciosa	Sl 84.4; Sl 133
Na igreja local os cristãos crescem e dão frutos	Sl 92.13-16
Na igreja local um membro se preocupa com o outro	1Co 12.25; At 2.45
Na igreja local relembra-se a morte de Cristo	Lc 22.19; 1Co 11.26

556. Títulos de Cristo
Pedro, nos seus sermões, denominou Jesus de...

O Servo de Deus	At 3.13
O Santo	At 3.14
O Justo	At 3.14; 1Pe 3.18
O Autor da vida	At 3.15
O Messias, o esperado de Israel	At 3.19-21
O Profeta maior que Moisés	At 3.22
A Semente de Abraão	At 3.25; Mt 1.1

Jesus exaltado sobre tudo e todos é o seu e o meu Senhor e Deus

557. Jesus, o Profeta (At 3.22)

Ele é o maior de todos os profetas	Lc 7.16
Ele é um profeta onisciente	Jo 2.25; 4.19; 6.14
Ele é um profeta verdadeiro	Jo 7.40
Ele é um profeta rejeitado	Lc 4.24,29; 7.39
Ele é um profeta acima de todos os outros	Lc 10.24
Ele é um profeta expositor	Lc 24.19; 24.25-27

Jesus não é apenas Profeta, mas Rei e Sacerdote, o Filho de Deus

558. O nome de Jesus (At 4.12)
No nome de Jesus há...

Salvação	Mt 1.21
Perdão	At 10.43
Comunhão	Mt 18.20
Resposta de oração	Jo 16.23
Poder para curar	At 3.16
Vitória sobre o pecado	Rm 6.14,15

559. Servos na prisão

Pedro e João	At 4.3
José	Gn 39.19-25
Jeremias	Jr 32.3
João Batista	Mt 11.2-6

Paulo	2Co 6.5
João em Patmos	Ap 1

560. Não há salvação em nenhum outro (At 4.12)

Jesus é o único caminho para Deus	Jo 14.6
Jesus é a única porta para a salvação	Jo 10.9
Jesus é o único fundamento seguro	1Co 3.11
Jesus é a única expiação pelo pecado	Hb 9.12
Jesus é o único meio para a salvação e a paz	Gl 1.8,9
Jesus é o único a quem devemos ouvir	Mt 17.5

561. A necessidade da salvação

Cada pessoa precisa ser salva por Jesus porque...

Não há outro meio de salvação	At 4.12
O pecador carece da justiça que deveria ter	Rm 3.23
Os pecados das pessoas são numerosos	Sl 40.12
Cada pessoa é escrava de Satanás	Rm 7.19
As pessoas são servas do medo da morte	Hb 2.15
Ninguém pode subsistir diante de Deus	Ap 20.11ss
Deus fez tudo para a salvação do pecador	2Co 5.21

562. O que foi feito para a nossa salvação?

Deus sacrificou seu Filho amado	Jo 3.16
O Filho foi julgado por nós	Jo 12.27
O Espírito Santo nos convida para vir a Cristo	Ap 22.17
A igreja é incansável no afã de ganhar almas	2Co 5.20,21
Mesmo perdidos ainda advertem para salvação	Lc 16.27,28

563. Uma igreja exemplar

Perseverava em oração	At 4.24
Confiava nas promessas	At 4.25ss
Ajudava os seus membros	At 4.34
Testemunhava do Senhor	At 4.33
Servia o Senhor	At 5.42
Cuidava de seus membros	At 4.32,34,35

564. A cruz de Cristo

Revela o pior pecado da humanidade	At 4.27,28
Revela a mais clara expressão do amor de Deus	Jo 3.16; 1Jo 3.16
É a prova da derrota de Satanás	Hb 2.14
É a maior obra para a nossa salvação	1Co 1.18; Rm 1.16
É o nosso único motivo de glória	Gl 6.14

565. Milagres na noite

À noite Deus pode operar milagres	At 16.25,26; Mt 8.26
À noite Deus abriu portas trancadas	At 5.19; 12.10; 16.26
À noite os apóstolos oraram, louvaram e agradeceram a Deus	At 16.25; Jó 35.10
À noite Deus dá ânimo aos seus	At 18.9
À noite Deus está do lado dos seus	At 27.23
À noite devemos estar dispostos ao serviço	At 16.33
À noite devemos estar vigilantes	Jn 1.6

566. Estevão, uma testemunha

Testemunhou por meio de uma vida santa	At 6.3-5
Testemunhou por meio de um serviço fiel	At 6.8
Testemunhou com seus lábios	At 6.10; 7.2-53
Testemunhou pelo brilho de seu rosto	At 6.15; 2Co 3.18
Testemunhou pelo amor aos inimigos	At 7.59
Testemunhou por meio de uma viva esperança	At 7.59

567. O cristão deve...

Ser cheio de fé como Estevão	At 6.5
Ser cheio do Espírito Santo e de sabedoria	At 6.3; Tg 1.5,6
Transbordar de amor	Fp 1.9
Estar cheio de graça e poder	At 6.8; Is 40.29
Ser forte na fé	Rm 4.20
Deve estar firme na fé	1Co 16.13

568. O verdadeiro pregador (At 5.20)

Ouve e cumpre a ordem Cristo: "Vá!"	
O que ele faz? Anuncia todas as Palavras da Vida	
Onde? No templo e em todas as oportunidades	2Tm 4.2
A quem? Para o povo, para todos que quiserem ouvir	

569. Renunciar por amor a Jesus

Abraão deixou Ur na Caldeia	At 7.2; Is 41.9
Rebeca deixou a casa de seus pais	Gn 24.57-60
Levi deixou a tesouraria e se tornou um apóstolo	Mc 2.14
Neemias deixou sua posição privilegiada	Ne 2
José deixou sua veste para permanecer puro	Gn 39.12
O filho pródigo deixou o cocho dos porcos	Lc 15.18
"Quem não renuncia a tudo quanto tem não pode ser meu discípulo"	Lc 14.33

570. Nós pregamos

A Palavra de Deus: é viva e poderosa	At 8.4; Hb 4.12
O arrependimento para com Deus	Mt 4.17
A fé em nosso Senhor Jesus Cristo	At 20.21
O Cristo crucificado	1Co 1.23
O Cristo ressuscitado	At 17.18
O Cristo que voltará	At 10.42
A paz apenas por Jesus	At 10.36; Ef 2.14

571. Saulo – Paulo

Saulo fez muitas coisas más – Paulo muitas coisas boas	At 9.13; 2Tm 4.7
Saulo causou muito sofrimento aos cristãos – Paulo sofreu muito por Jesus	At 9.14, 2Co 11.23-28
Saulo respirava ódio e morte – Paulo orava	At 9.1,11
Saulo perseguiu – Paulo serviu	At 26.14; 20.19
Saulo foi a Damasco com más intenções – Paulo ia atrás do alvo glorioso	At 9.3; Fp 3.14
Saulo vivia em justiça própria – Paulo amava a justiça de Cristo	Fp 3.4-9
Saulo foi um terrível perseguidor – Paulo uma poderosa testemunha e pastor	Gl 1.13,15-24

572. Um vaso escolhido (At 9.15)

Paulo foi um vaso...

Impuro	At 9.1,2; 1Tm 1.13
Quebrantado	At 9.3,4
Vazio	At 9.6
Purificado	At 22.16
Cheio do Espírito Santo	At 9.17
Escolhido	At 9.15; 26.16
Frágil	At 9.16

573. Ananias (At 9)

Sua origem desconhecida	At 22.12
Sua grande missão	At 9.11
Sua hesitação compreensível	At 9.13
Sua pronta obediência	At 9.17; 8.26,27
Sua atitude amorosa	At 9.17ss
Sua força espiritual	At 22.13

574. Dores de parto (At 9)

Como um nascimento é precedido pelas dores de parto, assim também o novo nascimento é precedido pelas "dores" do arrependimento e pela tristeza acerca do passado (At 9.9).

Paulo também fala das dores de parto (Gl 4.19).
O avivamento é precedido por dores de parto:

Israel: seu renascimento e libertação	Êx 3–12
Ana passou por lutas espirituais	1Sm 1.10ss
Daniel passou por estas lutas interiores	Dn 9
O sucesso de Neemias foi precedido de muitas lutas	Ne 1
Antes do Pentecostes houve uma luta de oração	At 1.13,14

Todos os avivamentos foram antecedidos por lutas e dores do coração.

575. Saulo: de perseguidor a perseguido (At 9.1-20)

Saulo: alguém que era um perseguidor	At 9.1,2
Saulo: alguém que foi derrubado	At 9.4
Saulo: alguém que fez a pergunta da salvação	At 9.5
Saulo: alguém que fez a pergunta da consagração	At 22.10
Saulo: alguém que orava	At 9.11
Saulo: alguém que testemunhava	At 9.20
Saulo: alguém que foi perseguido	At 9.23-25

576. Apenas em Cristo...

Apenas em Cristo há...

Salvação	At 4.12
Perdão	1Jo 2.12
Força	At 3.16
Vida eterna	1Jo 5.13
Filiação divina	Jo 1.12
Resposta de oração	Jo 14.13,14
Esperança viva	Tt 2.13

577. Uma igreja exemplar (At 9.31)

Tinha paz depois de provações e perseguições
Foi edificada, fortalecida e fundamentada no amor
Era ativa e não adormecida
Era humilde: andava no temor do Senhor
Era feliz: vivia na consolação do Espírito Santo
Era santa: caminhava no Espírito
Crescia

578. A paz por meio de Jesus Cristo (At 10.36)

A paz é um resultado da morte de Cristo na cruz	Cl 1.20; Ef 2.16
A paz tem a sua origem em Deus	
A paz é um fruto do Espírito Santo	Gl 5.22
A paz é fruto da obediência	Is 48.18; At 5.32

A paz é uma dádiva do Senhor	Jo 14.27
A paz é o resultado da fé	Rm 5.1; Ef 2.14
A paz deve ser anunciada por nós	Ef 6.15
A paz entre os homens deve ser buscada	Hb 12.14

579. Lições de Pedro na prisão (At 12)

Quando os inimigos têm poder sobre os filhos de Deus, eles evidenciam todo o seu ódio contra Deus e os seus servos	Jo 15.18
Não há nada que Deus não possa fazer quando algo é entregue em suas mãos	2Cr 20.15ss
Quando Deus quer operar, nada pode impedir. Deus ri dos ímpios e de seus planos vãos e os destrói	Mt 27.62-66; 28.1-4; Sl 2.4
Para Deus não há impossíveis	Êx 17.10-16

580. Nossa responsabilidade diante dos sofredores

Devemos orar por eles	At 12.5; Hb 13.3
Devemos participar de seus sofrimentos	Rm 12.15; Jo 11.35,36
Devemos nos colocar no seu lugar	Hb 13.3
Devemos visitá-los em suas tribulações	Tg 1.27
Devemos consolá-los pela Palavra	Jó 16.5; 2Co 1.4
Devemos estar ao seu lado nas suas necessidades	Is 58.10; Sl 41.1-3

581. Servos com autoridade

Temos autoridade espiritual...

Quando somos chamados pelo Senhor	At 13.2
Quando somos enviados pelo Espírito Santo	At 13.4
Quando o Senhor nos ordena a ir	Is 6.9
Quando temos compaixão pelas almas perdidas	Mt 14.14
Quando estamos inflamados pela cruz	1Co 2.2
Quando estamos cheios de fé e do Espírito Santo	At 11.24
Quando estamos prontos a "abrir mão", renunciar	Hb 11.24-29
Quando somos impulsionados pelo amor de Cristo	2Co 5.14

582. Perdão de pecados (At 13.38)

O perdão de pecados segue ao arrependimento	At 2.38
O perdão de pecados é possível pelo sangue de Jesus	Ef 1.7
O perdão de pecados apenas Deus pode dar	Is 43.25
O perdão de pecados é confirmado pela Palavra	1Jo 2.12
O perdão de pecados é uma experiência pessoal	Lc 7.48
O perdão de pecados é uma dádiva gratuita, pela graça	Lc 7.42
O perdão de pecados tem validade eterna	Hb 10.17
O perdão de pecados é recebido pela fé	At 15.9

583. Nossa salvação (At 13.38,39)

Anunciada a nós ("se vos anuncia")
Conquistada por meio de Jesus ("por meio dele")
Aceita individualmente ("todo o que crê")
Recebida pela fé ("todo o que crê")
Poderosa para justificar ("justificado [...] vós não pudestes ser justificados pela lei de Moisés")
Eficiente para perdoar ("remissão de pecados")
Salvação plena e completa: o salvo está justificado

584. Silas

Silas foi...

Um homem de confiança	At 15.40
Um homem responsável (grandes tarefas)	At 15.22,41
Um fortalecedor dos cristãos	At 15.32
Um profeta	At 15.32
Um cooperador estimado	At 15.40
Provado no sofrimento (Lc 6.23)	At 16.23
Um homem de oração	At 16.25
Um irmão amado	1Pe 5.12

585. "Passa para a Macedônia e ajuda-nos" (At 16.9)

Paulo, como muitos outros servos de Deus, passou por dificuldades em relação aos seus campos de trabalho. Este foi também o pedido de Isaías (Is 6.8). Diante da pergunta de Paulo para onde deveria ir, ocorreu a visão do macedônio. A visão foi para o servo de Deus uma grande experiência, pois então soube claramente qual o caminho a seguir.

Como podemos nós, hoje, realizar missões?

Indo quando recebemos a missão	Mt 28.20
Intercedendo pelos servos de Deus	Ef 6.19; Fp 1.19
Por meio de nossas ofertas	3Jo 7,8

Como Paulo e seus cooperadores avaliaram a visão?

Partindo rapidamente (a causa do Senhor tem pressa)	At 16.10,11; 1Sm 21.8

O fruto da obediência:

Foram para Filipos e lá Deus abençoou seu ministério	At 16.12ss

586. A bênção das reuniões de oração (At 16.13)

Paulo e seus cooperadores amavam as reuniões de oração. Oravam tanto em secreto quanto ao ar livre. A maioria dos avivamentos foi precedido por orações intensas.

Nas reuniões de oração estamos próximos do céu.

O Senhor mesmo está presente	Mt 18.20
Os que oram estão diante de um céu aberto	1Rs 18.36-39
Eles gozam de comunhão junto ao Trono da Graça	1Jo 1.3

As reuniões de oração levam a uma vida mais profunda

Os que oram estão curvados e prostrados diante do seu Deus	Gn 18.2,23-33
Elias jazia prostrado no chão	1Rs 18.42
Os discípulos estavam reunidos unânimes	At 1.14

As reuniões de oração conduzem, muitas vezes, a grandes experiências

Esta foi a experiência da igreja em Jerusalém	At 4.31ss
A igreja que orava por Pedro	At 12.5
Daniel e seus amigos experimentaram milagres por meio da oração	Dn 2.17,18

As reuniões de oração são a riqueza da igreja

Promovem o crescimento espiritual	Ef 3.16-21
Frutificam a pregação do Evangelho	At 4.31-33
Impedem a entrada do espírito do mundo	

587. Portas abertas (At 16.26)

A igreja de Filadélfia tinha diante de si uma porta aberta (Ap 3.8). Nosso verso mostra como Deus abre portas. Ele possui a chave para os corações (At 16.14).

Quais as portas que aqui se abriram?

A porta da prisão	At 16.26; 12.10
A porta da consciência	At 16.29; 24.25; Dn 5.6
A porta do coração	At 16.30,31
A porta da casa	At 16.14,15,34
A porta da despensa	At 16.34

Onde o Senhor atua, tudo se abre: a consciência, a casa (Lc 5.29), o coração (Lc 8.3), e a carteira de dinheiro (2Co 8.1-5)

588. Tudo está aberto

Lídia tinha um coração aberto	At 16.14
Marta tinha uma casa aberta	Lc 10.38
A viúva tinha uma mão aberta	Lc 21.2
Zacarias tinha uma boca aberta (para louvar)	Lc 1.64
Filadélfia tinha uma porta aberta para a pregação	Ap 3.8
Os discípulos de Emaús tiveram uma compreensão aberta	Lc 24.32
Estevão teve um céu aberto	At 7.55; Ap 4.1

589. Verdadeira prontidão

Esteja sempre pronto para...

Receber a Palavra com alegria	At 17.11
Ofertar	2Co 8.11
Testemunhar do Senhor	Rm 1.15; 1Pe 3.15
Lutar pelo nosso Deus	Js 8.3

Sofrer pelo Senhor	At 21.13
Aguardar o retorno do Senhor	Mt 25.10

590. O juízo final (At 17.31)

O juízo final:

Foi determinado por Deus	At 17.31
As Escrituras o descrevem claramente	Ap 20.11ss

Os nomes deste juízo:

O dia da ira	Rm 2.5; Ap 6.17
O Dia do Juízo e destruição	2Pe 3.7

Jesus mesmo será o Juiz:

Deus Pai lhe confiou o julgamento	Jo 5.22; At 10.42
Os santos serão co-juízes	1Co 6.2; Ap 20.4

Quem será julgado:

Todos os homens	Hb 9.27; 12.23
Todos os que não crerem no Evangelho	2Ts 1.8-10
Os grande e pequenos pecadores	Ap 20.12

O que o Senhor julgará:

Todas as ações	Ec 11.9; 12.14
Todas as palavras vãs	Mt 12.36,37; Jd 15
Todos os pecados ocultos	Rm 2.16
Todos os que não tiverem seus nomes no Livro da Vida	Ap 20.15

591. O que Deus dá

Ele dá a vida a todos os seres	At 17.25; Dn 5.23
Ele dá o crescimento	1Co 3.7
Ele dá paz	Jo 14.27
Ele dá sabedoria aos que lhe pedirem	Tg 1.5
Ele dá graça aos humildes	Tg 4.6
Ele dá a vitória	1Co 15.57
Ele dá tudo em abundância	1Tm 6.17
Ele dá de acordo com a riqueza de sua graça	Ef 1.7

592. A incredulidade

Endurece o coração contra Deus	At 19.9; Êx 9.34
É indiferente ao amor de Deus	Rm 2.4; 10.21
Leva ao ódio contra Deus e seu povo	At 14.2; 17.5
Leva a tropeçar na Palavra	1Pe 2.8
Conduz para a condenação	Jo 3.36
A fé conduz para a vida eterna	Jo 3.16

593. Arrependimento (At 17.30)

Foi ordenado por Deus	At 17.30
Foi ordenado pelo Senhor Jesus	Ap 2.5,16; 3.3
É uma dádiva da graça de Deus	At 11.18
Jesus veio chamar pecadores ao arrependimento	Mt 9.13
Ele foi exaltado para conceder o arrependimento	At 5.31
É operado pelo Espírito Santo	Zc 12.10

O arrependimento foi pregado:

Pelo Senhor	Mt 4.17; Mc 1.15
Por João Batista	Mt 3.2
Pelos apóstolos	Mc 6.12; Lc 24.47

594. Tenho que ir à festa (At 18.21)[3]

A festa a qual Paulo se referia é provavelmente a Festa da Páscoa, a Festa do Cordeiro Pascal (1Co 5.7). É uma figura da Ceia do Senhor.

595. A Ceia do Senhor é uma festa

A Ceia do Senhor é uma festa de:

Memorial	1Co 11.24,25
Unidade	1Co 10.17
Esperança ("até que ele venha")	1Co 11.26
Obediência (o Senhor a ordenou)	Lc 22.19
Amor (Jesus ansiou por comer a Páscoa com os discípulos)	Lc 22.15
Praticada pelos primeiros cristãos	At 2.42; 20.7

Como devemos participar da festa:

Com corações preparados	1Co 11.28
Eliminando todo o fermento	1Co 5.7,8
Purificados podemos participar com alegria	Hb 10.22

596. Apolo

Foi um pregador eloquente	At 18.24
Era poderoso nas Escrituras	At 18.24; 6.10
Instruído nos caminhos do Senhor	At 18.25
Fervoroso de espírito	At 18.25
Falava e ensinava com precisão	At 18.25
Falava ousadamente	At 18.26
Humilde (deixou-se instruir)	At 18.26
Foi uma ajuda para os cristãos	At 18.27

---

[3] N.T.: Estas expressões estão baseadas na versão alemã da Bíblia usada pelo autor.

597. Os apóstolos eram pessoas dependentes

Dependentes da oração	At 20.36; 21.5
Dependentes quando deixados sós	2Tm 4.16,17
Dependentes do encorajamento	Fp 2.19; 2Co 7.6
Dependentes na pregação da Palavra	At 20.27
Dependentes nas fraquezas físicas	2Co 12.9
Dependentes dos cooperadores	2Tm 4.11

598. O que o arrependimento produz (At 20.21)

O arrependimento...

É um sentimento profundo de pecado diante de Deus	Sl 51
Leva ao reconhecimento do estado espiritual	Is 6.5
Quebranta o coração do pecador	Sl 51.17
Rompe com a vida velha	Mc 2.14
Provoca a tristeza de Deus	Lc 7.38; 2Co 7.10
Leva ao clamor por graça	Lc 18.13; 23.42
Leva ao acerto de pecados passados	Gn 27.19; 32.27
Opera nova vida	1Ts 1.6,7
Conduz ao serviço do Senhor	Gl 1.23; 1Ts 1.9

599. O que os discípulos têm em comum

São alunos da mesma escola – têm um mesmo Mestre	At 20.7; Lc 10.39
São filhos da mesma família – têm um mesmo Pai	Ef 3.14,15
São ovelhas do mesmo rebanho – têm um mesmo Pastor	Jo 10.16
São pedras vivas – formam um mesmo Templo	1Pe 2.5
São santos – têm a mesma posição espiritual	Rm 1.7
São membros de um mesmo corpo – são membros uns dos outros	Rm 12.5
São ramos da videira – formam a única videira	Jo 15.5

600. "Mais bem-aventurado é dar que receber" (At 20.35)

Por que devemos dar para o Senhor?

Porque nos foi ordenado	1Tm 6.17-19
Porque o Senhor nos deu o exemplo	2Co 8.9
Porque dar é uma fonte de bênçãos	Pv 11.25; Ml 3.10
Porque nossos bens só nos foram emprestados	Lc 16.1
Porque, se fechamos a mão, prejudicamos a nós mesmos	Ag 1.6-11
Porque a recompensa do dar já é grande aqui	Is 58.10,11; Sl 41

601. Um testemunho claro (At 26.13-22)

Iluminação divina – Eu vi uma luz	At 26.13; 12.7
Revelação – Eu ouvi uma voz	At 26.14; Êx 3.4

Conversão – Eu não fui desobediente	At 26.19; Mt 19.27
Missão – Para os quais eu te envio	At 26.17; Mt 10.16
Perseverança – Permaneço até o dia de hoje	At 26.22
Pregação – Nada dizendo senão o que...	At 26.22; Gl 1.8,9

602. Fomos chamados

Nós fomos chamados...

Das trevas para a luz	At 26.18; 1Pe 2.9
Do poder de Satanás para Deus	At 26.18; Cl 1.13
Das inquietações do mundo para a paz de Cristo	Mt 11.28
Da morte para a vida	1Jo 3.14
Da escravidão para a liberdade	Gl 5.13
Para a comunhão com seu Filho	1Co 1.9
Para uma glória eterna	1Pe 5.10

603. Visão espiritual (At 26.18)

O Senhor nos abre os olhos...

Para que possamos nos conhecer	Rm 7.23
Para conhecer a grandeza e beleza de Cristo	Hb 2.9
Para nos preparar para o futuro	Hb 11.7
Para reconhecer os bens espirituais	1Co 2.8,9
Para vermos pela fé o cumprimento da Palavra	Hb 11.13
Para vermos diariamente a glória de Cristo	1Pe 1.8
Jesus veio para nos abrir os olhos	Lc 4.18

604. "Sede meus imitadores"

No serviço humilde para Deus	At 20.19
Na fidelidade absoluta para com a Palavra de Deus	At 20.20
Apontando o caminho para Deus	At 20.21
Na obediência ao Espírito Santo	At 20.22,23
Na prontidão para sofrer	At 20.24
Na pregação do Reino de Deus	At 20.25
No anúncio de todo o conselho de Deus	At 20.27
No cuidado pelo rebanho de Cristo	At 20.28

605. O que pregamos

O arrependimento e a fé	At 20.21
A Cristo, que por nós morreu e ressuscitou	1Co 15.3,4; Rm 4.25
A Palavra de Deus	1Pe 4.11
Não a sabedoria humana	1Co 1.17-23
Não a nós mesmos	2Co 4.5
Toda a verdade a respeito da Vida	At 5.20; 20.20,27

De maneira clara e compreensível	Mt 10.27,28
A Palavra em todas as oportunidades	2Tm 4.2
A Cristo, com motivações puras	Fp 1.15-17

606. O sangue precioso

Assim como a fome nos atrai para a comida e a sede para a bebida, o reconhecimento do pecado nos atrai para o precioso sangue de Cristo.

O sangue de Cristo é precioso porque...

Por meio dele a igreja foi comprada	At 20.28
Tem poder purificador	1Jo 1.7
Traz a paz	Cl 1.20
Reconcilia	Ef 2.13
Abre o caminho para Deus	Hb 10.19,20
Faz-nos vencedores	Ap 12.11
O sangue de Cristo é precioso e será motivo de louvor no céu	Ap 5.9

607. Características do cristão

Como santos, separem-se do mundo	Rm 1.7; Gl 1.15
Como cristãos, sejam semelhantes a Cristo	At 11.26; Rm 8.29
Como sal, salguem	Mt 5.13
Como luz, brilhem	Mt 5.14-16
Como carta de Cristo, sejam legíveis	2Co 3.2
Como lutadores, sejam corajosos e fortes	Js 1.9
Como filhos, sejam obedientes	1Pe 1.13-15

608. O Evangelho é o poder de Deus (Rm 1.16)

O Evangelho fez de...

Um perseguidor – um servo de Cristo	At 9.19,20
De idólatras – servos de Deus	1Ts 1.9
De pescadores de peixes – pescadores de homens	At 4.33
De endemoninhados – alegres filhos de Deus	At 8.5-8; Mt 28.1
De pessoas rudes – pessoas amorosas	At 16.23-34
De pessoas inúteis – pessoas úteis	Fm 11

609. A importância da fé em nossa vida

Nós vivemos por fé	Rm 1.17
Nós estamos firmes pela fé	2Co 1.24
Nós andamos por fé	2Co 5.7
Nós combatemos o bom combate da fé	1Tm 6.12
Nós vencemos pela fé	1Jo 5.4
Nós fomos justificados pela fé	Rm 5.1
Nós agradamos a Deus pela fé	Hb 11.6

610. O falar de Deus
Deus fala...

Pela criação	Rm 1.20
Através da lei natural	Rm 2.14,15
Pela consciência	Rm 2.15
Pelos profetas	Hb 1.1
Pelo Filho	Hb 1.2
Pelo Espírito Santo	Hb 3.7
Pelo sangue de Cristo	Hb 12.24

611. O que o pecado faz

Rouba a paz	Rm 3.17
Quebra a comunhão	Gn 3.8
Tira a coragem	Pv 28.1
Escraviza	Rm 6.19
Leva à morte	Rm 6.23
Fecha o céu	Ap 21.27
Destitui da glória de Deus	Rm 3.23

612. Tudo será revelado
Um dia toda a realidade e verdade serão revelados. Serão revelados:

A realidade interior	1Co 4.5
Os propósitos do coração	1Co 4.5
As obras de cada um	1Co 3.13
O que tivermos feitos pelo corpo	2Co 5.9,10
Nossa fidelidade	Lc 19.16-19
Cristo com os seus	Cl 3.4

613. A salvação

É necessária pois todos pecaram	Rm 3.23
É completa: nada mais precisamos fazer	2Co 5.21
É gratuita	Is 55.1; Ef 2.8
É simples de ser recebida	At 16.31; Jo 5.24
É atual (pode ser recebida hoje)	2Co 6.2

614. O que o Senhor fez por nós

Foi entregue à morte por causa dos nossos pecados	Rm 4.25; 5.8
Ressuscitou para nossa justificação	Rm 4.25
Agora vive intercedendo por nós	Hb 7.25
Resgatou-nos da maldição	Gl 3.13
Trouxe-nos para perto de Deus	Ef 2.13
Fortalece-nos	Fp 4.13
Tornou-se nossa vida	Fp 1.21

615. Dicas para novos convertidos

Confie nas Escrituras e não nas suas emoções	Rm 5.1; 1Jo 2.12
Utilize a Bíblia como seu companheiro diário	2Tm 3.16
Testemunhe abertamente do Senhor	Lc 12.8; 2Tm 2.14
Vá apenas a lugares onde Jesus possa ir com você	Sl 17.4,5
Deixe o que desagrada ao Senhor	1Pe 2.11; Ef 5.1-4
Escolha verdadeiros amigos	At 4.23; 15.40
Leia apenas o que edifica	Jo 5.46,47

616. Somos justificados

Nós somos justificados:

Pela fé em Cristo e sua obra	Rm 5.1
Deus mesmo nos justifica	Rm 3.26
Somos justificados pela graça	Rm 3.24
Somos justificados pelo sangue de Cristo	Rm 5.9; Êx 12.13
Somos justificados pela ressurreição de Cristo	Rm 4.25

617. Comunhão com Deus

Como é possível termos comunhão com Deus?

Por meio de Jesus	Rm 5.1,2; Hb 10.19
Pelo Espírito Santo	Ef 2.18
Pela Fé	Ef 3.12; Hb 11.6
Ter comunhão com Deus é o privilégio do cristão	Sl 15; 24.3,4
O quartinho de oração é o melhor lugar para ter comunhão com Deus	Mt 6.6
Ricas bênçãos são o resultado da comunhão com Deus	Hb 4.16
O caminho para a comunhão com Deus está aberto a todos os que creem	Hb 4.16; 10.19,20
Moisés já usufruía o privilégio da comunhão com Deus	Êx 24.2; 34.1-7

618. A necessidade da salvação (Rm 3.10-12)

Quem necessita da salvação?

Todos, pois não há um que faça o bem

Do que devemos ser salvos?

Do poder do pecado	Rm 6.18; 8.2
Da maldição da lei	Gl 3.13
Do poder de Satanás	At 26.18
Da ira vindoura	1Ts 1.10

Por quem somos salvos?

Pelo Filho e seu sangue	Hb 9.12

619. O que a lei não pode fazer

Não pode declarar ninguém como justo	At 13.39
Não pode justificar, apenas revelar o pecado	Rm 3.20
Não pode nos dar uma herança	Rm 4.14
Não pode nos reconciliar	Rm 5.10
Não pode nos livrar da morte	Rm 5.12; Hb 2.14,15
Não pode nos fazer filhos de Deus	Rm 8.15

620. Precisamos do conhecimento

Pela lei conhecemos o pecado	Rm 3.20
Pelo conhecimento de Deus alcançamos a salvação e a paz	2Pe 1.2
Pelo conhecimento alcançamos a verdade	Tt 1.1; 1Tm 2.4
Pelo conhecimento descobrimos a vontade de Deus	Cl 1.9,10
Pelo conhecimento nos tornamos mais semelhantes a Jesus	Fp 3.10
O conhecimento nos faz frutíferos	2Pe 1.5-9
O conhecimento nos dá entendimento dos caminhos de Deus	Rm 11.33-36

621. Perdão de pecados

O perdão é necessário porque somos pecadores	Rm 3.23
A base do perdão é o sangue de Cristo	Hb 9.22
Quem perdoa é Deus (Jesus)	Mc 2.7; Ef 1.7
A Palavra nos assegura o perdão	1Jo 2.12
O caminho para o perdão passa pelo arrependimento e a fé	Mc 1.15
A prova do perdão é a nova vida	1Ts 1.2-10

622. Todos os homens

Todos são pecadores perdidos	Rm 3.23; Gl 3.22
Todos são amados incondicionalmente por Deus	Jo 3.16; Rm 5.8
Deus quer salvar a todos	1Tm 2.4; 2Pe 3.9
O sangue de Cristo é o resgate para todos	1Tm 2.6
A graça de Deus oferece a salvação a todos	Tt 2.11; Lc 3.6
Todos podem ter a salvação de graça pela fé	Jo 1.12; Ap 22.17

623. Não há diferença

Todos pecaram	Rm 3.23
Todos estão sujeitos à morte	Hb 9.27
Todos estão debaixo do julgamento de Deus	Jo 3.18
Todos são amados por Deus	Jo 3.16
Jesus morreu na cruz por todos	1Jo 2.2
Todos são convidados por Deus	Ap 22.17
Todos os que nele creem, são salvos	Jo 3.36

624. A morte de Cristo na cruz e suas consequências

A expiação é a obra que Cristo realizou quando derramou seu sangue por nós!

A expiação produz justificação	Rm 5.8
A expiação nos conduz de volta a Deus	Ef 2.13
A expiação nos santifica	Hb 10.10; 13.12
A expiação nos purifica	1Jo 1.7; Ap 1.5
A expiação nos faz um com Cristo	Rm 6.4; Cl 2.12
A expiação é recordada e anunciada na Ceia do Senhor	1Co 11.23-26

625. O andar dos filhos de Deus

Os filhos de Deus andam...

Em novidade de vida	Rm 6.4
Por fé	2Co 5.7
No Espírito	Gl 5.16
No amor	Ef 5.2
Na verdade	3Jo 4
Segundo seus mandamentos	2Jo 6

626. Atitudes de fé

A palavra da fé	Rm 10.8
A operosidade da fé	1Ts 1.3
O andar pela fé	2Co 5.7
A oração da fé	Tg 5.15
A porta da fé	At 14.27
O escudo da fé	Ef 6.16

627. Perguntas acerca do Senhor

Por quem morreu o Senhor?	Rm 5.6,8,10
Por que morreu o Senhor?	1Co 15.3
Por que o Senhor veio ao mundo?	1Jo 3.5; Hb 9.26
Onde levou nossos pecados?	1Pe 2.24
Sua morte foi voluntária?	Jo 10.18; Gl 1.4
O sacrifício de Cristo precisa ser repetido?	Hb 10.12

628. O que o Senhor fez por causa de nossos pecados

Ele morreu pelos nossos pecados	Rm 5.8
Ele sofreu em nosso lugar	1Pe 2.21; 3.18
Ele carregou os nossos pecados	1Pe 2.24; Jo 19.17
Ele se ofereceu pelos nossos pecados	Hb 7.27; 9.14
Ele se entregou por nós	Gl 2.20
Ele derramou seu sangue para remissão de nossos pecados	Mt 26.28

629. A morte do Senhor (Rm 5.6-11)

Por quem Cristo morreu?

Por fracos (Rm 5.6), por ímpios (Rm 5.6), por pecadores	Rm 5.8
Por pessoas debaixo da ira de Deus	Rm 5.9
Por inimigos de Deus	Rm 5.10

Qual o momento da sua morte?

No tempo determinado por Deus	Rm 5.6
Quando estávamos debaixo do juízo de Deus	

Qual é a bênção da morte do Senhor?

A experiência do amor de Deus	Rm 5.8
A justificação	Rm 5.9
A salvação da ira vindoura	Rm 5.9
A vida que glorifica a Deus	Rm 5.11

630. Dados pessoais do cristão

Pais naturais: Adão e Eva	Rm 5.12
Pai espiritual: o Deus vivo	Jo 1.12; 17.6,11
Mãe: a Jerusalém lá de cima	Gl 4.26
Irmãos: todos os filhos de Deus	Mt 12.46-50
País de origem: o mundo	1Jo 2.15
País de destino: a Nova Jerusalém	Hb 11.16; Ap 21.10
Residência atual: em trânsito	Hb 11.13
Escolaridade: sabedoria de Deus	1Co 2.6-16
Olhos: iluminados	At 1.11; 7.55
Ouvidos: capazes de ouvir	Tg 1.19
Altura: pequeno aos olhos dos homens	Lc 22.26
Peso: só o necessário	Hb 12.1
Bagagem: simples	1Tm 6.7,8
Roupas: brancas	Ap 7.14; Mc 9.3
Profissão: servo de Deus	1Ts 1.9

631. Quatro descrições de nossa vida (1Tm 1.15)

Pecadores por natureza e na prática diária	Rm 5.19; 1Tm 1.15
Filhos pela bondade do Pai	1Jo 3.1; Gl 4.5
Chamados para ser santos	Rm 1.7; Ef 5.3
Servos a seu serviço	Jo 12.26

632. Somos do Senhor

Para andar em novidade de vida	Rm 6.4
Para salvar a outros	Jd 23
Para agradar ao Senhor	2Co 5.9
Para viver em vitória	Ap 12.11; Rm 8.37

Para glorificar a Deus — 1Co 6.20
Para andar no amor de Cristo — Ef 5.1,2

633. Um com Cristo

O cristão é um com Cristo:

Ele está crucificado com Cristo — Rm 6.6; Gl 2.19,20
Ele está sepultado com Cristo — Rm 6.5
Ele está vivificado com Cristo — Ef 2.1,5
Ela está ressuscitado com Cristo — Ef 2.6
Ele é coerdeiro com Cristo — Rm 8.17; Gl 4.7
Ele está glorificado com Cristo — Rm 8.17; Cl 3.4

634. A lei e o filho de Deus

Não estamos debaixo da lei — Rm 6.14; 7.6; Gl 3.13
Temos a lei em nossos corações — Jr 31.33; Hb 8.10
Guardamos os seus mandamentos — Jo 14.21; Rm 7.22; Sl 119.55
Lamentamos quando quebramos os seus mandamentos — Sl 119.136
Jesus intercede por nós quando quebramos os mandamentos — 1Jo 2.1

635. Vitória

Temos a vitória...

Sobre o pecado, pela graça — Rm 6.14-17
Sobre Satanás, pela Palavra — Mt 4.4,7,10; 1Jo 2.13,14
Sobre o mundo, pela fé — 1Jo 5.4
Sobre todos as circunstâncias da vida — Rm 8.37
Sobre o medo da morte — Hb 2.15
Grande será a recompensa do vitorioso — Ap 3.21

636. Vida em abundância

O cristão tem a vida eterna — Rm 6.23; Jo 10.28
Ele pode beber da Água da Vida — Ap 22.17; Sl 23.5
Ele pode comer o Pão da Vida — Jo 6.35
Seu nome está no Livro da Vida — Fp 4.3
Ele caminha na Luz da Vida — Jo 8.12
Ele espalha o Perfume de Vida — 2Co 2.15,16
Ele aguarda a Coroa da Vida — Tg 1.12

637. Riquezas dos filhos de Deus

Estão livres da condenação eterna — Rm 8.1
Foram feitos agradáveis a Deus pelo Amado — Ef 1.6

Possuem o perdão pelo sangue de Jesus	Ef 1.7
Estão selados com Espírito Santo	Ef 1.13; 2Co 1.22
Estão santificados em Cristo Jesus	1Co 1.2; Jo 17.19
Possuem a vida eterna	1Jo 5.12
Estão abençoados com todas as bênçãos	Ef 1.3
Foram capacitados para a herança celestial	Cl 1.12

638. Livres da condenação eterna

O que nos dá certeza de estarmos livres da condenação eterna?

Estamos em Jesus	Rm 8.1; Jo 10.28
O testemunho de Deus	1Jo 5.10,11
Fomos feitos agradáveis no Amado	Ef 1.6
Estamos selados com o Espírito Santo	Ef 1.13
Temos segurança no Senhor	Jd 24; 1Ts 5.23

639. Imagens do Espírito Santo

O Espírito da vida	Rm 8.2
O Espírito de adoção	Rm 8.15; Gl 3.26
O Espírito da promessa	Ef 1.13; At 2.39
O Espírito de sabedoria	Ef 1.17
O Espírito de poder, amor e moderação	2Tm 1.7; Mq 3.8
O Espírito da glória	1Pe 4.14

640. Direção de Deus

Como Deus dirige os seus filhos:

Pelo Espírito Santo	At 13.4
Pela Palavra de Deus	Sl 119.105
Pela oração	At 1.24
Pelos seus olhos	Sl 32.8

A quem o Senhor dirige?

Aqueles de quem se compadece	Is 49.10
Aqueles que buscam sinceramente	At 8.31; 16.9

Quando o Senhor dirige?

Constantemente	Is 58.11; Sl 78.14
Até a morte	Sl 48.14; Lc 16.22

641. Direção

Quem dirige?

O Espírito de Deus	Rm 8.14
Deus	Sl 73.24

Para onde dirige?

Pelos caminhos da paz	Lc 1.79

Na vida diária	Sl 32.8
Nas lutas, como o rei Ezequias	2Cr 32.22
No serviço do Senhor	At 10.20
Para as fontes de águas	Is 49.10
Em toda a verdade	Jo 16.13
Mas apenas a quem obedece	At 5.32

642. Privilégios dos filhos de Deus (Rm 8.15-17)

Ainda compreendemos muito pouco nossos privilégios como filhos de Deus. Como filhos de Deus nós:

Estamos livres da escravidão	Êx 5.1
Recebemos o Espírito de adoção	Rm 8.15; Gl 4.5,6
Conhecemos a Deus como nosso Pai	Rm 8.15
Temos em nós o testemunho	1Jo 5.10
Somos herdeiros	Lc 15.31
Estamos prontos para sofrer	Rm 8.17
Seremos glorificados com o Filho	Rm 8.17

643. O samaritano da humanidade

Leia as considerações abaixo à luz de Lucas 10.30-37.

O pecador está semimorto no chão	Rm 7.24; Lc 10.30
Ele está espiritualmente morto, sem forças	Ef 2.1; Cl 2.13
Então passou o samaritano pelo caminho	Lc 19.10; 1Tm 1.15
Viu-o deitado e banhado em sangue	Ez 16.6
Atou suas feridas	Is 53.4,5
Cuidou dele com vinho e óleo	Lc 10.34
Levou-o para a hospedaria	At 2 42-47
Confiou-o aos cuidados do hospedeiro	Jo 16.7
Foi embora prometendo voltar	Jo 14.2-4

644. A volta do Senhor

A volta do Senhor tem efeitos variados:

Tem efeitos sobre a criação	Rm 8.19-23; Is 35
Tem efeitos sobre as nações	Is 11; Jr 3.17
Tem efeitos sobre o povo de Israel	Is 12; Jr 3.17

Os efeitos da volta de Cristo sobre a igreja:

Trará a redenção de nosso corpo (Rm 8.23), a plena salvação	Fp 3.20,21; 1Pe 1.3-5
Trará o cumprimento de nossas esperanças	Tt 2.13
Nos dará consolo eterno	1Ts 4.13-18
Dá-nos perseverança	Hb 10.36,37; Tg 5.8

Incentiva-nos a uma maior fidelidade	Fp 1.9-11
Desperta em nós o anseio por santidade	1Jo 3.2,3
Mantém o cristão vigilante e sóbrio	1Pe 4.7
Produz um andar santo	2Pe 3.11; Tt 2.11ss

645. Todas as coisas

Todas as coisas contribuem para o bem	Rm 8.28; Hb 12.11
Tudo pode ser recebido pela oração	Mt 21.22; 7.7-11
Tudo é possível ao que crê	Mc 9.23,29; 2Cr 20.20
Tudo podemos por meio de Cristo	Fp 4.13
Tudo podemos entregar ao Senhor	1Pe 5.7; Fp 4.19
De todo o mal o Senhor nos guarda	Sl 121.7

Observe os "todos" no Sl 145.9-21

646. Cinco grandes privilégios (Rm 8.29ss)

Em Cristo nós somos "de antemão conhecidos":

Jeremias (Jr 1.5) e Pedro (1Pe 1.2) já reconheceram isto. Deus mesmo é quem dá o primeiro e o último passo.

Em Cristo nós somos "predestinados":

Predestinados para o quê? Para sermos filhos de Deus, para sermos uma nova criação (2Co 5.17), para sermos semelhantes a Jesus.

Em Cristo nós somos "chamados":

O chamado ocorreu pelo Evangelho. Ser chamado significa mais do que ser salvo. Somos chamados para servir a Deus. Pensemos em Enoque, Noé, Abraão, Samuel, Davi, os apóstolos.

Em Cristo nós somos "justificados":

Aos chamados o Espírito Santo revela a obra realizada da salvação, pela qual ele pode estar diante de Deus.

Em Cristo nós somos "glorificados":

Já podemos ter aqui uma amostra deste último degrau, pois vivemos pela fé (Jo 17.22). Entretanto, aguardamos ainda o dia da glorificação (Jo 17.24).

647. Se Deus é por nós (Rm 8.31)

Aquilo que Deus fez por nós excede a toda a imaginação:

Escolheu-nos antes da fundação do mundo	Ef 1.4; 2Tm 1.9
Abençoou-nos com toda sorte de bênçãos	Ef 1.3
Predestinou-nos para sermos seus filhos	Ef 1.5
Amou-nos como amou seu Filho único	Jo 17.23
Trouxe-nos para Jesus	Jo 6.44
Regenerou-nos para uma viva esperança	1Pe 1.3
Transportou-nos para o Reino do seu Filho	Cl 1.13

648. A justificação do pecador

A fonte da justificação é o próprio Deus	Rm 8.33
A justificação se revela no Evangelho	Rm 1.17; Is 56.1
O fundamento da justificação é a graça	Rm 3.24
O meio da justificação é o sangue de Cristo	Rm 5.9
O caminho para a justificação é a fé	Rm 5.1
A comprovação da justificação são as obras	Tg 2.18
Cristo é nossa justificação	1Co 1.30; Jr 23.6

649. Sete privilégios de Israel (Rm 9.4,5)
A Israel pertence...

A filiação	Êx 4.22
A glória	Êx 40.34
As alianças feitas com os patriarcas	Gn 17.7
A lei	Sl 19.7
O culto e o serviço sacerdotal	Êx 19.6; 1Pe 2.9
As promessas do Messias	Gn 49.10; Is 12
O Cristo, o maior privilégio de Israel	Is 9.6,7
Pedro e Paulo estavam tristes pela ignorância de Israel	At 3.17; 1Co 2.8
Porém contemplavam a restauração de Israel	At 3.21; Rm 11.25,26

650. A morte do Senhor
A morte de Cristo é um fato chocante (Rm 14.15b):

Ele morreu em nosso lugar, no lugar de ímpios	Rm 5.6-8
Foi uma morte expiatória – pelos nossos pecados	1Co 15.3
Ele morreu para nos livrar de nossa vida egocêntrica	2Co 5.15; Gl 2.20
Ele morreu para ser Senhor sobre todos	Rm 14.9
Ele morreu para vivermos em união com ele	1Ts 5.10
Ele morreu para gozarmos com ele comunhão eterna	1Ts 4.14

651. O que o Espírito Santo opera
O Espírito Santo...

Opera em nós justiça, paz e alegria	Rm 14.17
Derrama amor em nossos corações	Rm 5.5
Enche-nos de poder	Rm 15.13
Edifica a igreja	At 9.31
Ensina os cristãos	Jo 14.26
Habita nos cristãos	Jo 14.23
Permanece nos cristãos	Jo 14.16

652. Uns aos outros
Na igreja nós devemos:

Suportar uns aos outros	Rm 15.1

Agradar uns aos outros	Rm 15.2
Acolher uns aos outros	Rm 15.7
Exortar uns aos outros	Rm 15.14
Ajudar uns aos outros	Rm 15.27
Orar uns pelos outros	Rm 15.30
Amar uns aos outros	Rm 12.10

653. Paciência (perseverança)

Deus é o Deus da paciência	Rm 15.5
O Senhor Jesus é o exemplo da paciência	Is 53.7; Mt 27.14

Devemos provar nossa paciência:

Na corrida que nos está proposta	Hb 12.1
Esperando o fruto precioso	Lc 8.15
Na tribulação	Rm 12.12; Lc 21.19
Servos devem se destacar pela paciência	2Co 6.4
As Escrituras louvam a paciência de Jó	Tg 5.11; Jó 1.21

654. O poder do Espírito Santo (Rm 15.13)

O Espírito Santo é o poder que transforma (Gn 6.3; Jo 16.8):

Ele vivifica	Jo 20.22
Ele dá poder para testemunhar	At 1.8
Ele opera o espírito de santidade	Rm 1.4
Ele concede o espírito de oração	Rm 8.26; Zc 12.10
Ele opera a comunhão entre os cristãos	Fp 2.1

655. Paz

Nosso Deus é chamado de o Deus da paz	Rm 15.33
Jesus é o Príncipe da Paz	Is 9.6; Lc 2.14
Paulo o chama de O Senhor da Paz	2Ts 3.16
O Senhor mesmo é a nossa paz	Ef 2.14
Deus dá sua paz aos obedientes	Lv 26.6
Paz é um fruto do Espírito nos cristãos	Gl 5.22

656. Os falsos mestres

Diante de falsos mestres e falsas doutrinas, nós, como cristãos comprometidos com a verdade, devemos:

Discernir os falsos mestres	Rm 16.17
Fazer calar os falsos mestres	Tt 1.11,13
Fechar as portas para os falsos mestres	2Jo 10
Provar os espíritos	1Jo 4.1-6
Lutar pela verdade	Jd 3,4

657. Em 1Coríntios 1 nós vemos:

A vontade de Deus	1Co 1.1
A igreja de Deus	1Co 1.2
A graça de Deus	1Co 1.4
O poder de Deus	1Co 1.18
A sabedoria de Deus	1Co 1.21
A loucura de Deus	1Co 1.25
A fraqueza de Deus	1Co 1.25

658. Sete figuras da santificação

Santificação como realidade atual – santificados em Cristo	1Co 1.2
Santificação pelo sacrifício de Cristo – pelo seu sangue	Hb 13.12
Santificação pelo Espírito – santificação do Espírito	2Ts 2.13
Santificação é uma experiência pela fé	At 26.18
Santificação pela Palavra – santificados pela verdade	Jo 17.17,19
Santificação pela comunhão – pelo irmão	1Co 7.14
Santificação acontece no coração – Cristo santificado como Senhor	1Pe 3.15

659. Testemunhos da fidelidade de Deus

Deus é fiel para com quem ele chamou	1Co 1.9; 1Ts 5.24
Deus é fiel nas horas de provações	1Co 10.13; Sl 103.14
Deus é fiel em nos santificar	1Ts 5.23,24
Deus é fiel em cumprir suas promessas	Hb 10.23; 11.11; Tt 1.2; Rm 4.19-21
Deus é fiel nos sofrimentos	1Pe 4.19; Sl 31.7
Deus é fiel mesmo quando somos infiéis	2Tm 2.13; 1Jo 1.9

660. Este é o nosso Deus

Deus é sempre fiel para com os seus	1Co 1.9
A sua misericórdia a cada dia é nova e grande	Lm 3.22,23
Moisés e Paulo enaltecem a misericórdia de Deus	Dt 7.9; 2Co 1.3
A fidelidade de Deus é incomparável	Sl 89.8
Deus é fiel mesmo quando somos infiéis	2Tm 2.13; 1Jo 1.8
A benignidade de Deus é infinita	Sl 36.5
Podemos sempre contar com a fidelidade de Deus	Is 40.31

661. O que Deus é para o seu povo

Deus escolheu o seu povo	1Co 1.27
Deus chamou o seu povo de acordo com seu propósito	Rm 8.28; Ef 1.5,11
Deus purifica e santifica o seu povo	1Co 6.11; Ef 5.26
Deus disciplina seu povo	Hb 12.10; Ap 3.19

Deus é conselheiro do seu povo	Ap 3.18
Deus é o consolador de seu povo	2Co 1.4
Deus coroa seu povo com graça e misericórdia	Sl 103.4

662. Nossa vocação

Quem são os chamados:

| Não os sábios de acordo com o mundo | 1Co 1.26 |
| Mas os chamados de acordo com seu propósito | Rm 8.28 |

Qual é o chamado:

É pela graça	Gl 1.15
É um chamado pessoal	Mt 9.9; At 13.2
É um chamado celestial	Hb 3.1; Ef 4.1
É um chamado para fora das trevas	1Pe 2.9; 2Tm 1.9

Quem chama:

| O Espírito Santo | At 13.2 |
| O Deus de toda graça | 1Pe 5.10 |

663. Não sabeis...

Podemos não saber de coisas importantes acerca da vida cristã...

A respeito de nós mesmos	1Co 3.16; 2Co 6.16
A respeito de grandes consequências de pequenas coisas	1Co 5.6; Ct 2.15
A respeito de nossas tarefas futuras	1Co 6.2,3; Mt 19.28
A respeito das consequências do pecados	1Co 6.9
A respeito do sustento material dos obreiros	1Co 9.13
A respeito das normas da vida cristã	1Co 9.24

664. Nossas atitudes para com os servos de Deus

Devemos considerá-los servos de Cristo	1Co 4.1; Gl 4.14
Devemos honrá-los	Lc 10.16; 1Tm 4.12; 1Tm 5.17; Fp 2.29
Devemos imitar a sua fé	Hb 13.7
Devemos amá-los	2Co 8.8; 1Ts 3.6
Devemos orar por eles	Rm 15.30; Ef 6.19
Devemos obedecê-los	1Co 16.16; Hb 13.17
Devemos causar-lhes alegrias	2Co 2.3
Devemos sustentá-los	2Cr 31.4; Gl 6.6

665. Devemos prestar contas

Sobre nossa vida	1Co 4.5
Sobre nossas atitudes com outros	Rm 14.10
Sobre as nossas motivações	1Co 4.5
Sobre o material com o qual construímos	1Co 3.12-15

Sobre os bens a nós confiados	Lc 19.12-27
Sobre os talentos que nos foram entregues	Mt 25.14-30
O Senhor retribuirá a cada um de acordo com seu trabalho	1Co 3.8; Hb 6.10

666. O que a esperança viva opera

Fidelidade no serviço para o Senhor	1Co 3.13-15
Testemunho destemido do Senhor	1Pe 3.15
Crescimento no trabalho para o Senhor	1Co 15.58
Pureza e santidade na vida diária	1Jo 3.3; Fp 1.10
Uma mentalidade voltada para as coisas de Deus	Cl 3.2-4; Fp 3.20
Uma vida cristã real	1Ts 1.9,10
Consolo nas tristezas	1Ts 4.18

667. O que Deus usa

Deus usa...

Coisas loucas	1Co 1.27; Jz 7.7
Pessoas fracas	2Co 12.9,10
Pessoas desprezadas	1Sm 17.42ss; 1Co 1.28
Pessoas que nada são aos seus próprios olhos	Êx 3.11
Por quê? Para que diante dele ninguém se vanglorie	1Co 1.29

668. Poder para servir (1Co 4.20)

O serviço sem poder é inútil	Jo 21.3
O serviço ordenado pelo Senhor é frutífero	Jo 21.6
O poder para o serviço é o Espírito Santo	At 1.8; At 2.33
Os discípulos foram cheios do Espírito Santo	At 2.4
Os discípulos serviram com poder	At 10.44; 16.14,31-34

669. Como obteremos a coroa da vitória? (1Co 9.24,25)

Por meio de uma consagração plena	1Co 9.24; Gl 5.7
Por meio da renúncia	Rm 8.13
Abandonando todo pecado	Hb 12.1; Rm 13.12
Por meio de uma vida na santificação	Hb 12.14; Mt 5.8
Perseverando na carreira	Hb 12.1; Ap 2.10
Lutando segundo as normas	2Tm 2.5
Mantendo o alvo diante dos olhos	Fp 3.14; Hb 3.1

670. A Ceia do Senhor (1Co 11.23ss)

Celebramos a Ceia...

Em memória do Senhor	Lc 22.19
Em memória de seu sofrimento e morte	1Pe 2.24; Lc 24.26

Em memória da ressurreição	Rm 4.25
Em louvor ao seu ministério sacerdotal	Hb 7.25
Pela esperança de seu retorno	Jo 14.1-3

671. Até que ele venha (1Co 11.26)

Até que ele venha devemos...

Esperar o Senhor	Tt 2.13; Fp 3.20,21; 1Jo 3.3
Anunciar a sua morte	1Co 11.26
Trabalhar	Lc 19.13
Amar a sua vinda	2Tm 4.8
Estar preparados como uma noiva	Ap 21.2
Permanecer em santificação	1Ts 5.23

672. Nossa salvação

Foi conquistada pela morte de Cristo	1Co 15.2,3
É recebida pela fé	At 16.31; 10.43
É assegurada pela Palavra de Deus	1Jo 5.1
É confirmada pelo sangue de Cristo	Hb 9.14; Rm 5.9
É completada em nós pelo Senhor	Fp 1.6; Hb 12.2
É levada à perfeição na sua vinda	Hb 9.28; Fp 3.21

673. O que Jesus fez por causa de nossos pecados

Ele morreu pelos nossos pecados	1Co 15.3; Rm 4.25
Ele se entregou pelos nossos pecados	Gl 1.4; Tt 2.14
Ele carregou os nossos pecados	Is 53.5,6; 1Pe 2.24
Ele nos purifica de nossos pecados	1Jo 1.9
Ele nos libertou de nossos pecados	Rm 6.17,18
Nós o louvamos por causa disto	Ap 5.9-14

674. Por que um filho de Deus pode morrer tranquilo?

Porque Jesus morreu pelos seus pecados	1Co 15.3
Porque Jesus lhe deu a vida eterna	Jo 3.36
Porque Jesus o fez agradável ao Pai	Ef 1.6
Porque ele renasceu para uma esperança viva	1Pe 1.3,4a
Porque o Senhor mesmo anseia por ele	Jo 17.24
Porque as Escrituras lhe dão certeza	2Co 5.1
Porque uma rica herança o aguarda	Cl 1.12

675. O que é a ressurreição de Cristo

É a pedra angular do Evangelho	1Co 15.1-5
É o fundamento de nossa fé	Cl 2.12

É o poder para uma vida que agrada a Deus	Cl 3.1-3
É fonte de nossa esperança viva	1Pe 1.3,4
É a base para missões	Mt 28.18-20
É a garantia de nossa ressurreição	1Co 15.20
É o modelo de nossa ressurreição	1Co 15.23; 1Jo 3.2

676. Fatos sobre a ressurreição de Cristo

O fato sobre a ressurreição de Cristo:

Cristo foi sepultado e ressuscitou	1Co 15.4; Ef 1.20
Desta forma a morte foi tragada pela vitória	1Co 15.54

O propósito da ressurreição de Cristo:

É o selo de nossa justificação	Rm 4.25
Garante-nos vida eterna	Jo 11.25,26

O resultado da ressurreição de Cristo:

Os cristãos vivem com o Cristo ressuscitado	Cl 2.12; Ef 2.6
Os cristãos renasceram para uma viva esperança	1Pe 1.3-5
Os cristãos vivem vidas consagradas	Rm 6.11,13
Os cristãos têm o coração nas coisas de Deus	Cl 3.1-3; 1Pe 3.21

677. Dicas para os servos de Deus

A autoridade do servo: ele pode afirmar: "Assim diz o Senhor"	
A mensagem do servo: Cristo morreu e ressuscitou	1Co 15.3,4
A fonte de poder do servo: o poder de Deus	Cl 1.11,29
As condições para servir: andar no Espírito	Rm 8.4
A oração do servo: segundo a vontade de Deus	1Jo 5.14
A provisão do servo: o suprimento do Senhor	Fp 4.19
A recompensa do servo: a coroa de glória	1Pe 5.4

678. Se os mortos não ressuscitam

Então Cristo também não ressuscitou	1Co 15.13
Então nossa fé é vã	1Co 15.17
Então nossa mensagem é vã	1Co 15.14
Então somos falsas testemunhas	1Co 15.15
Então ainda somos pecadores perdidos	1Co 15.17
Então os que morreram findaram	1Co 15.18
Então somos as pessoas mais infelizes	1Co 15.19

679. Aqueles que não morrerão

O que acontecerá com os cristãos que estiverem vivos quando Cristo retornar?

Eles não passarão pela morte	1Co 15.51
Os que estiverem vivos serão arrebatados	1Ts 4.17
Aguardam este grande dia	Tt 2.13

Serão repentinamente arrebatados	1Ts 4.17
Serão transformados em um instante	1Co 15.50,51
Seus corpos mortais serão transformados	Fp 3.21
Serão semelhantes ao Senhor	1Jo 3.2; Rm 8.29
Estarão para sempre com o Senhor	1Ts 4.17

680. O que acontecerá quando Jesus voltar

Quando Jesus voltar...

As promessas sobre a nossa ressurreição se cumprirão	1Co 15.52-55
Os cristãos serão transformados	Fp 3.21; 1Ts 4.17
O corpo será redimido	Rm 8.23; Fp 3.21
Estaremos para sempre com o Senhor	1Ts 4.17
Será um evento extremamente sério	Mt 25.19; 2Co 5.10
Os fiéis serão recompensados	Mt 25.21,40
Haverá justiça eterna	2Pe 3.13
Entraremos no descanso eterno	2Ts 1.7; Hb 4.9
Os infiéis ficarão desesperados	Mt 25.11-13

681. O que Deus fez com nossos pecados

O que Deus fez com os pecados dos cristãos?

Ele não os lançou na nossa conta	2Co 5.19
Ele os lançou sobre Cristo	1Pe 2.24; Is 53.6
Deus apagou nossos pecados	Rm 4.7; Sl 32
Ele os afastou para longe de nós	Sl 103.12
Ele os lançou para trás de si	Is 38.17
Ele os lançou no fundo do mar	Mq 7.19
Ele os apagou completamente	Is 43.25
Ele não se lembra mais de nossos pecados	Hb 8.12
Por isso não há mais condenação para nós	Rm 8.1

682. A morte do cristão

É comparado com o sono	1Co 15.18; 1Ts 4.14
É chamada de bem-aventurada	Ap 14.13; Fp 1.23
É lucro	Fp 1.21
Muitos cristãos anseiam em ir para casa	Lc 2.29
O cristão não tem mais medo da morte	1Co 15.55; Hb 2.15
Traz rica consolação	Lc 16.25; Ap 7.16
Para os obreiros fiéis a morte trará uma coroa	2Tm 4.8

683. As várias ressurreições (1Co 15.35-44)

A ressurreição do filho da viúva	1Rs 17.17-24
A ressurreição do filho da sunamita	2Rs 4.32-37

A ressurreição do jovem de Naim	Lc 7.12-17
A ressurreição da filha de Jairo	Lc 8.49-56
A ressurreição de Lázaro	Jo 11
A ressurreição do Filho de Deus	At 2.31,32
A ressurreição dos santos quando da ressurreição de Cristo	Mt 27.52
A ressurreição de Tabita	At 9.39,40
A ressurreição dos mortos em Cristo	1Ts 4.13-18
A ressurreição das duas testemunhas	Ap 11.11
A ressurreição dos mortos no julgamento final	Ap 20.11ss

684. Firmeza na obra do Senhor (1Co 15.58)

1Coríntios 15 nos mostra todo o Evangelho de Cristo: sua vida, sofrimento, morte e ressurreição.

Sede firmes (como Josué)	Js 1.5,6
Sede inabaláveis na vida e na doutrina	Ef 4.14; Hb 13.9
Sede abundantes na obra do Senhor	1Tm 4.15
Sede confiantes: o trabalho não será em vão	2Cr 15.7; Is 65.23

685. Armadilhas de Satanás

Como Satanás consegue dominar pessoas:

Ele as cega	2Co 4.4
Ele seduz seus corações	Ap 20.10
Ele as engana por aparentes verdades	2Co 11.14
Ele as tenta com engodos	Ef 6.11
Ele as segura sob seu domínio	At 26.18

686. Glória

Glória está à nossa espera!

Para nós resplandeceu o Evangelho da glória	2Co 4.4
Somos chamados para a glória eterna	1Pe 5.10; 1Ts 2.12
Cristo é a esperança da glória	Cl 1.27
Cristo é o Rei da Glória	Sl 24.10
Cristo se assentará no Trono da Glória	Mt 25.31
Nós peregrinamos para a cidade da glória	Ap 21.23; Hb 11.10
Pastores fiéis receberão a coroa da glória	1Pe 5.4
O Senhor pediu que participássemos de sua glória	Jo 17.24
Já cantamos agora o hino da glória (os v. 10,11 são um antigo hino cristão)	1Pe 5.10; Jd 25
Quão pobres são todas as glórias mundanas	1Pe 1.24

687. Um julgamento santo e severo

Todos seremos julgados	2Co 5.10
Seremos julgados diante do tribunal de Cristo	Rm 14.10
Seremos julgados como em	Lc 19.15
Nossas obras serão julgadas	1Co 3.13-15
Nossas motivações serão julgadas	1Co 4.5
O resultado do julgamento será variado	1Co 3.15; 2Jo 8
Uns serão coroados	Ap 2.10; 1Pe 5.4
Outros serão envergonhados	Ap 3.17

688. O tribunal de Cristo (2Co 5.10)

O julgamento:

Quando será o julgamento? No dia de Cristo	1Co 1.8; Fp 1.6
Onde será o julgamento? Nos lugares celestiais	Ef 1.3
Quem será o Juiz? O próprio Senhor	Jo 5.22; Hb 10.30
Como será o Juiz? Justo	2Tm 4.8
Quem participará do julgamento? Os anjos	Lc 12.8,9
Quem será julgado? Todos os filhos de Deus	2Co 5.10

Teremos que prestar contas no julgamento:

Sobre o uso de nosso tempo	Ef 5.16
Sobre os nossos dons e como os utilizamos	1Co 12.11; Lc 19.13ss
Sobre a administração dos nossos bens	Lc 16.2
Sobre nossas omissões	Mt 25.44-46; Tg 4.17

689. Santificação – Consagração

O que é a consagração a Deus?

Negativamente: é uma separação	2Co 6.16-18
Positivamente: é colocar-se à disposição de Deus	Rm 6.13; Hb 10.7
Santificação é entregar-se ao Senhor para o serviço	1Ts 1.9
Santificação é estar pronto a carregar a cruz	Lc 9.23

Razões para nossa consagração:

Deus a ordena	Rm 12.1
Ele tem direito sobre nós, pois nos comprou	1Co 6.20
Ele nos escolheu	Ef 1.4
Quem a rejeita perde grandes bênçãos	Jo 12.25,26

Como devemos nos consagrar a Deus?

De todo o coração	Js 24.15ss
Conscientemente (é o culto racional)	Rm 12.1

690. Sete fatos sobre a Bíblia

Foi escrita por revelação	Gl 1.11,12
Foi escrita por inspiração divina	2Tm 3.16

É usada pelo Espírito Santo	Hb 3.7; At 1.16
Foi confirmada pelo Senhor	Jo 17.17; Lc 24.27
É atacada por Satanás	Gn 3.1,4
É aceita pelos discípulos	Jo 17.8
É rejeitada pelo mundo	2Co 3.14

691. O Senhor é tudo para nós

Ele se entregou por nós	Gl 2.20
Ele cuida de nós	Sl 23.1
Ele é nossa força	Fp 4.13
Sua Palavra é nosso amparo	Jo 14.28
Sua vontade é nosso prazer	Sl 40.8,9
Amá-lo é nosso privilégio	1Pe 1.8; 1Jo 3.16-18
Encontrá-lo na sua volta é nosso anseio	2Tm 4.8; Tt 2.13

692. A fé na vida dos filhos de Deus

Vivem pela fé	Gl 2.20
Estão firmes pela fé	Rm 11.20
Andam pela fé	2Co 5.7
Vencem pela fé	1Jo 5.4
Crescem na fé	2Ts 1.3
Morrem na fé	Hb 11.13

693. Nós oramos...

Ao Pai	Ef 3.14
No Espírito	Ef 6.18; Jd 20
Erguendo mãos santas	1Tm 2.8
Com fé	Tg 1.6
Com perseverança	Rm 12.12
Com frequência	Sl 55.17

694. O amor de Deus

Deus, no seu amor...

Se entregou por nós	Gl 2.20
Nos corrige	Mc 10.21
Nos disciplina	Hb 12.6
Nos purifica	Jo 13.14
Anseia por nossa comunhão	Jo 13.23

695. Em Cristo

Em Cristo:

Somos filhos de Deus	Gl 3.26; 1Jo 3.1,2
Temos o perdão	1Jo 2.12; Ef 1.7

Temos a paz	Jo 14.27; Rm 5.1
Estamos santificados	Hb 10.10
Temos acesso ao Pai	Hb 10.19; Ef 2.13
Estamos aperfeiçoados	Fp 3.15
Fomos feitos reis e sacerdotes	Ap 1.5,6

696. A biblioteca de Deus

Salomão escreveu que não há limites para se escrever livros. Inumeráveis são os livros que foram escritos. Entretanto, os livros mais extraordinários são os livros de Deus. Mencionemos alguns dos livros de Deus mencionados na Bíblia.

O livro da lei	Gl 3.10
O livro dos caminhos de Deus com os homens	Sl 139.16
O livro das recordações	Ml 3.16; Sl 56.8
O Livro da Vida com o nome dos salvos	Fp 4.3; Ap 20.15
O pequeno livro nas mãos do anjo	Ap 10.2
O livro dos sete selos	Ap 5.1ss
Os livros do julgamento	Ap 20.12

697. Realidades na vida dos filhos de Deus

Os filhos de Deus...

Tornaram-se filhos de Deus pela fé	Gl 3.26; Jo 1.12
Possuem o Espírito de Jesus	Gl 4.6; Rm 8.14
Gozam de um lugar privilegiado com o Pai	Lc 15.24
Revelam o caráter do Pai	Mt 5.45-48
São disciplinados pelo Pai	Hb 12.5-11
São transformados pelo Pai	Rm 8.29; 1Jo 3.2
Um dia serão recebidos na glória	Jo 14.3

698. Chamados para dar frutos

Quais são os frutos que devemos dar?

O fruto do Espírito	Gl 5.22
O fruto da justiça	Fp 1.11
O fruto da santidade	Rm 6.22
Os frutos de boas obras	Cl 1.10; Ef 2.10
O fruto dos lábios	Hb 13.15; At 16.25
Os frutos do trabalho para o Senhor	Rm 1.13
Frutos para Deus	Rm 7.4
Dar frutos é a nossa vocação	Gn 1.28; Jo 15.16

699. O ornamento do verdadeiro discípulo

O ornamento do verdadeiro discípulo consiste...

No espírito de brandura	Gl 6.1
Em carregar os fardos de outros	Gl 6.2

Em cumprir a lei de Cristo	Gl 6.2
Em repartir dos bens	Gl 6.6
Em semear para o Espírito	Gl 6.8
Em fazer o bem	Gl 6.9
Em gloriar-se na cruz de Cristo	Gl 6.14
Em carregar as marcas de Jesus	Gl 6.17

700. Tudo novo

O cristão experimenta o "novo" de Deus na sua vida (Is 43.18,19):

Novas criaturas	Gl 6.15
Novos caminhos	Hb 10.20
Nova vida (como uma criança recém nascida)	1Pe 2.2
Novas vestes	Lc 15.22-24
Novo cântico	Sl 40.3
Novo céu	2Pe 3.13
O Senhor disse: "Eis que faço novas todas as coisas"	Ap 21.5

701. A posição do filho de Deus

A fé em Jesus deu-lhe uma nova vida	Gl 2.20
Orar a Jesus é privilégio do cristão	Fp 4.6
Permanecer em Jesus é o segredo da alegria	Jo 15.11
Receber dele é a provisão do cristão	Jo 6.54
Estar cercado por Jesus é a sua vitória	Ef 6.14
Seguir os passos de Jesus é sua vocação	1Pe 2.21
Vigiar é sinal de sua prontidão	Mc 13.33-37

702. O jugo desigual (2Co 6.14-18)

Deus nos proíbe de andarmos em jugo desigual	Êx 23.32,33; 34.12; Ed 9.12
Comunhão com o mundo conduz ao pecado	Êx 34.15,16; Dt 7.3,4
Comunhão com o mundo tem sérias consequências	Js 23.12,13; Jz 2.1ss
Torna o cristão impuro	Ed 9.1,2
Arruína a vida interior	1Co 15.33

Exemplos que nos provam isto: Salomão (1Rs 11.1), Josafá (2Cr 18.3), e o povo de Israel (Ed 9.1; Ez 44.7)

703. Embaixadores de Cristo (2Co 5.20)

Um embaixador é um enviado de seu Rei	At 26.16-18
É representante do Rei em terra estranha	Mt 10.40; Ef 6.19,20
Ele anuncia a paz	Is 52.7; Lc 2.14
Ele executa o que o Rei determina	Ef 6.20; Pv 13.17
O embaixador fiel é honrado pelo Rei	1Ts 5.12,13

Ofendê-lo significa ofender o Rei	Mt 23.37,38
O Rei honra a todos os que aceitam a sua mensagem	Mt 10.40-42

704. O novo de Deus na vida do cristão

O cristão experimenta o "novo" de Deus na sua vida. Ele é e tem:

Uma nova criatura: pela conversão	2Co 5.17
Um novo amor: pelo Espírito Santo	2Co 5.14; Rm 5.5
Um novo alvo: viver para o Senhor	2Co 5.15
Um novo andar: pela fé	2Co 5.7
Uma nova missão: ser Embaixador de Cristo	2Co 5.20
Uma nova certeza: possui um lar eterno	2Co 5.1

705. O novo nascimento

Faz de nós novas criaturas	2Co 5.17
Concede a vida	1Jo 5.12
Dá a paz com Deus	Rm 5.1
Traz o amor de Deus	Rm 5.5
Dá a certeza de sermos filhos de Deus	Jo 1.12,13
Liberta da condenação eterna	Rm 8.1

706. Sete coisas novas

Sete coisas novas em 2Co 5:

Uma nova criação	2Co 5.17
Uma nova comunhão	2Co 5.18
Um novo sentido de vida	2Co 5.15
Um novo caminho	2Co 5.7
Um novo desejo	2Co 5.9
Um novo ministério	2Co 5.20
Um novo lar	2Co 5.1

707. Trabalhar para Cristo

Filhos de Deus atuam em lugar de Cristo	2Co 5.20; At 1.8
Sua autoridade vem daquele que os enviou	At 1.8; Fp 4.13
Seu campo de trabalho é o mundo todo	Mt 28.18
Eles trabalham com o Espírito de amor	Jo 21.15-17
O temor do Senhor é uma de suas motivações	2Co 5.11
Grande é a responsabilidade de um enviado	Mt 25.28
Grande será sua recompensa no Dia de Cristo	2Tm 4.8; Sl 126.5

708. O que o cristão é

Nós somos:

Justificados	2Co 5.21

Reis e sacerdotes	Ap 1.6
Feitos agradáveis	Ef 1.6
Glorificados	Rm 8.30
Fortalecidos	2Co 12.9
Feitos idôneos	Cl 1.12
Purificados	Ap 7.14

709. Todo tipo de amor

Pouco amor	Lc 7.47
Muito amor	Lc 7.47
Grande amor	Ef 2.4
Maior amor	Jo 15.13
Amor fraternal	Hb 13.1
Amor ardente	1Pe 1.22
Perfeito amor	1Jo 4.18

710. A igreja

O que a igreja é:

Um santuário para adorar	2Co 6.16
Uma casa para morar	Ef 2.19-22
Uma família para amar	Ef 3.15
Um corpo para viver em harmonia	Ef 1.22,23
Um luzeiro para testemunhar	Ap 1.20
Uma videira para dar frutos	Jo 15.5

711. Este é o nosso Senhor

Ele se tornou pobre (2Co 8.9) para que nós fossemos enriquecidos	Ef 3.8
Ele não tinha onde morar (Mt 8.20) para que nós tivéssemos um lar	Jo 14.2
Ele foi o varão de dores (Is 53) para que nós tivéssemos alegria	1Ts 5.16
Ele chorou (Jo 11.35) para que nós fossemos consolados	Ap 21.4
Ele sofreu sede (Jo 19.28) para que nós fossemos saciados	Jo 4.14
Ele sofreu vergonha (Sl 69.7) para que nós fossemos coroados	Sl 103.4
Ele foi feito pecado por nós (2Co 5.21) para que nós fossemos feitos justos	Rm 4.25
Ele se esvaziou de tudo (Fp 2.7) para que nós tivéssemos a plenitude	Ef 3.19

712. Dar

Devemos dar...

De acordo com o exemplo de Cristo	2Co 8.9

De acordo com a nossa prosperidade	1Co 16.2
Por amor	1Jo 3.16-18
Voluntariamente, com alegria	2Co 9.7
Pois é um sacrifício aprazível a Deus	Fp 4.18
Pois dar tem uma recompensa certa	Mt 10.42

713. Nossas armas

Não são carnais	2Co 10.4,5
São poderosas em Deus	2Co 10.4,5
São armas da luz	Rm 13.12
São armas da justiça	2Co 6.7
São armas ofensivas e defensivas	2Co 6.7
Devemos portar toda a armadura de Deus	Ef 6.10ss

714. Dádivas além da imaginação (2Co 9.15; Rm 6.23)

Sua alegria indizível	1Pe 1.8
Sua riqueza insondável	Ef 3.8
Sua sabedoria inescrutável	Rm 11.33
Seu amor insondável	Ef 3.18,19

715. A graça de Deus é suficiente

Que a graça de Deus é suficiente para nós...

É afirmado na Palavra	2Co 9.8
É confirmado pela experiência	Rm 8.28
É garantido pelas promessas	2Co 1.20
É operado pelo poder de Deus	Ef 1.19
É assegurado pela presença de Deus	Is 41.10

716. Pelo que devemos orar

Pelo aperfeiçoamento espiritual	2Co 13.9
Pelo progresso espiritual	Cl 4.12
Pelo poder no serviço	Mc 9.29
Pelos amigos em Cristo	Tg 5.16
Pelos servos de Deus	2Ts 3.1
Pelas missões mundiais	Mt 9.38
Por toda a igreja	Ef 6.18

717. Cristo, nosso tudo

Ele se entregou por nós	Gl 1.4; 2.20
Libertou-nos pelo seu sangue	Ap 1.5
Purificou-nos pela sua Palavra	Jo 15.3; Ef 5.26
Selou-nos com seu Espírito	Ef 1.13

Sustenta-nos com suas dádivas	Jo 6.54-56
Intercede por nós	Rm 8.34; Hb 7.25
Um dia nos receberá para si mesmo	At 7.59; Jo 17.24

718. Razões pelas quais o Senhor morreu por nós

Para nos salvar de um mundo perverso	Gl 1.4
Para nos tornar filhos de Deus	Gl 4.4,5
Para nos dar o Espírito prometido	Gl 3.13,14
Para nos conceder a justiça de Deus	2Co 5.21
Para nos fazer morrer para o pecado	1Pe 2.24
Para nos santificar	Ef 5.25-27
Para não vivermos mais uma vida egoísta	2Co 5.15
Para nos conduzir a Deus	1Pe 3.18
Para ser o Senhor de todos	Rm 14.9

719. Levai as cargas uns dos outros (Gl 6.2)

O amor dever ser praticado. Jesus é o maior exemplo do amor vivido na prática (1Pe 2.24).

Ergueu os abatidos	Sl 146.7-9
Estendeu a mão para os pecadores	Jo 4.7-30
Suportou os fracos	Rm 15.1-3
Levantou os derrotados	Jo 21.16
Ensinou a valorizar os pobres	Lc 14.12-14
Fazendo isto, você estará cumprindo "a lei de Cristo" (Gl 6.2)	Mc 12.31

720. A glória do apóstolo (Gl 6.14)

Ele não se gloria em si mesmo	2Co 12.5
Ele se gloria no Senhor	2Co 10.17
Ele se gloria nas suas fraquezas	2Co 11.30
Ele se gloria na cruz	Gl 6.14
Ele se gloria de ter uma boa consciência	2Co 1.12
Ele se gloria nas tribulações	Rm 5.3
Ele se gloria na esperança da glória	Rm 5.2

721. Destinados (Ef 1.4,5)

Fomos predestinados para...

Trazer frutos para o Senhor	Jo 15.16
Lutar na guerra santa	2Tm 2.4
Praticar boas obras	Ef 2.10
Ser um exemplo para todos	1Co 4.6
Tornar-nos semelhantes ao Senhor	1Jo 3.2,3
Alcançar a sua glória	Rm 8.17

722. O que somos e o que temos (Ef 1)

O filho de Deus não vive mais no "deve ter", mas no "tem". Observemos o que temos, de acordo com Efésios 1:

Fomos abençoados com todas as bênçãos	Ef 1.3
Fomos escolhidos	Ef 1.4
Fomos predestinados	Ef 1.5
Fomos agraciados no Amado	Ef 1.
Temos a remissão dos pecados pelo seu sangue	Ef 1.7
Temos a revelação do mistério de sua vontade	Ef 1.9
Fomos feitos herança	Ef 1.11
Fomos selados com o Espírito Santo	Ef 1.13

723. Nossas necessidades

O que necessitamos:

Bênçãos espirituais	Ef 1.3
Alimento espiritual	1Co 10.3
Bebida espiritual	1Co 10.4
Dons espirituais	1Co 14.1
Cânticos espirituais	Ef 5.19
Pessoas espirituais	1Co 14.37
Corpos espirituais	1Co 15.44

724. A palavra "seu-sua" em Efésios 1

Sua vontade	Ef 1.5
Sua graça	Ef 1.6
Seu sangue	Ef 1.7
Sua glória	Ef 1.12
Seu chamamento	Ef 1.18
Seu poder	Ef 1.19
Seu corpo	Ef 1.23

725. O sangue de Cristo

O que temos pelo sangue de Cristo:

Redenção	Ef 1.7
Justificação	Rm 5.9
Presença de Deus	Ef 2.13
Paz	Cl 1.20
Acesso ao Santo dos Santos	Hb 10.19
Santificação	Hb 13.12
Vitória	Ap 12.11

726. O que o discípulo de Jesus tem

Um Mestre	Jo 13.14
Os livros	2Tm 4.13
As vestes	Cl 3.12-14
A logomarca	Jo 13.35
A cruz	Lc 14.27
Os amigos	Sl 119.63
Os frutos	Jo 15.8

727. Perdão

A fonte do perdão é a graça	Ef 1.7
O fundamento do perdão é o sangue de Jesus	Hb 9.22
O perdão ocorre por causa do nome do Senhor	1Jo 2.12; At 10.43
O perdão é fruto da misericórdia divina	Mt 18.32,33
O perdão é oferecido a todos	At 13.38
Pelo perdão somos profundamente gratos	Sl 103.3

728. A oração do apóstolo (Ef 1.15ss)

Temos três orações de Paulo pelos efésios: em Atos 20.36, aqui no cap. 1 e em Ef 3.1421. Em nosso texto, Paulo ora por duas coisas:

Que pelo Espírito de sabedoria e de revelação (1.17) possam conhecer plenamente a Deus

Que os olhos dos corações fossem iluminados para:

Saber qual é a esperança envolvida no chamado de Deus (1.18);

Saber qual a riqueza da glória de Deus nos santos (1.18);

Saber qual a suprema grandeza do poder de Deus que atua em nós (1.19). Deus manifestou este poder na ressurreição de Cristo (1.20) e este poder está em nós.

729. O Espírito Santo na Carta aos Efésios

O Espírito Santo é fundamental na vida do cristão:

Ele está selado com o Espírito Santo	Ef 1.13
Ele possui o penhor do Espírito	Ef 1.14
Ele recebe as revelações do Espírito	Ef 1.17
Ele tem acesso ao Pai pelo Espírito	Ef 2.18
Ele é fortalecido pelo Espírito	Ef 3.16
Ele deve ser cheio do Espírito	Ef 5.18
Ele possui a espada do Espírito	Ef 6.17
Ele ora no Espírito	Ef 6.18

730. Antes de Cristo (Ef 2)

A Bíblia descreve também a situação de uma pessoa sem Cristo.

A pessoa sem Cristo é uma pessoa:

Morta espiritualmente	Ef 2.1
Dominada pelo mundo	Ef 2.2
Dominada por Satanás	Ef 2.2
Dominada pela carne	Ef 2.3
Filha da ira	Ef 2.3
Está sem Cristo	Ef 2.12
Está sem esperança	Ef 2.12
Está sem Deus	Ef 2.12

731. Agora com Cristo (Ef 2)

A Bíblia descreve também a situação de uma pessoa com Cristo.
A pessoa com Cristo é uma pessoa:

Vivificada	Ef 2.1,5
Salva	Ef 2.5
Ressuscitada	Ef 2.6
Assentada com Cristo	Ef 2.6
Tem uma vida frutífera (boas obras)	Ef 2.10
Foi aproximada de Deus	Ef 2.13
Pertence à família de Deus	Ef 2.19
Possui a salvação	Ef 1.7
Está sobre um firme fundamento	Ef 2.20

732. Antes e agora

Antes estávamos mortos nos pecados	Ef 2.1
Agora temos vida	Jo 5.24
Antes estávamos debaixo da ira de Deus	Jo 3.36
Agora estamos livres da ira	1Ts 1.10
Antes condenados por causa da incredulidade	Jo 3.18
Agora justificados pela fé	Rm 5.1
Antes debaixo do pecado	Gl 3.22
Agora livres do pecado	Rm 6.14
Antes perdidos como o publicano	Lc 19.10
Agora salvos como Saulo	1Tm 1.13

733. Estamos salvos

Pela graça: ela é a única causa da salvação	Ef 2.5
Por Jesus Cristo: ele é a única porta da salvação	Jo 10.9; At 4.12
Pelo Espírito Santo: ele é o único agente da salvação	Tt 3.5
Pela fé: ela é o único meio da salvação	Lc 7.50
Pelo Evangelho: ele é o único plano de salvação	1Co 15.1,2

734. Quem não tem esperança? (Ef 2.12)

Quem não tem esperança?

Todos os que negam a realidade de Deus	Sl 14.1
Todos os negam a verdade das Escrituras	
Todos os que não creem no Filho	Jo 3.36
Todos os que morreram sem salvação	Lc 16.26; Jo 8.21

Quem tem a esperança?

Todos os que creem	Cl 1.23
Eles têm a esperança da vida eterna	Tt 1.2; 1Pe 1.4
Eles têm a consolação que a esperança traz	1Ts 4.13

735. Uma imagem do apóstolo (Ef 3.8)

Seu caráter: um santo entre santos	Ef 3.8
Sua pregação: a riqueza de Cristo	Ef 3.8
Sua humildade: o menor	Ef 3.8; 1Co 15.9
Sua experiência de graça: a mim foi dada esta graça	Ef 3.8; 1Tm 1.13
Sua missão divina: pregar	Ef 3.8; Gl 2.2; Rm 1.1
Seu campo de trabalho: os gentios	Ef 3.8; Gl 2.2

736. O que Deus fez em nós

Ele perdoou nossos pecados	Ef 4.32
Ele nos escolheu	Ef 1.4
Ele nos fez idôneos para a herança	Cl 1.12
Transportou-nos para o Reino de Jesus	Cl 1.13
Ele nos fez aceitáveis	Ef 1.6
Ele nos deu o Espírito do Filho	Gl 4.6

737. Os mistérios de Deus (Ef 3.1-12)

Um mistério é algo que antes estava oculto e que Deus revelou. As escrituras falam de quinze mistérios:

O mistério do Reino de Deus	Mc 4.11
O mistério da rejeição de Israel	Rm 11.25-36
O mistério da sabedoria de Deus	1Co 2.7
O mistério de Deus	1Co 4.1; Ap 10.7
O mistério do arrebatamento	1Co 15.51-57
O mistério da sua vontade	Ef 1.9,10
O mistério do Corpo de Cristo	Ef 3.1-12; 5.32; Cl 1.2429
O mistério de Cristo	Ef 3.4; Cl 2.2; Cl 4.3
O mistério do Evangelho	Ef 6.19
O mistério da habitação de Cristo no cristão	Cl 1.27
O mistério da iniquidade	2Ts 2.7-12

O mistério da piedade	1Tm 3.16
O mistério da fé	1Tm 3.9
O mistério das sete estrelas	Ap 1.20
O mistério da Babilônia	Ap 17.7

738. O amor insondável de Cristo (Ef 3.19)

Este versículo é parte de uma oração para conhecermos o amor de Cristo que excede a todo o entendimento. Todas as coisas relacionadas com Jesus são grandiosas, e aqui se fala de seu grandioso amor:

A origem do amor: mergulha no passado	Pv 8.23-31; Ap 1.8
O objeto do amor: os perdidos	Lc 19.10; Rm 5.8-10
O tamanho do amor: ilimitado	Ef 3.18; Jo 3.16
O preço pago pelo amor: o sangue de Jesus	1Pe 1.18,19

Devemos buscar este conhecimento. Seu amor nos impulsiona. Ele exerce uma grande influência sobre o mundo. Quem conhece este amor ama a Palavra (Jo 14.23), mantêm comunhão com Jesus como uma noiva com seu noivo e ama a oração.

739. Nosso corpo com seus membros

Nosso coração pertence ao Senhor e descansa nele	Ef 3.17; Pv 23.26
Nossos olhos estão fitos em Jesus	Hb 12.2; Is 45.22
Nossos ouvidos estão atentos para ouvir a sua Palavra	Jo 10.27; Lc 10.39
Nosso rosto reflete a glória do Senhor	Êx 34.30; 2Co 3.18
Nossas mãos trabalham para fazer o bem	Ef 4.28; Mt 25.40
Nossa língua testifica (At 1.8), pede e louva	Jo 14.14; Fp 4.6
Nossos pés o seguem (Is 52.7)	Lc 9.23; Jo 10.27

740. O que devemos ser

Imitadores de Deus	Ef 5.1
Fortes no Senhor	Ef 6.10
Praticantes da Palavra	Tg 1.22
Santos: como Deus é santo	1Pe 1.16
Sóbrios na oração	1Pe 4.7
Fiéis até a morte	Ap 2.10

741. O amor de Cristo

Quem nos ama?

Deus nos ama	1Jo 4.9
Cristo nos ama	1Jo 3.16

Desde quando ele nos ama?

Desde toda a eternidade	Jr 31.3
Quando ainda estávamos longe, mortos nos pecados	Ef 2.1-3; Rm 5.8

Como ele nos ama?

Ele se entregou por nós	Gl 2.20; Ef 5.2
Ele sacrificou seu corpo por nós	Hb 10.10

O que o amor faz:

Faz seguidores, imitadores de Deus	Ef 5.1
Faz filhos amados e obedientes	Cl 3.12
Faz filhos que andam no amor	Jo 13.34

742. Os filhos de Deus são:

Pessoas que vigiam, brilham e oram	Ef 5.8
São semelhantes a corredores que vão em direção à meta	1Co 9.24-27
Servem uns aos outros	Jo 13.14-17
Corrigem uns aos outros	Gl 6.1
São lutadores, vencedores	1Tm 6.12
Sustentam-se mutuamente em oração	1Tm 2.1,2
São vitoriosos e conquistam a recompensa	Fp 3.13,14

743. Um grande contraste

Não vos embriagueis com vinho, mas enchei-vos do Espírito	Ef 5.18
O vinho faz pessoas dissolutas	Pv 20.1; Gn 9.21
O Espírito Santo faz novas pessoas	Tt 3.5
O álcool destrói as pessoas	
O Espírito Santo edifica o cristão	Jd 20
O álcool conduz ao vício e à desgraça	
O Espírito Santo traz alegria e liberdade	2Co 3.17
O álcool leva a ações impensadas	
O Espírito Santo opera frutos	Gl 5.22,23; Fp 1.11
O álcool conduz à zombaria	
O Espírito Santo ensina	Jo 14.26

744. Enchei-vos do Espírito (Ef 5.18)

Cada filho de Deus é guiado pelo Espírito	Jo 16.13
O Espírito Santo lhe dá vida	Ef 2.1; Rm 8.10
Cada filho de Deus deve ser cheio do Espírito Santo	Ef 5.18
No Pentecostes todos ficaram cheios	At 2.1-4; 10.44

O que a plenitude do Espírito Santo opera?

Profundo autoconhecimento, consciência da indignidade, arrependimento	At 2.37
Libertação do egoísmo	Gl 2.20
Fome da Palavra de Deus	At 2.42; 1Pe 2.2
Amor a todos os irmãos	At 2.44; 1Jo 4.8
Vitória sobre os poderes de Satanás	Ef 6.12; Ap 12.11
Capacidade para suportar afrontas	At 5.41; Hb 13.13

745. Exortações a respeito do Espírito Santo

Somos exortados:

A tornar-nos cheios do Espírito Santo	Ef 5.18
A orar no Espírito Santo	Ef 6.18; Jd 20
A cantar no Espírito Santo	Ef 5.19; Cl 3.16
A andar no Espírito Santo	Gl 5.16
A deixar-nos guiar pelo Espírito Santo	Gl 5.18
A adorar no Espírito	Jo 4.23

746. Nossa luta (Ef 6.10)

As forças do inimigo são fortes, organizadas, são principados e potestades. Paulo fala de governadores deste mundo. Pelo fato de serem invisíveis são tão perigosos.

O tipo da luta	
É uma luta real	Ef 6.12
É uma guerra espiritual	Ef 6.12
Nosso líder na luta	
O nosso líder é fiel e verdadeiro	Ap 19.11
A ocasião da luta	
A luta muitas vezes ocorre em dias maus	Ef 6.11,13
As agressões são variadas	Mt 4.3,5,8
A armadura para a luta	
Nossa armadura é variada	Ef 6.11-18

747. No céu

O que temos no céu?

Nosso Senhor e Mestre	Ef 6.9
Nosso lar maravilhoso e eterno	Jo 14.2; 1Co 2.9
Nossa pátria	Fp 3.20
Nosso descanso sabático eterno	Hb 4.9
Aquele a quem chamamos de Aba, Pai	Mt 6.9
Os tesouros que juntamos	Mt 6.20
O Livro da Vida com os nossos nomes arrolados	Lc 10.20; Fp 4.3
O cumprimento de todas as esperanças	Cl 1.5
A nossa herança	1Pe 1.4
A nossa recompensa	Lc 6.23; Ap 22.12
Por isso já vivemos aqui de maneira celestial	Fp 3.20

748. A vida dos filhos de Deus não é mais como antes

Nosso comportamento não é mais como antes	Ef 6.6
Nossa vida não é mais como antes	Rm 6.6
Nosso sentido de vida não é mais o mesmo	Fp 3.14
Nossos relacionamentos não são mais os mesmos	Jo 15.15

| Nossa ocupação não é mais a mesma | Lc 5.10 |
| Nossa recompensa não é mais a mesma | 2Tm 4.8 |

749. Participantes de Cristo (Hb 3.14)

Somos participantes do Evangelho	Fp 1.7; Mt 11.29
Somos participantes da vida de Cristo	Cl 3.3,4
Somos participantes da sua natureza divina	2Pe 1.4; Ef 2.6
Somos participantes da herança	Rm 8.17
Somos participantes do seu Espírito	Rm 8.9
Somos participantes do seu reinado	2Tm 2.12
Somos participantes da sua glória	Jo 17.24

750. Amor fraternal

A raiz do amor fraternal está na oração	Fp 1.9
Amamos sinceramente por obediência	1Pe 1.22
Nós buscamos o amor assim como a santificação	1Tm 6.11; Hb 12.14
Amamos seguindo o exemplo de Jesus	Ef 5.2; Jo 13.34
O Espírito Santo opera em nós o amor fraternal	Gl 5.22
Amamos os irmãos pois Deus nos ensinou assim	1Ts 4.9; 1Pe 2.1

751. O que o filho de Deus deve ter

Uma vida que honre o Evangelho	Fp 1.10,27
Coração puro para ter poder na oração	1Pe 3.7
Um ouvido aberto para Deus	Is 50.4
Uma língua que não peca	Tg 3.5
Prontidão para servir o Mestre	Is 6.8
Os olhos abertos para ver as oportunidades	At 8.29ss
A sabedoria de ganhar almas	Pv 11.30

752. Cristo é minha vida (Fp 1.21)

Cristo só se torna a nossa vida na conversão	Tt 3.3-7
Cristo é a origem de nossa vida	Gn 1.27
Cristo é o conteúdo de nossa vida	Gl 2.20
Cristo é o objeto de nossa vida	Fp 3.8
Cristo é o exemplo de nossa vida	Fp 2.5-7
Cristo é o alvo de nossa vida	Cl 3.4
Cristo é a esperança de nossa vida	Cl 1.27

753. A morte é lucro (Fp 1.21)

Por que a morte é lucro para os filhos de Deus?	
Porque estarão sempre com Cristo	1Jo 3.2
Porque estarão livres de todo sofrimento	Ap 7.17

Porque todas as lutas e tentações terão passado — Ef 6.12
Porque haverá um reencontro maravilhoso no céu — Mt 8.11
Porque receberemos a herança prometida — 1Pe 1.4
Porque depois da morte virá a coroa — 2Tm 4.7,8

754. Anuncie toda a realidade de Cristo (Fp 1.18)
Pregue a Cristo como a Palavra que se fez carne — Jo 1.14
Proclame-o como o único Salvador — Mt 1.21; At 4.12
Anuncie sua vida singular — At 10.38
Pregue sua morte expiatória — Is 53.5
Não se esqueça do valor da ressurreição — Rm 4.25
Mostre-o como aquele que está à direita de Deus — Hb 1.3; Fp 2.9-11
Proclame o seu retorno — Jo 14.1-3
Anuncie que virá em poder e glória — Ap 1.7; 19.11ss
Descreva-o como o Juiz do mundo — Ap 20.11; At 17.31
Apresente-o como Restaurador de todas as coisas — At 3.21

755. Nossa gloriosa esperança
Estaremos para sempre com Cristo — Fp 1.23
Nós o veremos na sua glória e beleza — 1Jo 3.2; Sl 45
Seremos transformados na sua imagem — Fp 3.20,21
Seremos arrebatados ao seu encontro — 1Ts 4.13-18
Com ele tudo herdaremos — Ap 21.7
Participaremos de sua glória — Cl 3.4; Jo 17.24
Com ele reinaremos — 2Tm 2.12

756. Paulo – um servo de Cristo
O Senhor Jesus foi seu modelo no ministério — Fp 2.5,7; 3.7
Ele obedeceu plenamente à vontade do Senhor — At 9.18
Cumpriu com a sua missão — At 9.15,20; 26.19,20
Ele serviu o Evangelho de forma sacerdotal — Rm 15.16
Ele não dependia dos homens — 1Ts 2.9
Ele encheu todo o mundo com o Evangelho — Rm 15.19
Grande foi sua recompensa — Mt 25.21; 2Tm 4.8

757. O servo de Cristo
O servo de Cristo, de acordo com a Carta aos Filipenses:
Seu tema é o Evangelho de Cristo — Fp 1.27
Sua ocupação é a obra de Cristo — Fp 2.30
Seu estudo é o conhecimento de Cristo — Fp 3.8
Sua autoridade é o poder de Cristo — Fp 4.13

758. A humanidade de Cristo

Foi o mais humilde de todos os homens	Fp 2.8; Mt 11.29
Foi um pobre entre os pobres	2Co 8.9; Mt 8.20
Foi diligente e muitas vezes estava cansado	Jo 4.6; Mt 8.25
Sofreu fome e sede	Lc 4.2; Mc 11.12
Foi o Varão de Dores	Is 53

759. A morte na cruz (Fp 2.8)

A morte de Cristo:

Foi determinada na eternidade	Ap 13.8
Foi extremamente dolorosa	Is 53.4; Lm 1.12
Foi vergonhosa	Sl 69.19
Foi voluntária	Jo 10.17,18
Foi em completo abandono	Mt 27.46
Foi vicária	1Pe 3.18
Foi uma morte que nos trouxe para Deus	1Pe 3.18

760. Paulo e seus cooperadores

A consideração de Paulo para com seus cooperadores:

Recomendou calorosamente a Epafras	Fp 2.27-30; Cl 4.12
Não se esqueceu das mulheres que o ajudaram	Fp 4.3
Fala elogiosamente de Timóteo	Fp 2.19-22
Lembra-se de como Marcos lhe é útil	2Tm 4.11
Deseja misericórdia para Onesíforo	2Tm 1.16
Lembra-se dos muitos cristãos em Roma	Rm 16
O que pensamos e o que falamos dos nossos companheiros?	At 23.5

761. O que Cristo era para o apóstolo

O que Cristo era para o apóstolo, de acordo com Filipenses 3:

Cristo era sua constante alegria	Fp 3.1
Cristo era sua glória	Fp 3.3; Gl 6.14
Cristo era a sua atração	Fp 3.7
Conhecer a Cristo era seu maior anseio	Fp 3.8
Ganhar a Cristo era sua riqueza	Fp 3.8
A justiça de Cristo era realidade para ele	Fp 3.9; Rm 5.1
Conformar-se com Cristo na morte era seu desejo	Fp 3.10
Cristo era o alvo de sua vida	Fp 3.14
Ele aguardava o retorno de Cristo	Fp 3.20

762. Nossa vocação

A nossa vocação:

É uma soberana vocação	Fp 3.14
É uma santa vocação	2Tm 1.9

É uma vocação que leva à comunhão do Filho	Hb 3.1
É uma vocação que traz liberdade e paz	Gl 5.13; Cl 3.15
É uma vocação que conduz à glória eterna	1Pe 5.10
Estamos andando de modo digno desta vocação?	Ef 4.1; 5.1,8

763. O que o filho de Deus tem no céu

Um Salvador e um Pai	Fp 3.20; Mt 6.9
Uma herança indescritível	1Pe 1.4
Uma gloriosa esperança	Cl 1.5
Um direito de cidadania	Fp 3.20
Um maravilhoso lar	Hb 11.16; Jo 14.2
Um amado e fiel Senhor	Ef 6.9
O Livro da Vida com o nosso nome	Lc 10.20; Ap 20.12

764. Somos chamados por Deus (Fp 3.14)

Chamados de acordo com seu propósito eterno	Ef 1.3,4
Chamados pelo Evangelho	2Ts 2.13,14
Chamados para sermos filhos de Deus	1Jo 3.1
Chamados para sermos santos, separados	Gl 1.4
Chamados para a vida eterna	Jo 10.28; 17.3
Chamados para a glória eterna	1Pe 5.10; Jo 17.24

765. O corpo glorificado (Fp 3.21)

Nosso novo corpo glorificado será um corpo espiritual, semelhante ao do Senhor Jesus após a sua ressurreição. Será um corpo livre das barreiras de nosso corpo natural.

Será um corpo poderoso	1Co 15.43
Será um corpo remido, semelhante ao de Jesus	1Jo 3.2
Será um corpo glorioso	Fp 3.21
Será um corpo por meio do qual serviremos o Senhor na eternidade	Ap 22.3

766. A volta de Cristo

Esperamos pela volta de Jesus	1Co 1.7
Ansiamos pela volta de Cristo	Fp 3.20
Nos preparamos para a volta de Jesus	1Jo 3.3
Clamamos pela volta de Jesus	Ap 22.20
Amamos a volta de Jesus	2Tm 4.8
Apressamos a volta de Jesus	2Pe 3.12

767. Alegrai-vos no Senhor (Fp 4.4)

A alegria no Senhor é a fonte de todas as alegrias.

Alegramo-nos em nossa salvação maravilhosa	Is 12

Alegramo-nos em nosso serviço e ministério	Sl 100
Alegramo-nos em Deus	Sl 89.15-17
Alegramo-nos em Cristo	Fp 3.1
Alegramo-nos no Espírito Santo	Rm 14.17
Alegramo-nos em todo tempo	Fp 4.4
Os efeitos dessa alegria:	
Guarda-nos das preocupações	Fp 4.6
Faz-nos pessoas moderadas	Fp 4.5

768. Sete coisas desejáveis (Fp 4.8,9)

Devemos desejar...

Aquilo que é verdadeiro	Fp 4.8
O que é honrado	Rm 13.13
O que é justo	1Jo 2.29
O que é puro (os puros verão a Deus)	Mt 5.8
O que é amável	1Co 13
O que é agradável	Ef 4.29
O que é de boa fama	Fp 4.8

769. O que Paulo aprendeu (Fp 4.11,12)

O que Paulo aprendeu:

Aprendeu, de certa feita, aos pés de Gamaliel	At 22.3
Aprendeu, depois, aos pés de Jesus	Gl 1.12
Aprendeu a estar humilhado sem se sentir desvalorizado	Fp 4.12
Aprendeu a ser honrado sem ficar orgulhoso	Fp 4.12
Aprendeu a ter abundância sem se vangloriar	Fp 4.12
Aprendeu a ter escassez sem se queixar	Fp 4.12
Aprendeu mas continuava estudando	2Tm 4.13
Aprendeu do Senhor	Dt 33.3; Mt 11.29
Aprendeu da Palavra	2Tm 3.16
Paulo foi aprovado	2Tm 4.7,8

770. Eu posso todas as coisas (Fp 4.13)

Por quem?

Por Cristo	Fp 4.13
Pelo Espírito Santo	Rm 15.13
Pela fé	Hb 11.6
Pelo amor de Cristo	2Co 5.14
Pela oração	Fp 4.6,7
Pelas promessas	2Co 1.20
Pela esperança viva	2Ts 2.16

771. A oferta dos filipenses (Fp 4.14-18)
Como Paulo avaliou a oferta do filipenses?

Considerou-a como um fruto	Fp 4.17
Avaliou-a como "juntar tesouros no céu"	Fp 4.17; Mt 6.20
Comparou-a a um aroma suave	Fp 4.18; Gn 8.21
Disse que era um sacrifício agradável	Fp 4.18
Afirmou que era um penhor para futuras bênçãos	Fp 4.19; Ml 3.10

772. Como o evangelista Moody aplicou Filipenses 4.19
Ele chamou este versículo de "Cheque de Deus"
O emitente: Deus
A garantia do pagamento: "Há de suprir"
A grandeza do valor: "Todas as vossas necessidades"
O sacado: você e eu
A assinatura: "Em Cristo Jesus"

773. O cuidado de Deus (Fp 4.19)
O Senhor...

Supre todas as necessidades	Fp 4.19
Conhece cada necessidade	Mt 6.8

Por isso...

Não precisamos viver preocupados com as necessidades	Fp 4.6
Não precisamos nos preocupar com o pão diário	Lc 12.29
Devemos buscar as coisas do alto	Cl 3.1
Devemos viver contentes	Hb 13.5
Devemos sempre olhar para o Senhor	Hb 12.2
Jesus Cristo é o mesmo ontem, hoje e para sempre	Hb 13.8

774. Sete incentivos (Cl 1)

Devemos pedir por entendimento espiritual	Cl 1.9
Devemos viver uma vida digna do Senhor	Cl 1.10
Devemos produzir frutos espirituais	Cl 1.10
Devemos ter poder espiritual, ser fortes	Cl 1.11
Devemos praticar a paciência com alegria	Cl 1.11
Devemos sofrer com os que sofrem	Cl 1.24
Devemos ministrar às pessoas	Cl 1.28

775. No que devemos crescer
Devemos crescer...

No conhecimento	Cl 1.10
No amor	Fp 1.9
Na humildade	1Co 15.9

Na fé   2Ts 1.3
Na graça   2Tm 2.1
Em todas as coisas   Ef 4.15
Mas não devemos crescer no pecado   Ed 9.6

776. O que o Senhor nos dá

Sua graça   2Co 12.9
Sua força   2Co 12.9
Sua paz   Jo 14.27
Seu jugo   Mt 11.30
Seus mandamentos   Jo 14.21
Sua alegria   Jo 17.13
Sua glória   Jo 17.24

777. Cristo acima de tudo (Cl 1.15-19)

Superior a tudo, pois é a imagem de Deus   Cl 1.15
Superior a tudo na hierarquia, pois é o Primogênito   Cl 1.15
Superior a tudo na criação, pois é o Criador   Cl 1.16
Superior a todos em poder, pois tudo subsiste nele   Cl 1.17
Superior a todos em posição, pois é o Cabeça   Cl 1.18
Superior a tudo, pois em tudo tem a Primazia   Cl 1.18
Superior a tudo em posse, pois nele está a plenitude   Cl 1.19
Aos seus pés nos prostramos e o adoramos

778. Paz

Paz é resultado da morte de Cristo na cruz   Cl 1.20
Porque ele realizou a paz, temos o perdão   Ef 1.7
Deste modo a inimizade foi destruída   Ef 2.16
Ele abriu o acesso a Deus e todos podem vir   Ef 2.18
Ao mesmo tempo possuímos uma esperança viva   Cl 1.23; Rm 5.2
Já nos alegramos na antecipação da glória vindoura   Cl 3.4

779. Nossa esperança

É recebida pelo Evangelho   Cl 1.23
Ela supera toda imaginação   1Co 2.9
É chamada de "uma esperança superior"   Hb 7.19
Está reservada a nós nos céus   1Pe 1.3,4
Opera a purificação   1Jo 3.3
Ela nos anima   Tt 3.7
É indescritivelmente maravilhosa   Cl 1.27
Infelizes são os que não têm esperança   Ef 2.12; 1Ts 4.13

780. A vida espiritual

A fonte da vida espiritual – ela flui:

Do Pai (2Co 1.3); do Filho	Jo 5.21,25; 6.33
Do Espírito Santo (Rm 8.9-13); do ouvir a Palavra	Is 55.3

A vida espiritual é renovada:

Pelo Senhor:	Jo 6.57; 1Co 10.3,4
Pela fé (Gl 2.20); pela Palavra e oração	Mt 6.6

A vida espiritual é descrita como:

Uma vida para Deus	Rm 6.11; Gl 2.19
Uma vida totalmente nova	Rm 6.4
Uma vida no Espírito	Gl 5.25

A vida espiritual deve ser nutrida:

Devemos buscar diligentemente o crescimento nesta vida	Ef 4.15; 1Pe 2.2
Devemos orar por ela	Sl 119.25; 143.11

781. Um com Cristo

Morremos com Cristo	Cl 2.20
Fomos sepultados com Cristo	Cl 2.12
Fomos ressuscitados com Cristo	Cl 2.12
Estamos ocultos com Cristo em Deus	Cl 3.3
Seremos manifestados com Cristo	Cl 3.4
Herdaremos com Cristo	Cl 3.24
Nós nos assentaremos no trono com Cristo	Ap 3.21
Participamos dos sofrimentos de Cristo	Rm 8.17
Participaremos da glória de Cristo	Rm 8.17

782. Nossa união com Cristo

Nossa união com Cristo, de acordo com a Carta aos Colossenses:

Recebemos a Jesus	Cl 2.6
Andamos com Jesus	Cl 2.6
Estamos radicados e edificados em Jesus	Cl 2.7
Estamos sendo aperfeiçoados em Jesus	Cl 2.10
Estamos circuncidados em Jesus	Cl 2.11
Estamos ressuscitados com Jesus	Cl 3.1
Seremos manifestados com Jesus em glória	Cl 3.4

783. A vida de fé (Cl 3)

A vida de fé é:

Uma vida que tem Cristo como sua vida	Cl 3.4
Uma vida ressuscitada	Cl 3.1
Uma vida voltada para as coisas do alto	Cl 3.1,2
Uma vida com Cristo oculta em Deus	Cl 3.3
Uma vida que um dia será manifestada com Cristo	Cl 3.4

784. As vestes do novo homem (Cl 3.12-15)

As vestes marcam uma pessoa. José chamou atenção com sua capa. O filho pródigo recebeu novas vestes.

Vocês devem se vestir com:

Misericórdia (foi a veste do Senhor)	2Co 1.3
Bondade	Gl 6.10
Humildade	Fp 2.5-8
Mansidão	Nm 12.3
Longanimidade	Gn 45.24
Perdão	Mt 18.21,22
Amor	1Co 13

785. Buscai as coisas do alto (Cl 3.1)

O que temos no alto?

Cristo	Cl 3.1
O nosso Advogado	1Jo 2.1
O nosso Sumo Sacerdote	Hb 2.17; 7.25
O nosso Pai	Mt 6.9
Os nossos amados (que nos antecederam)	1Ts 4.16-18
O nosso tesouro	Mt 6.19-21
A nossa recompensa	Cl 3.24; 1Pe 1.4
A nossa pátria	Fp 3.20

786. Nosso andar

Devemos andar...

Com sabedoria	Cl 4.5; Fp 1.10
No Espírito	Gl 5.16,25
Em amor	Ef 5.2
Nas boas obras	Ef 2.10
Na luz	Ef 5.8,9
Com dignidade	Rm 13.13
Nas pegadas de Jesus	1Pe 2.21; Jo 13.15

787. Epafras (Cl 4.12,13)

Em poucas palavras, Paulo apresentou uma bonita imagem de Epafras. Paulo jamais falou coisas impróprias sobre um servo de Deus. Agimos nós também assim? Paulo chamou Epafras de um cooperador (Cl 1.7).

Epafras era:

Um servo fiel de Cristo	Cl 1.7
Um servo da igreja	Cl 1.7
Uma pessoa de oração	Cl 4.12
Um prisioneiro (estava com Paulo voluntariamente)	

788. Como devemos orar

Ore com empenho como Epafras	Cl 4.12
Ore com fervor como Elias	Tg 5.17
Ore insistentemente como Abraão	Gn 18.23ss
Ore sem esmorecer	Lc 18.1; Rm 12.12
Ore vigiando	Ef 6.18
Ore com persistência como Ana	1Sm 1.12; Ef 6.18

789. A ira de Deus

A ira de Deus certamente se manifestará	2Ts 1.8,9
A duração da ira de Deus	Ap 14.10,11
A quem a ira de Deus atingirá?	Jo 3.36
O lugar da manifestação da ira de Deus	Ap 21.8

A libertação da ira de Deus

Agora devemos fugir da ira de Deus	Mt 3.7
Ninguém precisa provar a ira de Deus	Jo 3.16
A libertação é gratuita	Is 55.1
A libertação é eterna	Is 45.17
A libertação pode ser experimentada agora	2Co 6.2

790. O servo exemplar (1Ts 2.1-12)

O servo do Senhor:

Serve pela fé e não trabalha em vão	1Ts 2.1
Serve apesar dos sofrimentos e insultos	1Ts 2.2
Serve com sinceridade de coração	1Ts 2.3
Serve para agradar unicamente o Senhor	1Ts 2.4
Serve sem procurar glórias humanas	1Ts 2.5
Serve desinteressadamente	1Ts 2.5,6
Serve como um pai a seus filhos	1Ts 2.7,11
Serve sacrificando a si mesmo	1Ts 2.8; Cl 1.24
Serve sem esperar nada em troca	1Ts 2.9
Serve pelo seu exemplo	1Ts 2.10
Serve como inspiração para outros	1Ts 2.12

791. O que o Espírito Santo faz

Ele bloqueia a ação do anticristo	2Ts 2.7
Ele ilumina os cegados por Satanás	2Co 4.3,4
Ele habita nos filhos de Deus	Rm 5.5; 8.9; Gl 4.6
Ele sela os cristãos	Ef 1.13
Ele batiza e enche os cristãos	1Co 12.13; At 2.4

792. Servir sem procurar interesses pessoais

Devemos servir não procurando os nossos interesses:

Paulo trabalhava para seu próprio sustento	1Ts 2.9; 1Co 4.12
Ele deu a outros um exemplo de serviço desinteressado	2Ts 3.8,9
Ele não se tornou pesado para ninguém	2Ts 3.8
Ele fez de tudo para ser um exemplo	At 20.34
Servos de Deus não trabalham por ganância	1Pe 5.2,3
Servos fiéis terão uma grande recompensa	1Pe 5.4

793. Uma exortação necessária (1Ts 4.1-3)

Depois de Paulo colocar os fundamentos da vida de fé, ele exorta os cristãos a viverem de acordo com a sua fé:

Devem viver uma vida que agrade a Deus	1Ts 4.1
Devem viver em santidade	1Ts 3.13
Devem viver pela fé e não por vista	2Co 5.7
Devem viver no Espírito e não na carne	Gl 5.16
Devem viver no amor e seguindo o exemplo de Cristo	Ef 5.2
Devem viver no dia (na luz)	1Ts 5.5
Devem viver com sabedoria	Ef 5.15; Fp 1.10

794. O que acontecerá quando o Senhor voltar?

O Senhor voltará	1Ts 4.16
O Senhor cumprirá a sua promessa de retornar	Jo 14.1-3
A trombeta de Deus ecoará	1Ts 4.16
Os mortos em Cristo a ouvirão	1Ts 4.16
Os vivos serão transformados	1Ts 4.17
Todos juntos serão arrebatados	1Ts 4.17
Então sua salvação estará completa	Fp 3.20,21
Uns receberão a recompensa	2Co 5.10
Outros sofrerão prejuízo	2Co 3.15

795. O que é a volta de Cristo

A volta de Cristo é:

Nosso consolo nas tristezas	1Ts 4.13-18
Nosso descanso e alegria nas perseguições	2Ts 1.7
Nosso estímulo na vida de santificação	1Jo 3.3
Nossa confissão de esperança	Hb 10.23
Nossa segurança e força nas tribulações	Tg 5.7,8
Nossa força e firmeza	1Pe 1.13

796. A grande experiência de Paulo (1Tm 1.12-17)
O que Paulo foi: o maior dos pecadores
O que Paulo fez: ele blasfemou e perseguiu os cristãos
O que Paulo experimentou: o Senhor no caminho de Damasco
O que Paulo descobriu: a graça e misericórdia do Senhor
O que Paulo se tornou: um exemplo da longanimidade do Senhor
O que Paulo decidiu: adorar o Senhor

797. Paulo: um exemplo
Na sua humildade: considerou-se o maior dos pecadores	1Tm 1.15
Nas suas convicções	Rm 8.38,39
No seu conhecimento: a cruz de Cristo	1Co 2.2
Naquilo em que gloriava: as suas fraquezas	2Co 12.9,10
No seu desejo maior e mais profundo	Fp 3.10,11
Na sua maior glória: a cruz do Senhor	Gl 6.14
No seu desejo ardente: estar com Cristo	Fp 1.23

798. Olhares perigosos
Eva olhou a fruta proibida	1Tm 2.14; Gn 3.6
Os filhos de Deus olharam as filhas dos homens	Gn 6.2; 2Sm 11.2
Ló olhou para os proveitos materiais	Gn 13.10-12
Acã olhou para a capa babilônica	Js 7.21
O povo olhou para o bezerro de ouro	Êx 32.5
Os dez espias olharam para os gigantes	Nm 13.28,32,33
Você olha para onde e para o quê?	Hb 12.2; Nm 21.9

799. Boas obras
Boas obras na Carta a Timóteo:
As boas obras devem ser o ornamento das mulheres	1Tm 2.9,10; 1Pe 3.1
As boas obras devem ser o testemunho das viúvas	1Tm 5.10
As boas obras nunca ficam ocultas	1Tm 5.25; Lc 21.2
Os ricos devem ser ricos em boas obras	1Tm 6.18; Lc 8.3
Os cristãos devem estar habilitados para toda boa obra	2Tm 3.17; At 9.36
A fé sem obras é morta	Tg 2.26

800. Sete mistérios
O mistério da piedade	1Tm 3.16
O mistério da habitação de Cristo no cristão	Cl 1.27
O mistério do Corpo de Cristo	Ef 1.22,23
O mistério da iniquidade	2Ts 2.7,8
O mistério do arrebatamento	1Co 15.51-57
O mistério da cegueira de Israel	Rm 11.25
O mistério da sua vontade	Ef 1.9,10

801. Os ensinos de demônios (1Tm 4.1)

Os demônios são muito numerosos e se manifestam nas religiões ocultistas e seitas, e até nos grupos de cristãos que não conseguem distinguir os espíritos.

Relacionar-se com os espíritos é terminantemente proibido	Lv 19.31
Todos os tipos de feitiçaria são uma abominação a Deus	Dt 18.10-12
Deus se retira dos que andam nestes caminhos	1Sm 28.6-13
A feitiçaria leva a castigos severos	1Cr 10.13,14

802. O que somos!

A Palavra de Deus nos chama de:

Fiéis	1Tm 4.12
Filhos de Deus	1Jo 3.2
Santos	Ef 3.18
Irmãos	Hb 2.12
Amigos	Jo 15.14
Ovelhas	Jo 10.14
Cristãos	1Pe 4.16; At 11.26

803. Qualidades dos anjos

São eleitos	1Tm 5.21
São santos	At 10.22
São puros	Jo 20.12
São humildes	Ap 19.10
São poderosos	2Rs 19.35; Sl 104.4
São sábios	2Sm 14.20
São obedientes	Sl 91.11

804. Vivendo Deus na família (1Tm 5.4)

Em nossa própria casa devemos...

Ser um testemunho	Mc 5.19
Receber o Senhor	Lc 19.5
Ter uma vida piedosa	1Tm 5.4
Ser fiéis	Hb 3.2,5
Servir o Senhor	Js 24.15
Destruir os ídolos	Jz 6.25
Edificar um altar	Jz 6.26
Ser amáveis	1Sm 1.5

805. Timóteo

Timóteo foi um servo de Deus exemplar:

É chamado de homem de Deus	1Tm 6.11; 2Tm 3.17
Paulo o chama de bom ministro de Cristo	1Tm 4.6

Foi um evangelista abençoado	2Tm 4.5
Foi um bom soldado de Cristo	2Tm 2.3,4
Foi uma pessoa desprendida	Fp 2.20,21
Foi um obreiro aprovado	2Tm 2.15; Fp 2.22

806. Como deve ser a nossa fé

Deve ser sem hipocrisia	1Tm 1.5; 2Tm 1.5
Deve ser superabundante	2Co 8.7
Deve ser forte (como a de Abraão)	Rm 4.18-21
Deve ser firme	At 14.22; Cl 1.23
Deve estar alicerçada e enraizada	Cl 1.23; Ef 3.17
Deve crescer	2Ts 1.3

807. Devemos estar preparados

Devemos estar preparados para:

Prestar contas	Hb 4.13; Lc 16.2
Pregar o Evangelho	Rm 1.15; 2Tm 4.2
Ajudar a todo momento	1Tm 6.18
A prática de boas obras	Tt 3.1
Sofrer pelo Senhor	At 21.13
Sermos sacrificados como libação	Fp 2.17
Encontrar-nos com o Senhor	Lc 12.40

808. Eu estou pronto (2Tm 4.6-8,17)

Paulo estava pronto para:

Ser oferecido como uma libação	2Tm 4.6
Partir	2Tm 4.6
Receber a coroa da justiça	2Tm 4.8
Todos os que amam a vinda do Senhor receberão esta coroa	2Tm 4.8
O Senhor o capacitava para tudo	2Tm 4.17

809. Sede firmes

Estejam...

Firmes no Senhor (o firme fundamento)	2Tm 2.19
Firmes na fé	Cl 1.23
Firmes nas tentações	Mt 4.4,7,10
Firmes nas tribulações	1Ts 3.3
Firmes e abundantes na obra do Senhor	1Co 15.58
Firmes na doutrina	At 2.42
Firmes na esperança	Hb 6.11
Firmes na prática do bem	Gl 6.9,10

810. A inspiração das Escrituras

A Palavra de Deus...

Tem origem divina	2Tm 3.16
Porém foi escrita por homens	2Sm 23.2; 2Pe 1.21
É infalível, pura	Sl 19.8; Pv 30.5
Vem com a mais alta autoridade	Sl 138.2; Sl 68.11
O Senhor a reconheceu como autêntica	Lc 24.27,45
Tem validade eterna, não muda	Mt 24.35; 1Pe 1.25
É deturpada por muitos	2Pe 3.16; 2Co 2.17
Muitas vezes é invalidada pelas tradições	Mc 7.13; 2Tm 4.4

811. O homem natural

O homem natural é:

Ingrato	2Tm 3.2-5
Sem entendimento (néscio)	Tt 3.3
Injusto	Rm 1.29
Inútil	Rm 3.12
Desobediente	Rm 5.19
Transgressor	1Tm 1.9,10
Rebelde	Rm 15.31
Impuro	Tt 1.15

812. Prega a palavra (2Tm 4.2)

Prega a palavra de Deus pois...

Ela é vida	Fp 2.16
Ela vivifica	Sl 119.25,93
Ela é poderosa	Rm 1.16
Ela é eterna	1Pe 1.25
Ela é eficaz	Hb 4.12
Ela julga	Jo 12.48
Ela traz resultados	Js 1.8
Ela fortalece	Sl 119.28

813. Coisas que Deus não pode fazer

Deus não pode mentir	Tt 1.2
Deus não pode negar a si mesmo	2Tm 2.13
Deus não pode abandonar os seus	Hb 13.5
Deus não pode deixar de ouvir nossas orações	Sl 66.19; Jo 16.23
Deus não pode deixar entrar no Reino quem não nasceu de novo	Jo 3.1-7
Deus não pode salvar a si mesmo	Mt 27.42
Deus não pode condenar quem está em Cristo	Rm 8.1

814. Responsabilidades da esposa para com o marido

A esposa deve:

Amar e respeitar o marido	Tt 2.4; Ef 5.33
Ser fiel ao marido	1Co 7.3-5,10
Ser submissa ao marido	Ef 5.22; 1Pe 3.1; Tt 2.5
Não se separar do marido	Rm 7.2,3
Ganhar o marido pela conduta	1Pe 3.1,2
Ornamentar-se com sobriedade	1Tm 2.9
Ter um espírito manso e tranquilo	1Pe 3.4,5
Praticar boas obras	1Tm 2.10; 5.10

815. A salvação de Deus

Pela graça nos é oferecida	Tt 2.11
Pela fé a recebemos	Jo 1.12
Pelo batismo a testificamos	At 8.36-38
Pelas boas obras a provamos	Tg 2.18
Pela esperança a aguardamos	Rm 8.24

816. O que o Senhor faz pelos cristãos

Ele morreu por eles para salvá-los	Tt 2.14
Ele ressuscitou para justificá-los	Rm 4.25
Ele vive para interceder por eles diante de Deus	Hb 7.25
Ele voltará para ser glorificado neles	2Ts 1.10

817. A graça de Deus se manifestou (Tt 2.11-14)

A quem a graça se manifestou? A todos os homens	1Tm 2.4
Como a graça se manifestou? Em amor indescritível	Jo 3.16
Quando a graça se manifestou? Quando os tempos se cumpriram	Gl 4.4
Por que a graça se manifestou? Para salvar	Tt 2.11,12
Para o que a graça se manifestou? Para Deus ter um povo exclusivamente seu	Tt 2.12-14

818. Contentamento

O contentamento traz grande lucro	1Tm 6.6; Sl 37.16
Esteja contente na sua posição	1Co 7.20,24
Esteja contente com a sua renda	Lc 3.14; 1Tm 6.8
Esteja contente, pois Deus prometeu jamais deixá-lo	Hb 13.5

Exemplos de contentamento:

Barsilai	2Sm 19.33-37
A sunamita	2Rs 4.13,26
Asafe	Sl 73.25,26

Agur	Pv 30.8
Paulo	Fp 4.11-13
O segredo do contentamento é a força que Cristo dá	Fp 4.11-13

819. Avareza

É a raiz de todo o mal	1Tm 6.10
É idolatria	Cl 3.5
Servos de Deus devem fugir do amor ao dinheiro	1Tm 6.11
Avareza fecha as portas do céu	1Co 6.10
A avareza traz muita dor para o cristão	1Tm 6.10
Avareza é uma cobiça que não se sacia	Ec 5.10
Deus proibiu a avareza (cobiça)	Êx 20.17

820. Nossa vocação

É santa: "nos chamou com santa vocação"	2Tm 1.9
É celestial: "vocação celestial"	Hb 3.1
Vem de cima, vem de Deus	Fp 3.14
É um grande privilégio	1Co 1.26,27
Inclui a mais maravilhosa esperança	Ef 1.18

821. O que devemos ser

Adoradores	Jo 4.24
Pessoas de oração	Jd 20
Testemunhas de Jesus	At 1.8
Embaixadores de Cristo	2Co 5.20
Cartas de Cristo	2Co 3.2,3
Servos	1Pe 4.10
Bons samaritanos	Lc 10.33-37
Obreiros aprovados	2Tm 2.15

822. Tudo de graça

A salvação	Ef 2.8
O perdão	Ef 1.7
A justificação	Rm 3.24
O resgate	1Pe 1.18,19
A vida eterna	Rm 6.23
A paz	Rm 5.1
A certeza do amor de Deus	Rm 4.6-8

823. Coisas firmes

Um firme fundamento, sobre o qual edificamos: Cristo	2Tm 2.19; 1Co 3.11
Uma firme esperança, na qual nos apoiamos	Hb 6.18,19

Uma Palavra firme, pela qual nos orientamos	2Pe 1.19
Uma mão firme, na qual nos abrigamos	Jo 10.28,29
Uma recompensa firme	Ec 12.14

824. Estamos libertos

Pelo sangue precioso de Cristo estamos libertos:	1Pe 1.9; Ap 5.9
De toda iniquidade	Tt 2.14
Da escravidão da lei	Gl 4.5
Da maldição da lei	Gl 3.13
Do poder do pecado	Rm 6.18,22
De todo mal	Gn 48.16
Do mundo perverso	Gl 1.4

825. Pecadores por natureza (Tt 3.4-9)

Pecadoras são pessoas:

Sem entendimento, como outrora Paulo	At 26.9; 1Tm 1.13
Desobedientes, como Saul	1Sm 15.23
Desorientadas, como Agar	Gn 16.8; Is 53.6
Dominadas pelas paixões, como Esaú	Hb 12.16
Que tem um mau propósito no coração	Gn 6.5; Nm 12.2
Que estão cheias de ódio, como Caim	Gn 4.5,6

826. O que é o Espírito Santo

O Espírito Santo:

Não é um Espírito de covardia	2Tm 1.7
É o Espírito de poder	2Tm 1.7
É o Espírito de amor	2Tm 1.7
É o Espírito de moderação	2Tm 1.7
É o Espírito da vida	Rm 8.2
É o Espírito de sabedoria	Ef 1.17
É o Espírito de santidade	Rm 1.4
É o Espírito da graça	Hb 10.29

827. Nós andamos

Nós andamos na:

Fé	2Co 5.7
No Espírito	Gl 5.16,25
Com prudência	Ef 5.15
De modo digno do Senhor	Cl 1.10
Na luz	1Jo 1.7
Em amor	Ef 5.2

828. Sete milagres da graça (Tt 2.11-14)

Bênção: salvação a todas as pessoas	Tt 2.11
Educação: educando-nos	Tt 2.12
Esperança: "aguardando a bendita esperança"	Tt 2.13
Preço pago: "a si mesmo se deu por nós"	Tt 2.14
Alvo: remir-nos	Tt 2.14
Propósito: purificar-nos	Tt 2.14
Seu objetivo: fazer-nos zelosos de boas obras	Tt 2.14

829. Maravilhas (Tt 2.14)

Uma oferta maravilhosa – a graça de Deus	Tt 2.11
Um maravilhoso Deus – grande Deus e Salvador	Tt 2.10,13
Uma maravilhosa dádiva – seu Filho amado	Jo 3.16
Uma obra maravilhosa – ele redime e purifica	Tt 2.14
Um povo maravilhoso – povo de Deus	Tt 2.14; 1Pe 2.10
Uma nova vida maravilhosa – justa e piedosa	Tt 2.12
Uma perspectiva maravilhosa – a manifestação de Cristo	Tt 2.13

830. Nós aguardamos o Senhor

Aguardamos a volta de Cristo	Tt 2.13
Vigiamos com o corpo cingido	Lc 12.35-48
Vigiamos com as lâmpadas acesas	Mt 25.6-10
Almejamos em ser transformados na sua imagem	Fp 3.21
Amamos a sua vinda	2Tm 4.8
Trabalhamos até que ele volte	Lc 19.13
Aguardamos a sua volta em santificação	1Ts 5.23
Anunciamos o seu retorno na Ceia	1Co 11.26

831. A transformação do pecador

Como somos transformados?

Pela benignidade e misericórdia de Deus	Tt 3.4,5
Pela manifestação da graça de Deus	Tt 2.11
Não por nossas obras	Tt 3.5; Ef 2.9
Pelo novo nascimento	Tt 3.5; Jo 3.5ss
Pelo poder renovador do Espírito Santo	Tt 3.5; At 2.38
Pela justificação através da graça	Tt 3.7; Rm 5.2

A bênção da transformação:

O cristão tem a certeza da esperança da glória	Tt 3.7; Rm 5.1,2
Ele é um herdeiro de Deus e coerdeiro com Cristo	Tt 3.7; Rm 8.17

A vida dos transformados:

Ativa na prática de boas obras	Tt 3.8; 2.14
Abstém-se do pecado	Tt 2.12

832. O filho de Deus e as boas obras

O cristão deve:

Estar pronto para toda boa obra	Tt 3.1
Ser abundante em boas obras	2Co 9.8
Ser frutífero em boas obras	Cl 1.10
Foi criado para as boas obras	Ef 2.10
Estar cheio de boas obras	At 9.36
Animar outros para boas obras	Hb 10.24; Tt 2.7
As suas boas obras o seguirão	Ap 14.13; Ec 12.14

833. No Espírito

Fomos gerados pelo Espírito	Tt 3.5; Jo 3.5
Vivemos e andamos no Espírito	Gl 5.25
Oramos no Espírito	Ef 6.18
Adoramos a Deus no Espírito	Fp 3.3
Amamos no Espírito	Cl 1.8

834. Estamos salvos

Pelo sangue precioso de Cristo estamos salvos:	1Pe 1.9; Ap 5.9
De toda injustiça	Tt 2.14
Da escravidão da lei	Gl 4.5
Da maldição da lei	Gl 3.13
Do poder do pecado	Rm 6.18,22
De todo mal	Gn 48.16
Do mundo mau	Gl 1.4

835. Comunhão quíntupla (Filemon)

Comunhão no serviço:

Paulo, Timóteo e Filemon estavam envolvidos no mesmo ministério. Para que o ministério no Evangelho seja frutífero, todos devem estar unidos em comunhão.

Comunhão na família (v. 2):

Paulo menciona Áfia e a reunião na sua casa. Todos os renascidos formam a família de Deus.

Comunhão na luta (v. 2):

"Arquipo, nosso companheiro de lutas". Os filhos de Deus não são apenas unidos como membros uns dos outros, mas também como companheiros nas batalhas do Evangelho (Fp 1.27; 4.2,3). Tanto nas lutas exteriores quanto nas lutas interiores (Gl 5.17; Rm 8.37)

Comunhão na fé (v. 6):

Todos os cristãos participam em oração das necessidades de outros (At 4.24).

Comunhão no sofrimento (v. 23):

Paulo e Epafras eram prisioneiros por causa de Jesus. Seis vezes Paulo menciona os seus sofrimentos (v. 1,9,10,13,22,23). Participar no sofrimento traz uma grande consolação (2Tm 1.16). Apenas quem aqui participa dos sofrimentos, um dia, lá em cima, participará das alegrias do céu (Hb 13.3; 1Pe 5.1).

836. Cristo na primeira Carta de Pedro (1Pe)

Sua ressurreição é o fundamento de nossa fé	1Pe 1.3; Rm 4.25
Seu retorno é nossa gloriosa esperança	1Pe 1.7
Seus sofrimentos nos garantem a sua glória	1Pe 1.11
Seu sangue precioso é nosso resgate	1Pe 1. 19; Ef 1.7
Seus passos direcionam o nosso discipulado	1Pe 2.21
Sua morte e ressurreição são nossa segurança	1Pe 3.18
Sua paciência é nosso estímulo no sofrimento	1Pe 4.12,13
Seu chamado nos leva à eterna glória	1Pe 5.10

837. A fé em 1Pedro

A fé viva protege o filho de Deus	1Pe 1.5
As provações autenticam a fé	1Pe 1.7; Tg 1.12
A alegria no Senhor fortalece a fé	1Pe 1.8
O alvo da fé é a salvação da alma	1Pe 1.9
A fé na ressurreição é nossa esperança	1Pe 1.21
Pela fé resistimos a Satanás	1Pe 5.9

838. A fé é mais preciosa do que ouro

Ouro é precioso (Gn 2.12) –a fé também	1Pe 1.7
Ouro é provado no fogo – a fé também	1Pe 1.7; Dn 12.10
Ouro é raro – a fé também	Mt 7.21; Zc 13.9
Ouro vem debaixo – a fé de cima	
Ouro é temporário – a fé é eterna	Mt 13.21
Ouro não satisfaz – a fé satisfaz plenamente	At 16.34; Mt 19.22
Ouro diminui as pessoas – a fé as eleva	2Rs 5.25-27

839. Riquezas de Cristo

A alegria em Deus é indizível	1Pe 1.8
O dom de Deus é inefável	2Co 9.15
A Palavra de Deus é inefável	2Co 12.4
A ação do Espírito Santo é inexprimível	Rm 8. 26
A riqueza de Cristo é insondável	Ef 3.8
Os caminhos de Deus são inescrutáveis	Rm 11.33

840. Razões para sermos santos

Porque Deus, nosso Pai, é santo	1Pque 1.15
Porque Deus nos libertou da escravidão	Lev 11.45
Porque Deus ordena que sejamos santos	Lv 19.2
Porque estamos em relacionamento íntimo com Deus	Lv 20.7
Porque Deus determinou que fôssemos somente dele	Lv 20.6
Porque somos servos de Deus	Lv 21.6

841. O caráter dos filhos de Deus

O que os filhos de Deus são:

Santos no seu caráter	1Pe 1.15,16
Misericordiosos e compassivos	1Pe 3.7
Testemunhas	1Pe 3.15
Sóbrios na oração	1Pe 4.8
Cuidadosos no uso da língua	1Pe 3.10
Zelosos do que é bom	1Pe 3.13
Prontos para se encontrar com o Senhor	1Pe 1.5

842. O que os filhos de Deus são

Os filhos de Deus são:

Remidos pelo precioso sangue de Cristo	1Pe 1.17-19
Guardados pelo poder de Deus	1Pe 1.5; Is 41.10
Fortalecidos pelo Espírito Santo	Ef 3.16; 6.10
Santificados pela Palavra de Deus	Jo 17.17
Instruídos pela Palavra de Deus	Sl 32.8; Lc 10.39
Encorajados pelas promessas de Deus	Js 1.8

843. Ordens de Cristo

Devemos ser santos porque ele é santo	1Pe 1.15,16
Devemos ser perfeitos como nosso Pai	Mt 5.48
Devemos viver em paz	2Co 13.11
Devemos aquietar-nos diante de Deus	Sl 46.10
Devemos ser sóbrios e vigilantes	1Pe 5.8
Devemos ser fiéis até a morte	Ap 2.10
Devemos estar prontos para toda boa obra	2Tm 2.21

844. Como devemos crescer

Devemos crescer:

Como uma planta tenra	Is 53.2
Como um lírio na sua pureza	Os 14.5
Como um cedro na sua força	Sl 92.13
Como um ramo frutífero	Os 14.7
Em Jesus, em tudo	Ef 4.15
Crescendo o cristão, andará de força em força	Sl 84.5-7

845. O falar de Deus (Hb 1.1)

Deus falou de muitas maneiras: Como suas palavras chegam até nós?

Pela sua própria boca	Gn 18.17; Êx 33.9
Do meio da sarça ardente	Êx 3.4

Pela boca do anjo	Dn 9.21,22; Lc 2.10
Pelo dedo de Deus	Êx 32.16; 34.1
Pelo Urim e o Tumim (Luz e Justiça)	Êx 28.30
Por sonhos e visões	Dn 2.1; 1Rs 3.5
Por inspiração	2Pe 1.20; 2Tm 3.16

846. Títulos do Senhor

Dez títulos do Senhor na Carta aos Hebreus:

O Filho de Deus	Hb 1.2
Autor da salvação	Hb 2.10
O Apóstolo	Hb 3.1
O Sumo Sacerdote	Hb 5.10
O Fiador Superior	Hb 7.22
Ministro do Santuário	Hb 8.2
Mediador da Nova Aliança	Hb 9.15
Reconciliador Sacrificado	Hb 10.12
Autor e Consumador da Fé	Hb 12.2
Grande Pastor das Ovelhas	Hb 13.20

847. O falar de Deus pelo Filho (Hb 1.1)

A ocasião: nestes dias. Na Bíblia, períodos de tempo são muitas vezes chamados de "dias". O tempo presente se chama de "O Dia da Salvação". Ele começou com o nascimento de Cristo e terminará com o seu retorno. Agora Deus fala por meio do Filho, o Unigênito, o Eterno, o Resplendor de sua Glória. O falar pelo Filho supera a todo falar anterior de Deus.

Como ele falou? Pelas pregações, sinais e milagres. Nunca ninguém falou como ele. Ninguém pode fazer os sinais que ele operou. Deus falou pela sua vida singular, pela sua morte expiatória. Agora o Filho fala por nós diante do Pai (Hb 7.25)

848. Por que o Senhor morreu?

Para expiar os nossos pecados	Hb 1.3; 2.17
Para aniquilar o pecado	Hb 9.26
Para nos salvar de nossas transgressões	Rm 4.25
Para nos libertar de nossos pecados	Ap 1.5
Para nos justificar	Rm 5.1
Para nos desarraigar deste mundo mau	Gl 1.4
Para nos conduzir a Deus	1Pe 3.18

849. A nossa salvação de acordo com Hebreus

Somos herdeiros da salvação	Hb 1.14
É uma grande salvação	Hb 2.3

É uma salvação negligenciada por muitos	Hb 2.3
Jesus é o Autor da Salvação	Hb 2.10; 5.9
A salvação é eterna pois Jesus vive eternamente	Hb 7.25
A salvação é chamada de "coisa que é melhor"	Hb 6.9
A volta de Jesus é a esperança de nossa salvação	Hb 9.28

850. Anjos, modelos de servos de Deus

Anjos servem os santos do Senhor	Hb 1.14
Estão sujeitos ao Senhor	1Pe 3.22; Sl 103.20
Levam a outros o conhecimento de Deus	Lc 2.9ss; At 10.22
Louvam e adoram o Senhor	Ap 7.11
Executam a vontade de Deus	Sl 103.20
São humildes	Ap 22.8,9
São santos	Mc 8.38; At 10.22

851. Salvação rejeitada

Três passos para baixo na Carta aos Hebreus:

Pessoas podem negligenciar a salvação	Hb 2.3
Pessoas podem recusar-se a ouvir	Hb 12.25
Pessoas podem calcar aos pés o Filho de Deus	Hb 10.28,29

852. Sete coisas grandes em Hebreus

A grande salvação	Hb 2.3
O grande Sumo Sacerdote	Hb 4.14
A grande comparação	Hb 7.4
A grande luta	Hb 10.32
A grande recompensa	Hb 10.35
A grande nuvem de testemunhas	Hb 12.1
O grande Pastor das ovelhas	Hb 13.20

853. O Senhor Jesus

O Senhor em Hb 2.7-9:

Na sua encarnação foi feito menor que os anjos	Hb 2.7
Hoje todas as coisas ainda não estão submissas a ele	Hb 2.8
Mas já agora está coroado de glória	Hb 2.9; Fp 2.9
No futuro tudo lhe estará sujeito	Ef 1.19-23

854. Nossa salvação

É recebida pela morte de Jesus	Hb 2.9; 1Pe 3.18
Foi selada pelo Pai pela ressurreição	Rm 5.10
É oferecida a todos pelo Evangelho	At 13.26; Rm 1.16
É recebida pela fé no Senhor Jesus	At 16.31; Ef 2.8

855. Nosso combate

O nosso combate...

É um combate liderado pelo Senhor	Hb 2.10
É um combate da bandeira de nosso Deus	Êx 17.15
É um bom combate, por uma boa causa	1Tm 1.18,19
É um combate no qual mantemos a boa consciência	1Tm 1.18,19
É um combate com muitos sofrimentos	2Tm 2.3,10
É um combate que exige renúncia pessoal	1Co 9.25-27
É um combate vencido com muita oração	Êx 17.11,12; Ef 6.18
É um combate vencido com firmeza e vigilância	1Co 16.13

856. O Autor da salvação (Hb 2.10,11)

É desejo de Deus que muitos sejam salvos.

O que acontecerá com os salvos? Ele os conduzirá à glória

Por quem acontece esta grande obra? Por Jesus Cristo

Como ela se tornou possível? Pela sua morte expiatória

O que ele faz com os salvos? Ele os aperfeiçoa

Como ele os chama? Ele não se envergonha de chamá-los de irmãos

857. Jesus como nosso sumo sacerdote

Jesus como Sumo Sacerdote:

Foi chamado por Deus	Hb 3.1,2; 5.4,5
Seu sacerdócio é superior ao de Arão	Hb 7.23-28; 8.1-6
É sacerdote segundo a ordem de Melquisedeque	Sl 110.4; Hb 5.6; 6.20
É um sacerdócio confirmado por juramento	Hb 7.20,21
Seu sacerdócio é eterno e perfeito	Hb 7.23,24
É um sacerdócio que não necessita de repetição de sacrifícios	Hb 7.27
Ele sacrificou-se a si mesmo e operou uma salvação eterna	Hb 9.12
Ele entrou no santuário celestial	Hb 4.14; 10.12
Lá ele intercede por nós	Hb 4.14-16; 7.25
Ele nos abençoa	Nm 6.25,26; At 3.20,21

858. Hoje

Hoje ouvir a Palavra de Deus e crer	Hb 3.7
Hoje receber o Senhor	Lc 19.5
Hoje consagrar se consagrar a Deus	Êx 32.29
Hoje começar a servir o Senhor	Mt 21.28
Hoje ajudar uns aos outros	Hb 3.13; 10.24,25
Hoje poderemos estar com o Senhor no Paraíso	Lc 23.43

859. Como é o nosso sumo sacerdote

Nosso Sumo Sacerdote é:

Misericordioso	Hb 2.17
Fiel	Hb 2.17
Poderoso para socorrer	Hb 2.18
Compassivo	Hb 4.15
Provado nas provações	Hb 4.15
Eterno	Hb 6.20
A si mesmo se sacrificou	Hb 7.27

860. O poder do Senhor

O Senhor pode:

Salvar	Hb 7.25
Socorrer	Hb 2.18
Guardar	Jd 24
Livrar	Dn 3.17
Fazer infinitamente mais	Ef 3.20
Dar mais	2Cr 25.9
Glorificar	Fp 3.20,21

861. O poder da palavra de Deus (Hb 4.12)

Sete afirmações sobre a palavra de Deus:

1. É uma palavra viva:

É uma semente e tem vida em si mesma. Ela cai na terra e produz frutos (At 16.14).

2. É uma palavra poderosa (Jr 23.29):

Ela levanta os abatidos e derruba os arrogantes (Sl 146.8; Ap 1.17; At 22.7)

3. É uma palavra atuante:

Ela opera milagres: "Lázaro, vem para fora" (Jo 11.43)

4. É uma palavra que purifica o mais impuro (2Cr 33)

5. É uma palavra mais cortante que espada de dois gumes (1Sm 21.9):

Assim ela atuou no Pentecostes (At 2.37). A espada tem uma ponta como uma lança. Por ela foi aberto o lado do Senhor (Jo 19.34). Ela humilhará a Israel. Ela corta, revela (Ap 1.16; Hb 4.13; 2Rs 5.26,27)

6. É uma palavra que exerce julgamento (1Rs 3.24)

7. É uma palavra que revela coisas ocultas (Js 7.20; At 5.1-11)

862. A onisciência de Cristo

Diante do Senhor nada está oculto	Hb 4.13; Jo 2.25
O salmista já sabia disto	Sl 139.1-12
As palavras de Cristo ("Conheço as tuas obras") o comprovam	Ap 2.2,13,19
Ele conhecia mesmo as murmurações dos discípulos	Jo 6.60,61

O Senhor viu as más intenções de Judas	Jo 13.11
Mas ele conhece também as misérias dos pobres	Jo 5.6
Ele conhece todos os desejos ocultos	Jo 16.19
Diga com Agar: "Tu és Deus que me vê"	Gn 16.13

863. Nosso sumo sacerdote

Foi constituído por Deus	Hb 5.4,10
Não é ninguém menos que o Filho de Deus	Hb 5.5
É um sumo sacerdote sem máculas	Hb 7.26; 1Jo 3.5
É o Filho do Homem e por isso nos entende	Hb 5.1,2
Ele intercede eternamente pelos seus	Hb 7.25
Ele abençoa o povo	Nm 6.23-26; Lc 24.51
Seu sacerdócio é eterno	Hb 7.23,24
Seu ministério é para os remidos	Hb 6.20

864. Deus não se esquece (Hb 6.10)

Das menores coisas que seus filhos realizam para ele	Mt 25.40
Nem de um copo de água fresca	Mt 10.42
De quando satisfazemos necessidades de outros	At 9.42; Sl 41
Das bondades realizadas para outros	At 10.4; Lc 8.3
Dos sacrifícios realizados para sua obra	Fp 4.18
Das coisas ocultas	Lc 2.37,38
Mas Deus se esquece dos pecados perdoados	Mq 7.18

865. Somos herdeiros

Das promessas de Deus	Hb 6.17
Da salvação	Hb 1.14
Da justiça	Hb 11.7
Coerdeiros da graça da vida	1Pe 3.7
Do Reino de Deus	Tg 2.5
Herdeiros de Deus e coerdeiros com Cristo	Rm 8.17
Os vencedores herdarão tudo	Ap 21.7

866. O Salvador e os salvos (Hb 7.25)

Quem pode salvar? O Senhor	Mt 1.21
A quem ele salva? A todos que por ele se chegam a Deus	Jo 3.16
Como ele salva? Completamente	1Co 15.57
Quando ele salva? Sempre	2Co 1.10
Por que ele pode salvar? Ele vive para sempre	Hb 7.25

867. Cristo: nosso exemplo (Hb 7.26)

Cristo é um exemplo para nós:

Na sua absoluta santidade	1Pe 1.15
Na sua vida perfeita	1Jo 2.6
Na sua pureza imaculada	1Jo 3.3
No seu amor incomparável	Jo 15.9; Ef 5.2
Nas suas obras e amor pelos outros	Mt 20.28; Jo 13.14,15
No fazer o bem	At 10.38; 20.35
No perdoar	Cl 3.13
Somos chamados para seguir seus passos	Ef 1.4; Rm 8.29
Apenas sua imagem deverá ser vista em nós	2Co 3.18

868. A nova aliança (Hb 8.8-12)

A nova aliança é superior do que a aliança feita com Israel, pois está baseada em promessas superiores (Hb 8.6; Lc 22.20).

Não há mais necessidade de sacrifícios	Hb 7.27; 9.24,26
A nova aliança nos dá uma livre entrada no Santo dos Santos	Hb 10.19,20; 4.6
As melhores promessas são:	
Uma salvação eterna	Hb 5.9
Uma herança eterna	Hb 9.12,15
Uma esperança superior	Hb 7.19
Uma ressurreição superior	Hb 11.35
Um patrimônio superior	Hb 10.34

869. Todo tipo de obras

Obras mortas: realizadas pelas pessoas religiosas	Hb 6.1
Obras malignas: realizadas pelos incrédulos	Cl 1.21
Obras das trevas: que o filho de Deus tem de rejeitar	Rm 13.12
Obras infrutíferas: com as quais não devemos ter comunhão	Ef 5.11
Boas obras: com as quais servimos a outros	Mt 5.16
Obras maiores: realizadas pela fé	Jo 14.12
Obras que permanecerão	1Co 3.14,15

870. O que Cristo é

Cristo é:

A expiação pelos nossos pecados	Hb 9.12
Seu sangue purifica a consciência	Hb 9.14
Ele é o Mediador da Nova Aliança	Hb 9.15
Agora intercede por nós diante de Deus	Hb 9.24
Ele pode interceder pois removeu o pecado	Hb 9.26
Ele sofreu em nosso lugar	Hb 9.28
Ele nos conduzirá à glória	Hb 9.28

871. Coisas indispensáveis

O sangue de Cristo	Hb 9.22
A fé	Hb 11.6
A disciplina do Pai	Hb 12.8
A santificação prática	Hb 12.14
As obras como confirmação de nossa fé	Tg 2.18,26
O amor, pois sem ele nada somos	1Co 13.2
Permanecer em Cristo	Jo 15.5

872. Sem derramamento de sangue (Hb 9.22)

Sem derramamento de sangue não há:

Paz	Cl 1.20
Proteção da ira de Deus	Rm 5.9
Aproximação a Deus	Ef 2.13
Purificação	Hb 9.22
Expiação	Rm 3.25
Vida	Jo 6.54
Igreja	At 20.28

873. Prega a palavra

Prega a palavra pois...

Ela separa, divide	Hb 4.12
Ela dá vida	Fp 2.16
Ela é poder	Rm 1.16
Ela é pura	Sl 119.140
Ela permanece eternamente	Sl 119.89
Ela dá luz	Sl 119.105
Ela julga	Jo 12.48

874. O sacrifício remidor de Cristo (Hb 9.22)

O sacrifício de Cristo em nosso lugar:

Foi absolutamente necessário	Hb 9.22
Foi tipificado	Lv 16.10,16
É plenamente válido	Hb 9.11,12; Lc 23.45
É plenamente suficiente	Rm 3.26; 8.34
Foi um acontecimento maravilhoso (Cl 1.20)	Ef 2.13
Significa condenação para os que o rejeitam	Hb 10.26-29; Jd 11

875. O que Cristo operou na cruz

Na cruz o Senhor...

O Senhor aniquilou os nossos pecados	Hb 9.26

Promoveu a paz pelo seu sangue — Cl 1.20
Reconciliou-nos com Deus — Rm 5.10
Ganhou para nós uma eterna redenção — Hb 9.12
Aproximou-nos de Deus — Ef 2.13
Libertou-nos do mundo perverso — Gl 1.4

876. Fatos imutáveis
A morte do pecador — Hb 9.27; 1Rs 2.37
A penalidade do pecador — 2Ts 1.8,9
A condenação do pecador — Hb 10.27; Rm 2.2
A oferta do perdão — Rm 1.16
A salvação garantida para quem crê — Rm 10.9; Is 12.2

877. Depois disto, o juízo... (Hb 9.27)
O julgamento foi:
Profetizado pelos profetas — Jd 14,15; Ec 11.9
Profetizado por Jesus — Jo 5.28,29
Anunciado pelos apóstolos — Rm 2.16; 2Ts 1.8
Estabelecido pela ressurreição de Cristo — At 17.31
O dia do julgamento foi determinado por Deus — At 17.31
O julgamento está descrito na Bíblia — Ap 20.11-15
O filho de Deus não precisa temer o julgamento — Jo 5.24
Os pecados do cristão já foram julgados em Cristo — Is 53.5,6

878. Para o que o Senhor veio a mundo?
Para cumprir a vontade do Pai — Hb 10.7
Para cumprir a lei — Mt 5.17
Para chamar pecadores ao arrependimento — Mt 9.13
Para salvar o que estava perdido — Lc 19.10
Para dar vida, e vida em abundância — Jo 10.10
Para trazer luz nas nossas trevas — Jo 12.46
Para dar sua vida em resgate — Mc 10.45

879. A obediência de Jesus
Ele veio para fazer a vontade do Pai — Hb 10.7
Ele fez a vontade do Pai desde a infância — Lc 2.51
Ele assumiu a forma de servo — Fp 2.7; Hb 2.7
Ele sempre fazia o que agradava o Pai — Jo 8.29
Sua comida era fazer a vontade do Pai — Jo 4.34
Ele foi obediente até à morte na cruz — Fp 2.8

880. Nosso lar (Hb 10.19-22)

Nosso lar é o santuário celestial, o Santo dos Santos. Lá habitamos desde agora pela fé. A presença de Deus é nossa maior satisfação. Nosso grande privilégio é a possibilidade de entrarmos neste lugar exaltado, onde está o nosso Senhor. Ele mesmo o preparou para nós. O que nos dá o direito de entrarmos no santuário celeste? O sacrifício de Cristo, seu sangue.

Condições para entrarmos:

Estar em ordem com Deus	Mt 5.8
Plena certeza de fé	Hb 10.22
Uma boa consciência	At 23.1; Hb 10.22
Corpos santificados, oferecidos como sacrifício vivo	Rm 12.1

881. Tudo novo

Na vida do cristão "tudo se fez novo".

Ele anda em um novo caminho	Hb 10.20
Ele está em uma nova aliança com Deus	Hb 8.8
Ele é uma nova criatura	2Co 5.17
Ele tem um novo nome	Ap 2.17
Ele recebeu um novo mandamento	Jo 13.34
Ele encontra uma nova misericórdia a cada manhã	Lm 3.22,23
Ele terá um novo céu por toda a eternidade	Ap 21.1

882. Verdadeiro descanso

Nossos corações estão cheios de inquietações. Longe de Cristo não há descanso (Mt 11.28). Por longo tempo Israel festejou o sábado, mas não conhecia o Senhor do sábado. O descanso aqui prometido só pode ser alcançado pela fé no Senhor Jesus Cristo.

Ele dá:

Descanso para a consciência culpada	Hb 10.22; Sl 32
Descanso para os cansados	Mt 11.28,29
Descanso na hora da morte	Hb 2.15
Descanso, alegria, em relação à sua volta	Tt 2.13
Descanso nos golpes da vida	Rm 8.28; Jó 1.21
Descanso quando sofremos injustiças	1Pe 1.6-9
Descanso eterno	Hb 4.9-11

883. Eu quero

A lei diz: "Você deve!" e não temos a capacidade de cumpri-la. Sob a graça, o Senhor diz: "Eu quero!".

O Senhor diz:

Eu quero perdoar o pecador pela graça	Hb 10.17
Eu não quero lançar ninguém fora	Jo 6.37
Eu quero fica limpo	Mc 1.41

Eu quero dar-lhes descanso	Mt 11.28
Eu quero colocar a lei no seu coração	Hb 10.16
Eu quero ser o seu Deus	2Co 6.17,18
Eu quero fazer de vocês pescadores de homens	Mt 4.19
Eu quero recebê-los para mim	Jo 14.3

884. Tenha coragem

Tenha coragem...

De viver uma vida que agrada a Deus, como Enoque	Hb 11.5
De trabalhar para Deus no meio de zombarias, como Noé	Hb 11.7
De deixar tudo pela fé, como Abraão	Hb 11.8; Mt 19.27
De sofrer pela fé, como Moisés	Hb 11.25
De fugir do pecado, como José	Gn 39.12
De perseverar nas perseguições, como Daniel	Dn 6.10
De ousar o impossível, como Pedro	Mt 14.28,29
De testemunhar, como Paulo	At 26.28,29

885. Verdadeira fé

Crer em Deus é início da vida de fé	Hb 11.6
A Palavra é o fundamento da fé	Rm 10.8
A vida manifesta a verdadeira fé	Tg 2.18
O escudo da fé é a proteção	Ef 6.16
O Espírito Santo é o poder da fé	At 6.5,8
A oração é a alavanca da fé	Tg 5.15
A salvação é o objetivo da fé	1Pe 1.9

886. Noé (Hb 11.7)

O fundamento de sua fé foi a graciosa advertência de Deus. Noé creu no julgamento vindouro.

O temor de Deus foi uma força motivadora de sua fé.

A obediência foi a ação de sua fé. Ele construiu a arca.

A salvação de sua família foi o resultado de sua fé.

A condenação do mundo foi o testemunho de sua fé.

Ser um herdeiro da justiça foi a recompensa de sua fé.

887. O que é a fé?

A fé é a certeza de coisas que se esperam	Hb 11.1
A fé é a convicção de coisas que não se veem	Hb 11.1
Pela fé estamos salvos como Noé	Rm 1.16; Hb 11.7
Pela fé somos justificados diante de Deus	Rm 5.1; Gl 2.16
Nós vivemos na e pela fé	Gl 2.20; Hc 2.4
Nós andamos pela fé	2Co 5.7

Pela fé chegamos a Deus — Ef 3.12; Hb 10.22
Pela fé nós vencemos — 1Jo 5.4
Sem fé ninguém pode se aproximar de Deus — Hb 11.6
Sem fé ninguém pode agradar a Deus — Hb 11.6; 10.38

888. "Firme como quem vê aquele que é invisível" (Hb 11.24-27)

Moisés viu coisas maravilhosas na sua vida, mas a sua maior visão foi de Deus. Esta visão transformou a sua vida.

Foi uma visão gloriosa — Êx 3.2
Foi uma visão transformadora — Êx 3.3-10
Foi uma visão à qual seguiu a consagração (sacrifício) — Hb 11.28
Foi uma visão que o levou a superar o medo — Hb 11.27
Foi uma visão que lhe deu firmeza — Hb 11.27
Foi uma visão que o levou a escolher os valores maiores — Hb 11.26; Ef 3.8
Foi uma visão com um final glorioso — Dt 34

889. Exortações em Hebreus 12

Deixar tudo o que nos atrapalha (para seguir) — Hb 12.1
Olhar para Jesus (como inspiração para a fé) — Hb 12.2
Restabelecer as mãos decaídas (para fazer o bem) — Hb 12.12
Restabelecer os joelhos trôpegos (para a oração) — Hb 12.12
Fazer caminhos retos (para viver em santificação) — Hb 12.13
Seguir a paz com todos — Hb 12.14
Seguir a santificação (para ver a Deus) — Hb 12.14
Cuidar de si e de outros — Hb 12.15; 10.24
Servir a Deus de modo agradável — Hb 12.28

890. Nossa corrida (Hb 12.1,2)

A corrida:
Começa com o novo nascimento
Exige toda a nossa força — 1Co 9.26
Está voltada para uma meta maravilhosa — Hb 11.10,14,16
O corredor não deve se distrair com nada — Gn 24.56
O incentivo para a corrida:
A grande nuvem de testemunhas — Hb 11.1-40
O próprio Senhor — Mt 20.18,19
A capacitação para a corrida:
Deixar todo o peso — Hb 12.1; 1Pe 5.7
Deixar o pecado — Hb 12.1; Cl 3.8-10
A direção do olhar na corrida:
Não olhar para trás como a mulher de Ló — Gn 19.26
Quem lançou mão do arado não deve olhar para trás — Lc 9.62

O alvo da corrida:
A glória futura	Tt 2.13
A coroa da vida	1Co 9.25; 1Pe 5.4

891. Jesus, o nosso exemplo
Na fé – olhando para Jesus	Hb 12.2
No amor fraternal – amar como ele amou	Ef 5.2
Na pureza – ser puro como ele	1Jo 3.3
No sofrimento – seguindo seus passos	1Pe 2.21
Na paciência – considerando quem suportou tanta oposição	Hb 12.3
No despojamento – ele humilhou-se a si mesmo	Fp 2.5-8
No andar – andar como ele andou	1Jo 2.6

892. O antegosto do céu (Hb 12.18-24)
Vocês chegaram ao monte Sião	Ap 14
À cidade do Deus vivo	Hb 11.10; Gl 4.26
Às incontáveis hostes de anjos	Dn 7.10
À assembleia universal	Ap 5.13
Ao espírito dos justos aperfeiçoados	At 7.55; Hb 12.23
Ao Mediador da nova aliança	Hb 8.6
Ao sangue da aspersão	Êx 12.13

893. O sangue de Cristo (Hb 12.24)
O que o sangue de Cristo nos diz? Fala de coisas superiores que o sangue de Abel:
Fala de seu grande objetivo: redenção para nós	1Jo 2.2; 4.10
Ele foi derramado de acordo com o propósito de Deus	Ap 13.8
Ele anuncia a todos um pleno perdão	Cl 1.14
Ele opera a purificação do pecado	1Jo 1.7
Liberta completamente os cristãos	Hb 10.19
Concede paz aos intranquilos	Cl 1.20
Conduz à glória eterna	Ap 7.14,15

894. Bons conselhos em Hebreus 13
Ser hospitaleiro	Hb 13.2
Lembrar-se dos que sofrem	Hb 13.3
Não ser avarento	Hb 13.5
Seguir o exemplo de seus líderes	Hb 13.7
Não se deixar envolver por doutrinas estranhas	Hb 13.9
Estar disposto a levar a vergonha de Cristo	Hb 13.13
Oferecer a Deus sacrifícios de louvor	Hb 13.15
Praticar o bem	Hb 13.16
Obedecer os líderes	Hb 13.17
Praticar a intercessão	Hb 13.18

895. A vida na fé

Nós andamos pela fé	2Co 5.7
Nós estamos firmes pela fé	2Co 1.24
Nós vivemos pela fé	Rm 1.17
Nós lutamos o bom combate da fé	1Tm 6.12
Nós vencemos pela fé	1Jo 5.4
Nós temos acesso à graça pela fé	Rm 5.2
Nós somos justificados pela fé	Rm 3.28; 5.1

896. O que Paulo pregou e praticou

Contentamento	1Tm 6.6; Fp 4.11
O combate da fé	1Tm 6.12; 2Tm 4.7
Ser um exemplo	Tt 2.7; Fp 3.17
Pregar a Palavra	2Tm 4.2; At 20.31
Oferecer-se como sacrifício	Rm 12.2; 2Tm 4.6

897. Promessas preciosas para cada dia

Pelas promessas de Deus encontramos:

Ajuda em cada situação de vida	Hb 13.5,6
Força nas fraquezas	Is 41.10
Ânimo nos abatimentos	Mt 14.27; 11.1-6
Direção nas incertezas	At 16.9; Sl 32.8
Paz nas lutas	Is 66.12; Jo 16.33
Alegria no sofrimento	Is 61.3
Poder para o serviço	At 1.4-8

898. O Senhor, nosso auxílio (Hb 13.6)

Ele foi no passado	Sl 44.1-3
Ele é hoje	Sl 44.4-8
Ele é um auxiliador poderoso	Sl 42.5,11; 43.5
Ele guarda e protege	Sl 121.5-8
Ele é um auxiliador maravilhoso	Is 40.29-31
Ele é o auxílio dos órfãos	Sl 10.14
Ele é um auxílio constante	Sl 90.1,2

899. Jesus: o que ele é

Jesus:

É sempre o mesmo	Hb 13.8
É o único Salvador	At 4.12
Enche-nos de alegria	At 8.8,39
É o Salvador de todos	At 2.39; Lc 2.10
É o Salvador que satisfaz	Jo 4.14; 14.14

É o Salvador que é aceito ou rejeitado — Mt 12.30
É o Salvador que dá a vitória — 1Co 15.57

900. O sangue precioso

Por que o sangue de Cristo é precioso?
Porque ele...

Traz a redenção — 1Pe 1.18,19
Dá o perdão — Ef 1.7
Concede a justificação — Rm 5.1
Dá segurança — Êx 12.13
Abre o caminho para o Santo dos Santos — Hb 10.19
Proporciona comunhão — 1Co 10.16
Santifica — Hb 13.12
Dá a vitória — Ap 12.11

901. Sete olhares do Senhor

O olhar do amor — Mc 10.21
O olhar do reconhecimento — Jo 1.47
O olhar do incentivo — Lc 19.5
O olhar da compaixão — Lc 7.13
O olhar da reprovação — Lc 22.61
O olhar do desvelo — Jo 19.26
O olhar para o Pai — Jo 11.41

902. A escritura que nos foi dada

A palavra de Deus nos foi dada...

Para operar o novo nascimento — 1Pe 1.23
Para iluminar — Sl 119.130; 19.8
Para vivificar — Sl 119.50,93; 19.7
Para dar sabedoria — Sl 19.7; 2Tm 3.16
Para alegrar o coração — Sl 19.8
Para nossa santificação — Jo 17.17
Para purificar o coração — Jo 15.3; Ef 5.26
Para edificar — At 20.32
Para dar vitória — Mt 4.4,7,10
Para operar o crescimento — 1Pe 2.2
Para advertir — 1Co 10.11

903. O verdadeiro cristão

Ser cristão é mais do que apenas usar o nome de Cristo.
O verdadeiro cristão:

É alguém que é nascido de Deus — 1Pe 1.23; Jo 1.13

É alguém que não procura a salvação nas boas obras	Ef 2.9
É alguém que busca a justiça de Deus	Rm 4.6; Rm 3.21
É alguém que edifica sobre o fundamento que é Cristo	1Co 3.11
É alguém que confessa Cristo como seu Senhor	Rm 10.9
É alguém que serve o Senhor	1Ts 1.6-9
É alguém que é zeloso de boas obras	Tt 2.14; 3.8
É alguém que procura ganhar almas	2Co 5.20
É alguém que aguarda o retorno do Senhor	Tt 2.13

904. Valores eternos

O que permanece para sempre, eternamente?

A Palavra de Deus	1Pe 1.25
O nome de Deus	Sl 72.17
A misericórdia de Deus	Sl 106.1
A justiça de Deus	Sl 111.3
A glória de Deus	Sl 104.31; 2Tm 2.10
Os filhos de Deus	Jo 10.28; 3.36
A aliança de Deus	Sl 111.9

905. O crescimento na fé

Começa com o novo nascimento pela Palavra	1Pe 2.2
Crianças alimentam-se de leite	1Pe 2.2; Hb 5.13
Os adultos recebem alimento sólido	Hb 5.14
Muitos permanecem eternas crianças	Hb 5.12-14
Devemos crescer e tornar-nos adultos	Ef 4.13,14
O senhor zela pelo nosso crescimento	Ef 4.11-13
A Palavra é o melhor meio para o crescimento	At 20.32
Muitos cristãos permanecem crianças	Hb 5.12-14

906. O Senhor vive!

O Senhor vive como:

Uma pedra viva – para nos vivificar	1Pe 2.4
Como o pão vivo – para nos alimentar	Jo 6.51
Como a água viva – para nos saciar	Jo 4.10
Como o sumo sacerdote – para interceder por nós	Hb 7.25
Como o Ressuscitado – para sermos salvos pela sua vida	Rm 5.10
A maior realidade em nós	Gl 2.20; Cl 1.27

907. Povo de Deus (1Pe 2.9)

É um povo escolhido:

Escolhido antes da fundação do mundo	1Pe 1.2; Ef 1.4
Gerado pelo próprio Deus	1Pe 1.3

É um povo sacerdotal:	Ap 1.6
Pelos trajes que veste: está revestido de Cristo	Rm 13.14; Cl 3.12
Pelos sacrifícios que oferece a Deus	Rm 12.1; Hb 13.15
Pela mensagem que anuncia	At 13.38,39
É um povo santo	Hb 13.12
Participa da natureza divina	2Pe 1.4
Foi criado por Deus em justiça e retidão	Ef 4.24
Consagra-se para servir a justiça	Rm 6.19
É um povo de propriedade de Deus	Tt 2.14
Não vive mais para si mesmo	2Co 5.15; Rm 14.7,8
É zeloso de boas obras	Tt 2.14
Anuncia as virtudes de Cristo	1Pe 2.9

908. Cristo, nossa segurança
Ele é...

A Pedra Viva sobre a qual edificamos	
A Rocha na qual nos abrigamos	
O Esconderijo onde ouvimos sua voz	
O Abrigo no qual estamos seguros	Sl 32.7; 31.20
A Proteção nas tempestades	Is 25.4

909. Sacerdotes de Deus (1Pe 2.5,9)

O Senhor nos fez sacerdotes	Ap 1.6
Habilitou-nos para adentrarmos no Santo dos Santos	Hb 10.19
Capacitou-nos para sermos sacerdotes santos	1Pe 2.5
Como sacerdotes anunciamos as virtudes de Cristo	1Pe 2.9
Ofertamos sacrifícios de louvor	Hb 13.15
Mais do que isto: sacrificamos a nós mesmos	Rm 12.1
Continuaremos este ministério por toda eternidade	Ap 5.9,10

910. Como devemos crescer? (1Pe 2.2)
Devemos crescer...

Como a semente, para dar alimento
Como o ramo, para dar fruto
Como o carvalho, para ficar firme
Como o lírio, para ser puro

911. O que Deus espera de seus filhos

Que anunciem as suas virtudes	1Pe 2.9
Que sejam frutíferos	Jo 15.1-8
Que sejam um povo santo, separado	Hb 13.13; 2Co 6.17
Que avancem	Fp 3.13,14

236   GEORG BRINKE

| Que preservem a Palavra da Vida | Fp 2.16 |
| Que sejam luzeiros na escuridão | Fp 2.15 |

912. Chamados (1Pe)

De acordo com a primeira Carta de Pedro somos chamados:

Das trevas para a luz	1Pe 2.9
Para sofrer e fazer o bem	1Pe 2.20,21
Para retribuir o mal com o bem	1Pe 3.9
Para receber a bênção por herança	1Pe 3.9
Para a glória eterna	1Pe 5.10
Quem nos chamou é fiel	1Ts 5.24; 1Co 1.9

913. "Por que coisas ruins acontecem a pessoas boas?"

O cristão sofre sem culpa por várias razões:

Por causa da consciência	1Pe 2.19
Por causa do exemplo de Cristo	1Pe 2.21
Por causa da justiça	1Pe 3.14
Por causa do bem	1Pe 3.17

O cristão sofre...

| Alegrando-se no Senhor | 1Pe 4.13,14 |
| Glorificando a Deus pelo seu testemunho | 1Pe 4.16 |

914. Privilégios e responsabilidades (1Pe 2.9-11)

As palavras "vós porém" (v. 9) mostram o contraste do cristão em relação ao mundo. Antes não éramos seu povo, não tínhamos alcançado a graça, entretanto agora somos um sacerdócio real com grandes privilégios (Ap 1.6).

Nossos privilégios atuais:

Somos ricos, pois possuímos as riquezas de Cristo	Ef 3.8
Estamos revestidos de Cristo	Rm 13.14; 1Co 2.16
Assentados como hóspedes do Rei à sua mesa	Lc 24.30
Somos servidos pelos anjos	Hb 1.14
Temos acesso direto ao Rei dos Reis	Hb 10.19
Nossas responsabilidades atuais:	1Pe 2.11,12
Somos peregrinos e estrangeiros no mundo	1Pe 2.11
Peregrinamos em direção à nossa pátria	Hb 11.9,10,38
Renunciamos às paixões, como José	Gn 39.12
Pregamos as virtudes de Cristo	1Pe 2.9; 2Co 3.2,3

915. Verdadeiros discípulos de Cristo

Os verdadeiros discípulos seguem as pegadas de Cristo (1Pe 2.21). Como Jesus:

| Andam em amor | Ef 5.2; Jo 13.34,35 |
| São humildes | Jo 13.12-15 |

São pessoas de oração	Hb 5.7
Praticam boas obras e ajudam os necessitados	At 10.38
Estão prontas para sofrer	1Pe 2.21,23
São vitoriosos sobre as tentações e Satanás	Mt 4.11

916. O que o Senhor fez por nós

Carregou os nossos pecados	1Pe 2.24; Hb 1.3
Salvou-nos	Fp 2.12
Nos escolheu e fortaleceu	2Pe 1.10
Fez-nos idôneos para a herança celestial	Cl 1.12
Libertou-nos de todas as iniquidades	Tt 2.14
Libertou-nos de todo pecado	Ap 1.5
Um dia nos apresentará na glória eterna	Ef 5.27

917. As ovelhas de Jesus

Andavam desgarradas	1Pe 2.25; Is 53.6
Foram procuradas e achadas pelo Pastor	Lc 15.6
O Pastor as guarda nas suas mãos	Jo 10.28
O Pastor as conhece pelo nome	Jo 10.3
Elas valem mais que tudo para ele	Jo 10.11
O Pastor cuida delas da melhor maneira	Sl 23
O Pastor um dia as buscará para si	1Pe 5.4

918. A graça em nossa vida

Somos herdeiros da graça da vida	1Pe 3.7
O Senhor é o doador da graça	Jo 1.16
Pela graça fomos salvos	Ef 2.8
Debaixo da graça temos vitória	Rm 6.14
Pela graça somos o que somos	1Co 15.10
Pela graça somos fortalecidos	2Tm 2.1
Na graça podemos crescer	2Pe 3.18
Pela graça nosso coração é confirmado	Hb 13.9
Nosso falar deve estar temperado com graça	Lc 4.22; Cl 4.6

919. Paz uns com os outros

Devemos buscar a paz	1Pe 3.11; Hb 12.14
Devemos amar a paz	Zc 8.19
Devemos seguir a paz	2Tm 2.22
Devemos viver em paz uns com os outros	1Ts 5.13
Devemos nos esforçar para ter paz com todos	Rm 12.18; Mc 9.50
A paz é um vínculo precioso	Ef 4.3
A paz é necessária para uma vida feliz	1Pe 3.10,11

920. O amor de Deus para com seus filhos

Os olhos do Pai nos contemplam	1Pe 3.12
Seus ouvidos estão abertos para nossas orações	1Pe 3.12
Suas promessas nos fortalecem	2Pe 1.4
Seu amor paterno excede a tudo	1Jo 3.1
Deus sustenta os seus nos braços paternos	Os 11.3
Ele nos beija com o beijo do amor	Lc 15.20
Ele nos dirige pelo seu Espírito	Rm 8.14; Sl 32.8

921. Hospitalidade

É ordenada na Bíblia	1Pe 4.9
Faz parte das boas obras	1Tm 5.10
É um grande privilégio	Hb 13.2
Devemos praticá-la	Rm 12.13
Tem uma grande recompensa	2Rs 4.9,10-16
Pratique-a mesmo com inimigos	2Rs 6.22,23; Rm 12.20
Exemplos de hospitalidade:	
Abraão	Gn 18.3-8
Melquisedeque	Gn 14.18
Maria e Marta	Lc 10.38; Jo 12
Lídia	At 16.15
O carcereiro	At 16.34
Gaio	3Jo 5,6

922. Recomendações para os líderes (1Pe 5.1-4)

Devem pastorear o rebanho a eles confiado	1Pe 5.2
Devem pastorear espontaneamente	1Pe 5.2
Devem pastorear de acordo como Deus quer	1Pe 5.2
Devem pastorear com motivações puras (de boa vontade)	1Pe 5.2
Devem ser exemplos para o rebanho	1Pe 5.3
Não devem pastorear por ganância	1Pe 5.2
Não devem ser dominadores do rebanho	1Pe 5.3
Os lideres fiéis receberão a imarcescível coroa da glória	1Pe 5.4

923. Como é Deus?

Nosso Deus é o Deus...

De toda graça	1Pe 5.10
Da paz	Hb 13.20
De amor	2Co 13.11
De toda consolação	2Co 1.3
Da paciência	Rm 15.5
Da esperança	Rm 15.13
Da glória	At 7.2

924. Tipos de amor

Amor menor (de Simão)	Lc 7.44-46
Amor maior (da muher)	Lc 7.44-47
Amor grande	Ef 2.4
Amor ainda maior	Jo 15.13
Amor fraternal	Hb 13.1
Amor sincero	1Pe 1.22
Amor perfeito	1Jo 4.18

925. Qualidades do servo de Cristo

O servo deve ser um exemplo para o rebanho	1Pe 5.3
O servo deve governar bem sua casa	1Tm 3.4
O servo deve ser capaz de ensinar	1Tm 4.13-15; 3.2
O servo deve servir com humildade	At 20.19
O servo deve ser consagrado	At 20.24
O servo deve ser imparcial	1Tm 5.21
O servo deve ser uma pessoa de oração	Ef 3.14; Fp 1.4
O servo deve ser hospitaleiro	1Tm 3.2

926. Apenas graça

Nós conhecemos o Deus de toda a graça	1Pe 5.10
Nós anunciamos o Evangelho da graça de Deus	At 20.24
Nós estamos debaixo da Palavra da graça	At 20.32; Rm 11.5
Nós agradecemos pelo Espírito da graça	Zc 12.10
Nós nos achegamos ao Trono da graça	Hb 4.16
Nos temos o ministério da graça	Ef 3.2
Nós anunciamos a glória da sua graça	Ef 1.6

927. O Deus de toda a graça (1Pe 5.10)

O Deus de toda graça...

Chama seus servos (Abraão, Moisés, Samuel, Paulo etc.)	
Limita os sofrimentos de seus servos ("por um pouco")	1Pe 5.10; Rm 8.18; Ap 2.10
Disciplina seus filhos para darem frutos	Hb 12.10-12
Leva seus servos à maturidade	Ef 4.13
Fortalece na fé, no amor, na esperança	1Ts 1.3
Fortalece-nos em todas as situações	Jó 1.21; Dn 3.18
Firma na rocha	Mt 7.24
Aperfeiçoa os cristãos	Fp 1.6

928. Sete nomes do céu

Reino eterno	2Pe 1.11
Cidade permanente	Hb 13.14
Casa do Pai	Jo 14.2
Paraíso	2Co 12.4
Pátria celestial	Hb 11.14-16
Lugar de repouso	Ap 14.13
Monte Sião	Hb 12.22

929. Testemunhas de sua majestade (2Pe 1.16,17)

Sua pessoa é gloriosa	Jo 1.14; Ap 1.14
Seu nome é glorioso	Fp 2.9
Seu serviço é glorioso	2Co 3.8
Seus filhos são gloriosos	Rm 8.30
Seu poder é glorioso	Jo 11.40
Sua cruz é gloriosa	Jo 12.27,28; Gl 6.14
Seus propósitos são gloriosos	Jo 17.24

930. Deus não poupou

Os anjos que pecaram	2Pe 2.4
O mundo antigo	2Pe 2.5
O povo de Israel	Rm 11.21
O Egito	Êx 15.10
Seu Filho amado	Rm 8.32
Deus também não o poupará se você não crer	Jo 3.36
Portanto, teme!	Rm 11.20

931. O que é o pecado

É uma mancha que ninguém pode remover	2Pe 2.13ss
É uma doença que ninguém pode curar	Is 1.6
É um fardo que ninguém pode suportar	Is 1.4
São algemas que ninguém pode abrir	Is 61.1
É uma corda que ninguém consegue arrebentar	Pv 5.22
É um ídolo do qual ninguém consegue se livrar	Ez 14.3,4
Mas Jesus é o Libertador!	Jo 8.36

932. Somos participantes

Da natureza divina pelo novo nascimento	2Pe 1.4
Da vocação celestial	Hb 3.1
Da glória eterna	1Pe 5.1
Da primeira ressurreição	Ap 20.6
Da disciplina divina	Hb 12.6

Da herança celestial	Cl 1.12
Da sua santidade	Hb 12.10
Dos seus sofrimentos	2Co 1.7

933. O que os filhos de Deus podem fazer

Alegrar-se nas provações	Tg 1.2
Ser pacientes nas provações	Tg 1.4
Clamar ao Senhor nas necessidades	Tg 1.5
Confiar, crer, como uma criança	Tg 1.5
Nas humilhações, gloriar-se de sua dignidade	Tg 1.9
Praticar a Palavra	Tg 1.22
Tornar concreta a vida de fé	Tg 1.27

934. A Carta de Tiago

Foi escrita pelo irmão do Senhor. Seu conteúdo é o homem aperfeiçoado:

Aperfeiçoado no meio das necessidades	Tg 1.2-11
Aperfeiçoado nas tentações	Tg 1.12-18
Aperfeiçoado no ouvir e no fazer	Tg 1.19-27
Aperfeiçoado na imparcialidade	Tg 2.1-13
Aperfeiçoado nas obras e na fé	Tg 2.14-26
Aperfeiçoado no uso da língua	Tg 3.1-12
Aperfeiçoado na sabedoria	Tg 3.13-18
Aperfeiçoado nas motivações	Tg 4.1-10
Aperfeiçoado no julgamento	Tg 4.11,12
Aperfeiçoado na submissão	Tg 4.13-17
Aperfeiçoado na renúncia	Tg 5.1-6
Aperfeiçoado na espera pelo Senhor	Tg 5.7-11
Aperfeiçoado no falar	Tg 5.12
Aperfeiçoado na fé	Tg 5.13-18
Aperfeiçoado no serviço aos desviados	Tg 5.19,20

935. O Deus que dá liberalmente (Tg 1.5)

Como aquele que por nós não poupou seu único Filho, não nos daria com ele todas as coisas (Rm 8.32)?

Por que Deus dá?

Ele dá porque é amor e dá amor	Jo 3.16

O que Deus dá?

Tudo o que é necessário para a vida e piedade	2Pe 1.3
Ele supre todas as nossas necessidades	Fp 4.19

A quem Deus dá?

A todos	Tg 1.5
A todos os que confiam	Tg 1.6; Fp 4.6

Como ele dá?

Ricamente, sem medida	1Tm 6.17b
Bênçãos em plenitude	Ml 3.10

936. Condições para as orações serem respondidas

Devemos ter um coração...

Com fé	Tg 1.6; Hb 11.6
Inteiro	Jr 29.13
Humilde	Sl 51.17
Puro	Sl 66.18; Mt 5.8
Obediente	1Jo 3.22
Em comunhão com o Senhor	Jo 15.7

Devemos orar...

No Espírito Santo	Jd 20; Ef 6.18
Para a glória de Deus	Jo 14.13

937. Nossa atitude para com a Palavra de Deus

Devemos acolhê-la em nós abundantemente	Tg 1.21,25; Cl 3.16
Devemos guardá-la	1Jo 2.5
Devemos permanecer na Palavra	Jo 8.31
Devemos nos apegar à Palavra	Tt 1.9
Devemos ser praticantes da Palavra	Tg 1.22
Devemos testificar sem medo da Palavra	Fp 1.14
Devemos preservar a Palavra	Fp 2.16

938. Comparações da Palavra de Deus

É um espelho	Tg 1.23
É fogo	Jr 23.29
É um martelo	Jr 23.29
É alimento	Jr 15.16
É espada	Hb 4.12; Ef 6.17
É lâmpada	Sl 119.105
É semente	Lc 8.11

939. O poder da Palavra de Deus

Salva	Tg 1.21
Corta	Hb 4.12
Liberta	Jo 11.44
Purifica	Ef 5.26
Alenta	Hb 6.18
Santifica	Jo 17.17
Cura	Jr 8.22
Alimenta	1Pe 2.2

940. Nós oramos

Por quem? Por nós e outros	Tg 5.13,14,16
Quando? Em todo tempo e lugar	Tg 5.13,14
Como? Com seriedade, como Elias e o próprio Senhor	Hb 5.7; Tg 5.17
O que é necessário para a oração ser ouvida?	
Fé	Tg 1.6; 5.16,17
Justiça: pois a oração do justo tem muito poder	Tg 5.16
Não devemos orar como o fariseu	Lc 18.11

941. Como a Palavra opera

Como um espelho que revela coisas escondidas	Tg 1.23,24
Como um martelo que quebra toda arrogância	Jr 23.29; At 16.29
Como um fogo que purifica	Jr 23.29
Como uma espada que penetra na consciência	Hb 4.12; At 2.37
Como um bálsamo que cura as feridas	Sl 107.20
Como uma luz que revela as trevas	At 26.18

942. Características dos filhos de Deus

Os filhos de Deus são caracterizados...

Por uma fé viva e não morta	Tg 2.18
Pelas boas obras	Tg 3.13
Por participar das necessidades de outros	Hb 13.3
Por consagração e dedicação	Hb 6.11
Por uma piedade autêntica	1Tm 5.4; Tg 1.27
Pela fidelidade	Tt 2.10
Pela cortesia	Tt 3.2

943. Um mundo de iniquidade

Assim Tiago denomina a língua	Tg 3.6
Quem é perfeito? Quem domina sua língua	Tg 3.2
Observemos a descrição da língua:	
É comparada com fogo	Tg 3.6
É comparada com um mundo de iniquidade	Tg 3.6
É posta em chamas pelo inferno	Tg 3.6; Jo 8.44
Está cheia de veneno mortal	Tg 3.8
Ela é falsa: abençoa e amaldiçoa	Tg 3.9

Uma chance:

Assim como cavalos podem ser dominados com cabrestos, Deus pode "domar" aqueles que falam "em novas línguas", para louvar o Senhor e testificar dele (Tg 3.7,8)

944. Causas da queda

Quem quer ser amigo do mundo cai da fé	Tg 4.4
Quem não testifica do Senhor acaba negando-o	Mt 10.32,33; Lc 22.55ss
Quem não perdoa não tem comunhão	Mc 11.25,26
Negligenciar a comunhão com os irmãos leva ao naufrágio	Hb 10.25
Procurar defeitos nos outros leva a um mal final	Mt 7.3-5
Amar o mundo reconduz ao mundo	1Jo 2.15-17
A cura: conversão e arrependimento	Ap 3.3
Voltar ao primeiro amor	Ap 2.4,5

945. Orar em todo o tempo

Devemos orar:

Nas tribulações	Tg 5.13
Nas enfermidades	Tg 5.14
Nas horas de alegria	Tg 5.13
Nas derrotas	Tg 5.16
Nas angústias	Sl 50.15
Nos perigos	Mt 8.25
Na hora da morte	At 7.59,60

946. Intercessão

Nós intercedemos...

Pelos enfermos	Tg 5.14
Por todos os santos	Ef 6.18
Pelos servos de Deus	Ef 6.19
Pelas autoridades	1Tm 2.2
Pelos inimigos	Mt 5.44
Pelos invejosos	Nm 12.13
Pelos nossos críticos	Jó 42.8-10

947. A oração de acordo com Tiago 5

A oração pessoal (faça oração)	Tg 5.13
A oração comunitária (chame os presbíteros)	Tg 5.14
A oração da fé (a oração da fé)	Tg 5.15
A oração por outros (orai uns pelos outros)	Tg 5.16
A oração fervorosa (muito pode)	Tg 5.16
A oração específica (que não chovesse)	Tg 5.17
A oração respondida (o céu deu chuva)	Tg 5.18

948. O que necessitamos

Nós precisamos:

Orar fervorosamente	Tg 5.16
Coragem para transtornar o mundo	At 17.6
Intrepidez, como a dos apóstolos	At 4.13
Ser constrangidos pelo amor	2Co 5.14
Viver unicamente para o Senhor	2Co 12.15
Graça e sabedoria diante dos adversários	At 6.8
A plenitude do Espírito	Ef 5.18

949. Comunhão de acordo com 1João

A comunhão...

Foi possibilitada pela encarnação de Cristo	1Jo 1.1,2
É com o Pai e com o Filho	1Jo 1.3
É condicionada pelo andar na luz	1Jo 1.5-7
Só existe quando o pecado é reconhecido	1Jo 1.8
É mantida pela intercessão de Jesus	1Jo 2.1,2
A pedra de toque da comunhão é a obediência e o amor	1Jo 2.3,14
O seu fundamento é a verdade	1Jo 4.1-6
A sua vida é o amor	1Jo 4.7-21
Sua raiz é a fé	1Jo 5.1-21

950. Nossa comunhão com Deus

Deus anseia pela comunhão conosco	1Jo 1.3; Jo 17.24
Nós fomos chamados para comunhão	1Co 1.9
Nós fomos colocados no jugo com Jesus	Mt 11.29
Comunhão exige união	Am 3.3

Como alcançamos a comunhão?

Pela fé	2Co 5.7; Jo 1.12
Por andar na luz	1Jo 1.7
Por andar em novidade de vida	Rm 6.4
Por andar no Espírito	Gl 5.16
Por andar no amor	Ef 5.1,2; 4.1

951. Queda e restauração

O cristão ainda tem a possibilidade de pecar	1Jo 1.8; Rm 7.18
Se não vigiar, cairá	1Jo 1.9; Mt 26.41
O cristão caído é profundamente infeliz	Sl 32.3,4; Mt 26.75
Mas a confissão do pecado restaura	Sl 32.5
A confissão deve ser sincera e profunda	Sl 51.7-12
O restaurado é novamente feliz	Sl 51.8,12; 32.1,11
Ele anseia, agora, pela salvação de outros	Sl 51.12,13; 1Tm 1.16

952. A comunhão com Deus

Ter comunhão com Deus significa:

Estar em ordem com Deus	1Jo 2.1,2
Esperar com alegria a volta do Senhor	1Jo 2.28
Ter poder em oração	Jo 15.7
Ter plena alegria	Jo 15.11
Gozar da amizade com Cristo	Jo 15.14
Ser como ele	1Jo 2.6

953. Permanecer em Cristo

Quem permanece em Cristo:

Anda como ele andou, na dependência do Pai	1Jo 2.6
Ama os irmãos	1Jo 2.10; 3.14-17
Permanece naquilo que ouviu	1Jo 2.24
Permanece na unção do Espírito	1Jo 2.27; Ef 4.30
Guarda-se do pecado	1Jo 3.6; Gn 39.12
Não ama o mundo	1Jo 2.15
Purifica-se do pecado	2Co 7.1; Sl 139.23,24

954. Nossos pecados

Podemos confessá-los ao Senhor	1Jo 1.9; Pv 28.13
O Senhor expiou nossos pecados na cruz	1Jo 2.2
Ele veio para tirar o pecado	1Jo 3.5
Ele os carregou no seu corpo no madeiro	1Pe 2.24
Ele entregou-se a si mesmo	Gl 1.4
Ele nos conduz a Deus	1Pe 3.18

955. Amor ao mundo (1Jo 2.15-17)

A Escritura proíbe o amor ao mundo	
Este amor desperta as paixões da carne	Gl 5.19-21
Amar o mundo é correr atrás do vento	Ec 2.4-11
As preocupações da vida sufocam a Palavra	Lc 8.14
Facilmente conduzem a pecados mais sérios	Jó 1.5; Mt 14.6-11
Amor ao mundo é sinal de morte espiritual	1Tm 5.6
Tem péssimas consequências, como com Diná	Gn 34.1,2
Termina na tristeza	Pv 14.13
Nossa atitude diante do mundo deve ser a de Moisés	Hb 11.25

956. O amor de Deus

O nosso Deus ama...

Como um Pai	1Jo 3.1
Ternamente, como uma mãe	Is 49.15

Apaixonadamente, como um noivo	Gn 24.67
Cordialmente, como um irmão	Jo 15.9
Pacientemente, como um pastor suas ovelhas	Lc 15.4-6
Sacrificialmente, como um amigo	1Sm 18.1-4
Ardentemente, como um marido ama sua esposa	Ef 5.25

957. Nosso relacionamento com Deus

Nós nos relacionamos com Deus...

Como seus filhos amados:	1Jo 3.1,2
Nós somos filhos pelo novo nascimento	Jo 3.3; 1Pe 1.23
Nós somos filhos pela Palavra	Tg 1.18
Nós somos filhos pela fé	Gl 3.26; Jo 1.12
Como seus amigos:	
Amizade significa ter privilégios especiais	Sl 25.14; Is 41.8
Amizade baseia-se em amor mútuo	Pv 17.17; 18.24
Como seu tesouro:	Dt 7.6
Somos um tesouro que ele achou	Mt 13.44
Somos uma pérola que ele encontrou	Mt 13.45,46
Somos valorizados por toda eternidade	Ef 2.7
Como sua propriedade:	1Co 6.19
Este é o grande propósito de nossa salvação	Ef 2.10
Acima de tudo nós devemos honrá-lo	2Co 3.2,3
Confessar seu nome	Mt 10.32
Anunciar a todos seu amor	2Co 5.14,20
Irradiar em todo lugar sua glória	Ef 1.12-14

958. Bênçãos no céu

Que bênçãos serão estas?

Eterna comunhão com o Senhor	1Jo 3.2
Participar da sua glória	Jo 17.24; Lc 15.31
Gozar da vida eterna	Jo 3.36
Estar livre de todas as tentações e provações	Ap 22.3
Estar além de todo sofrimento	Ap 7.17
Ter comunhão com nossos queridos	Mt 8.11; 1Ts 4.13-18
Atingir a perfeição	Ap 22.1-5

959. Ver o Senhor (1Jo 3.2)

Ver o Senhor será:

O cumprimento das promessas do Senhor	Jo 16.10,22
A concretização de nossas esperanças	Jó 19.26,27
A recompensa dos sofrimentos pelo Senhor	At 7.56
A revelação da sua glória	Is 66.18; Ap 19.11ss

A contemplação de sua beleza	Is 33.17; 1Co 13.12
O ápice de todas as bênçãos	1Jo 3.2; Ap 22.4
O apogeu de nossa santificação	Mt 5.8

960. O que temos agora

Agora temos...

A certeza de sermos filhos de Deus	1Jo 3.2
A certeza da justificação	Rm 5.1
A libertação do jugo da lei	Rm 7.6
A salvação da condenação eterna	Rm 8.1
O gozo da comunhão com Deus	Ef 2.13
Uma esperança viva	Rm 15.13
O prazer de sua companhia	Mt 28.20; Hb 13.5

961. Por que não tememos a separação de Deus?

Porque somos filhos amados de Deus	1Jo 3.2; Ef 5.1
Porque Deus mesmo é por nós	Rm 8.31-39
Porque temos a vida eterna	Jo 3.15
Porque nossos nomes estão arrolados no céu	Lc 10.20; Ap 20.15
Porque temos moradas preparadas para nós no céu	Jo 14.1-3
Porque estamos seguros nas mãos do Senhor	Jo 10.28,29
Porque o Senhor mesmo nos protege	Jo 17.12

962. O que é pecado?

Transgressão da lei	1Jo 3.4
Uma séria doença interior	Is 1.4-6
Uma divisória entre Deus e os homens	Is 59.2
Uma escravidão terrível	Ne 9.37
Um empecilho para as bênçãos	Jr 5.25
Uma triste cicatriz nos nossos corações	Jr 17.1
Uma causa da disciplina de Deus	Mq 6.13

963. O primeiro cântico de louvor em Apocalipse (Ap 1.5,6)

O último livro da Bíblia inicia e termina com louvor e adoração. Apesar de João estar exilado, ele louvava como se estivesse livre. O Senhor é o mesmo em todo lugar (At 16.25ss).

Pelo que o apóstolo agradece e louva?

Pelo grande amor: "Àquele que nos ama"

Pelo sacrifício de Cristo: "Pelo seu sangue, nos libertou dos nossos pecados"

Pelo grande privilégio: "E nos constituiu" – o quê?

Reis: (reino) portanto destinados para a maior honra

Sacerdotes para o seu Deus: Para adentrar no Santo dos Santos. Somos, portanto Sacerdotes de Deus, colocamo-nos a nós mesmos no altar (Rm 12.1), oferecemos a Deus os sacrifícios de uma fé viva (Fp 2.17), sacrifícios de amor (Hb 13.16) e fazemos ofertas para missões (Rm 15.16)

Seu louvor:

"A ele a glória e o domínio pelos séculos dos séculos. Amém!"

964. Nomes e títulos do Senhor em Apocalipse 1

Jesus (Salvador): o nome que ele recebeu antes de seu nascimento	Mt 1.21
Cristo (Ungido): dado pelo próprio Deus	At 10.38
A Fiel Testemunha: diante do sinédrio e de Pilatos	Ap 1.5; 1Tm 6.13; Mt 26.64
Primogênito dos mortos	Ap 1.5; Cl 1.18
Soberano dos reis da terra:	Ap 1.5; 19.16
O Alfa e o Ômega	Ap 1.8; Hb 12.2
O Primeiro e o Último	Ap 1.17; Hb 12.2
O Todo-Poderoso	Ap 1.8
Aquele que está Vivo	Ap 1.17

965. Uma imagem maravilhosa de Cristo (Ap 1.13)

João viu várias imagens do Senhor. Ele o viu como:

O Cordeiro que tira os pecados do mundo	Jo 1.29
Aquele que está cheio de graça e verdade	Jo 1.14
O operador de grandes obras	Jo 21.25; At 10.38
Aquele que expiou os nossos pecados	Jo 19.34,35
O ressuscitado dentre os mortos	Jo 21
Aquele que soprou sobre, enviou e capacitou os discípulos	Jo 20.19-23
Aquele que antes deles foi ao céu	Lc 24.50-52

Em Apocalipse 1 João viu a Jesus como:

O Cristo glorificado	Ap 1.13
Aquele que caminha no meio das Igrejas	Ap 1.13
O Vencedor sobre a morte e a sepultura	Ap 1.18
Que segura seus servos na sua mão direita	Ap 1.16

966. A igreja

O centro da igreja é o Senhor	Ap 1.13; Mt 18.20
O cabeça da igreja é Cristo	Cl 1.18
A comunhão da igreja é o Espírito Santo	2Co 13.13
A unidade da igreja é o amor	1Co 13
A vitalidade da igreja é a oração	At 1.14
Os anciãos da igreja são sua honra	1Pe 5.1-4
A esperança da igreja é a volta de Cristo	Jo 14.1-3
O privilégio da igreja é anunciar sua morte	1Co 11.23-26

967. Sacerdotes de Deus

O Senhor nos fez sacerdotes pelo seu sangue	Ap 1.5,6
Desta forma nos capacitou para servir no Santo dos Santos	Hb 10.19
Somos sacerdotes para oferecermos sacrifícios a Deus	1Pe 2.5
Como Reis-Sacerdotes anunciamos suas virtudes	1Pe 2.9
O nosso sacrifício somos nós mesmos	Rm 12.1
Oferecemos a Deus sacrifícios aceitáveis a ele	Rm 15.16
Na eternidade, continuaremos o ministério sacerdotal	Ap 5.9,10

968. Cristo, o centro (Ap 1.13)

Ele está no centro da igreja para abençoá-la	Mt 18.20
Está no meio dos seus para dar-lhes a paz	Jo 20.19
Para uni-los	Ap 1.13
Para julgá-los	Ap 2.1ss
Para pastoreá-los	Ap 7.17

Quando ele é o centro, nós o vemos (Ap 1.17), ouvimos sua voz (Ap 1.10), sentimos sua presença (Ap 1.17) e seu amor (Jo 13.23,25; 21.12).

969. João, um bom observador (Ap 1.12-16)

Profundamente tocado pela visão do Senhor, João o descreve:
Ele viu:

Sua cabeça coroada de glória	Dn 7.9
Seus olhos penetrantes	Hb 4.13; Jo 2.25
Seus pés semelhantes ao bronze polido	
Sua voz poderosa que se sobrepõe a tudo	Jó 37.5
Sua boca como uma espada	Ap 19.15
Suas mãos que seguram as estrelas	Jo 10.28
Seu rosto resplandecente como o sol	Mt 17.2
Seus inimigos o verão com terror	Ap 1.7

970. A primeira visão do Apocalipse (Ap 1)

O receptor: João, o apóstolo	Ap 1.9
Sua pessoa: é chamado de irmão	Ap 1.9
Companheiro na tribulação: exilado em Patmos	Ap 1.9
Companheiro, também, no Reino	2Tm 2.12
Perseverante em suportar a tribulação	Rm 12.12

Por que João estava sofrendo?

Não por culpa própria	1Pe 3.14-17
Por causa da Palavra e do testemunho	Ap 1.9
Por causa da igreja à qual ele servia	Ap 1.11

As consequências do sofrimento:
João foi ricamente abençoado: ele estava no Espírito

Ele viu o Senhor, o Alfa e o Ômega
Ele provou a fidelidade da promessa: "Eu estou com vocês todos os dias"
Ele recebeu uma missão: "Escreve!" — Ap 1.11
Ele pôde servir a igrejas distantes — Ap 1.11

971. Quem permanece nele

Não vive no pecado — 1Jo 3.6
Traz muitos frutos — Jo 15.5
Guarda seus mandamentos — 1Jo 3.24
Ama seu irmão — 1Jo 2.10; 4.12
Anda como Cristo — 1Jo 2.6
Permanece na Palavra — Jo 8.31
Permanece na doutrina — 1Jo 2.24; 2Jo 9

972. A perfeição de Cristo

Nele não havia pecado — 1Jo 3.5
Não conheceu o pecado — 2Co 5.21
Não cometeu pecado — 1Pe 2.22
Ele era sem pecado — Hb 4.15
Ele deu testemunho desta realidade — Jo 8.46
Seus inimigos tiveram que confessar esta realidade — Lc 23.14
Mas por nossa causa foi feito pecado — 2Co 5.21
Deste modo nos tornamos justiça de Deus — 2Co 5.21

973. Eu me glorio na cruz

Por que eu me glorio na cruz?
Porque a cruz revela o amor de Deus — 1Jo 3.16
Porque é o ápice do amor de Cristo — Jo 15.13; Gl 2.20
Porque apagou nossos pecados — Cl 2.14
Porque mostra o alto preço da salvação — Gl 3.13
Porque estamos crucificados com ele — Gl 2.19,20
Porque é o fundamento da paz — Cl 1.20; Ef 2.16
Porque lá foram cumpridas as maiores promessas — Gn 3.15; Is 53

974. Ofertas

Dar ao Senhor é uma ordem — Ml 3.10
Dar ao Senhor é um grande privilégio — Ed 2.69; At 11.29
Dar ao Senhor é uma honra — Pv 3.9
Dar ao Senhor é um sacrifício de aroma suave — Fp 4.18; Gn 8.21
Deus ama a quem dá com alegria — 2Co 9.7; 1Cr 29.9
Deus abençoa a quem dá — Pv 11.25; Dt 15.10

975. Semelhantes a ele (1Jo 4.17)

Luz do mundo: eu sou – vocês são	Jo 8.12; Mt 5.14
Não ser do mundo: eu não sou – vocês não são	Jo 17.16
Ser reconhecido pelo mundo: eu não fui – vocês não são	1Jo 3.1
Vencer o mundo: eu venci – vocês vencem	Jo 16.33; 1Jo 5.4

976. Um Deus perfeito

Deus é perfeito em amor	1Jo 4.8
Deus é perfeito em todas as suas obras	Dt 32.4
Deus é perfeito em todos os seus caminhos	Sl 18.30
Deus é perfeito na sua vontade	Rm 12.2
Deus é perfeito nas suas dádivas	Tg 1.17
Deus é um Pai perfeito	Mt 5.48
Deus é perfeito no seu conhecimento	Jó 37.16

977. Vitória

Creia na vitória que Cristo conquistou	1Jo 5.4,5
Aceite pela fé a vitória de Cristo	Jo 16.33
Pense no Vitorioso que habita em você	1Jo 4.4
Permaneça na Palavra de Deus	1Jo 2.14
O Senhor ora por nossa proteção	Jo 17.6,7,14,15
Evite as oportunidades de tentação	Tg 1.27b; 1Tm 6.11
Renuncie à amizade com o mundo e o pecado	Tg 4.4
Aprenda como vencer em	Ap 12.11

978. Diótrefes

O que ele amou: o primeiro lugar	3Jo 9
O que ele disse: palavras maliciosas	3Jo 10
O que ele fez: não acolhia os irmãos	3Jo10
Impedia outros de acolhê-los	3Jo10
Expulsava-os da igreja	3Jo10
Qual a razão do seu agir:	
Ele não conhecia a Deus	3Jo 11
Ele não tinha comunhão com Deus	
O que ele recebeu: a repreensão do apóstolo	3Jo 10
O que aprendemos dele: a não imitar seu exemplo	3Jo11

979. Muitos caminhos

Os caminhos maus:

O caminho de Caim	Jd 11
O caminho de Balaão	2Pe 2.15
O caminho do pai mau	1Rs 15.26

O caminho do insensato	Pv 12.15

Os caminhos bons:

O caminho estreito	Mt 7.13,14
O caminho santo	Is 35.8
O caminho divino	Jo 14.6
O caminho novo e vivo	Hb 10.20

980. Uns aos outros

Devemos, uns aos outros:

Acolher	Rm 15.7
Ter em alta consideração	Fp 2.3
Edificar	Rm 14.19
Exortar	Hb 3.13
Admoestar	Rm 15.14
Sujeitar	Ef 5.21
Estimular	Hb 10.24

981. Pregações de servos e Deus

Enoque pregou o juízo vindouro	Jd 14
Noé pregou a justiça de Deus	Hb 11.7
Natã testificou contra o pecado	2Sm 12.7
Elias exigiu uma decisão	1Rs 18.21
Isaías apontou para a cruz	Is 53
João pregou o arrependimento	Mt 3.2
Pedro anunciou a Cristo	At 4.11,12

982. A verdade sobre o pecado

Afirmações erradas acerca do pecado:

Quem diz que "precisa pecar" nega as Escrituras	Jd 24
Afirmar "eu não peco" é enganar a si mesmo	1Jo 1.8
Afirmar "eu não peco" é fazer de Deus um mentiroso	1Jo 1.10

Afirmações corretas acerca do pecado:

Dizer "eu não preciso pecar" significa reconhecer seus direitos	Cl 2.6; 3.17
Dizer "eu não quero pecar" significa viver de acordo com a Palavra	1Jo 2.6; Gl 5.25

983. Os nomes e títulos do Senhor em Apocalipse 2,3

Aquele que carrega as sete estrelas	Ap 2.1
O Primeiro e o Último, aquele que está vivo	Ap 2.8
Aquele que tem a espada de dois gumes	Ap 2.12
O Filho de Deus com olhos como chamas de fogo	Ap 2.18

Aquele que tem os sete Espíritos de Deus	Ap 3.1
O Santo e o Verdadeiro	Ap 3.7
A Testemunha fiel e verdadeira	Ap 3.14

984. Seja fiel até à morte (Ap 2.10)

Seja fiel e temente a Deus, como Hanani	Ne 7.2
Seja fiel nas tentações, como José	Gn 39.9
Seja fiel a seu amigo, como Jônatas	1Sm 18.1-4
Seja fiel em administrar os bens	Mt 25.21
Seja fiel às Escrituras	Sl 119.5
Seja fiel até à morte, como Estevão	At 7; Ap 2.10
Seja fiel no ministério, como Timóteo	Fp 2.19-22
Seja fiel, mesmo quando outro se tornem infiéis	2Tm 2.13

985. Vencedores

Os vencedores de acordo com Apocalipse usufruem frutos maravilhosos (Ap 2.7):

Receberão o maná escondido	Ap 2.17
Receberão grande autoridade e honra	Ap 2.26-28
Andarão com vestes maravilhosas	Ap 3.5
Serão colunas no santuário de Deus	Ap 3.12
Terão gravado o nome de Deus	Ap 3.12; 2.17
Assentar-se-ão com Cristo no seu trono	Ap 3.21
Herdarão todas as coisas	Ap 21.7
O Senhor os honrará	Ap 3.5
O Senhor os coroará	Ap 2.10

986. Eis que estou à porta (Ap 3.20)

Quem bate à porta?
A Testemunha fiel e verdadeira
O Criador de toda criação
Aquele que ama (Ap 3.19), amorosamente bate à porta
Aquele que disciplina (Ap 3.19). "Eu repreendo e disciplino"
O Longânimo: ele bate e espera
A porta na qual ele bate:
A porta do coração
O que ele quer e pretende:
Perdoar: ele antes falou de arrependimento
Ter comunhão: quer se assentar conosco à mesa
Dar honra e glória: quer nos elevar ao seu trono
As condições que ele coloca:
Ouvir sua voz, abrir a porta, e arrepender-se

987. Eu bato à porta (Ap 3.20)

Eis. Abra seus olhos e veja quem bate

Eu. Quem? O Salvador, o Rei dos Reis

Estou. Ele tem direito de morar em nós. Não deve ficar fora

À porta. Onde ele está na sua vida? Dentro? Fora?

E bato. De várias maneiras: forte, fraco, em amor e seriedade

Se alguém ouvir a minha voz. Como Samuel (1Sm 3.10); não como Faraó (Êx 5.2). Sua voz é penetrante (Hb 4.12)

E abrir a porta. Você mesmo tem que abrir, pois a tranca é apenas por dentro. Qual o resultado de abrir a porta? *Entrarei em sua casa e cearei com ele, e ele, comigo.*

988. Um convite maravilhoso

A quem se dirige o convite de Jesus?

Aos que estão fora, longe	Ap 3.20; Ef 2.13
A pobres pecadores	Lc 5.32
Aos cansados e sobrecarregados	Mt 11.28
Aos sedentos	Jo 7.37
Aos impuros	Jo 1.29
Aos temerosos	Jo 6.37
A todos	Ap 22.17

989. O Cordeiro, de acordo com Apocalipse 5

Um dia esteve na cruz por nós	Is 53
Agora está coroado de honra e glória	Ap 5.6
A aparência do Cordeiro:	Ap 5.6
João o vê como tendo sido morto (seus sofrimentos)	
Ele o vê como Ressuscitado, no trono	
Ele admira-se de seu poder, pois tem sete chifres	
Ele se surpreende com sua sabedoria, pois tem sete olhos	
Só ele é digno de abrir o livro	
Ele contempla as obras do Cordeiro	Ap 5.9,10

990. A grande multidão (Ap 7.9-17)

A grande multidão de Apocalipse 7 é:

Salva	Ap 7.10
Purificada	Ap 7.14
Vestida	Ap 7.9
Alimentada	Ap 7.16
Apascentada	Ap 7.17
Consolada	Ap 7.17
Vitoriosa (tem palmas)	Ap 7.9

991. O que há no céu

No céu há...

Perfeito serviço	Ap 7.15
Perfeito louvor	Ap 5.9
Perfeita luz	Ap 21.23
Perfeita vida	Ap 22.2
Perfeita pureza	Ap 22.14,15

992. A grande multidão (Ap 7.9-17)

É uma grande multidão que João não consegue contar.

Isaias profetizou a respeito desta grande multidão — Is 53.11,12

É uma multidão formada por pessoas de todas as nações

É uma multidão honrada: está diante do trono

É uma multidão imaculada e gloriosa: suas roupas resplandecem de branco

É uma multidão ornamentada com palmas de vitória

É uma multidão privilegiada: o Cordeiro a apascenta (Ap 7.17)

É uma multidão que habita com Cristo no seu santuário (Ap 7.15)

É uma multidão consolada pelo Senhor: ele lhes enxuga suas lágrimas (Ap 7.17)

993. A atividade de Satanás

Ele luta contra as forças celestiais	Ap 12.3-10
Ele tenta ganhar espaço na vida dos cristãos	Ef 4.27
Ele cega a mente dos incrédulos	2Co 4.4
Ele engana as pessoas com sua astúcia	2Co 11.3
Ele atua nos filhos da desobediência	Ef 2.2
Ele tenta atrapalhar os servos de Deus	1Ts 2.18
Ele acusa os irmãos	Zc 3; Ap 12.10
Ele causa necessidades físicas	Jó 2
Ele mata os santos, pois é homicida	Jo 8.44; 1Jo 3.12

994. A morte de Cristo

Foi determinada desde a fundação do mundo	Ap 13.8
Foi profetizada pelos profetas	Is 53; Dn 9.26
Foi necessária para nossa reconciliação	Lc 24.46,47; At 17.3
Foi voluntária	Jo 10.15,18
Foi tipificada no Antigo Testamento	Jo 3.14,15
Foi vicária (em nosso lugar)	Rm 6.3-8
Foi aceita por Deus	Mt 20.28; Ef 5.2

995. O Cordeiro como sacrifício

Foi morto desde a fundação do mundo	Ap 13.8
Foi escolhido para ser o holocausto	Gn 22.7
O Cordeiro revelado	Jo 1.29

O Cordeiro sacrificado	1Pe 1.19
O Cordeiro glorificado	Ap 5.9

996. Os anciãos no céu (Ap 4)
João vê:

Sua posição exaltada: assentam-se em tronos	Ap 4.4
Suas vestes maravilhosas (Ap 4.4): são brancas	1Co 6.11
Suas coroas	2Tm 4.8
Sua adoração: caem diante do Cordeiro	
Sua atividade: consolam e fortalecem	Ap 5.5
Ensinam a João	Ap 7.13
Praticam o sacerdócio: têm taças de ouro	Ap 5.8
Seu louvor	Ap 4.11

997. Bem-aventurados os mortos (Ap 14.12,13)
A Bíblia fala aqui de santos: quem são essas pessoas?

São pessoas lavadas no sangue do Cordeiro	Ap 1.5; 7.14; 1Co 6.11,12
São pessoas que nasceram de novo	Jo 3.3
São pessoas que perseveraram	Ap 14.4; Lc 9.62
São pessoas que foram fiéis nas suas obras	Ap 14.13
São pessoas que agora estão no descanso eterno	Ap 14.13; Hb 4.9

Como alcançaram estas bênçãos?

Pelo novo nascimento	
Por permanecer no caminho estreito (perseverança)	Ap 14.12
Pela sua obediência (guardaram os mandamentos)	Ap 14.12
Pela fé no Senhor	Ap 14.12

998. O Cordeiro venceu (Ap 17.14)

Ele venceu o "forte", Satanás	Lc 11.22
Ele venceu o mundo	Jo 16.33
Ele destruiu as obras do diabo	1Jo 3.8
Ele despojou os principados	Cl 2.15
Ele destruiu o poder da morte	Hb 2.14
Ele possuiu as chaves da morte e do inferno	Ap 1.18

999. A igreja de Satanás

É uma moradia de demônios	Ap 18.2,3
Sua mesa é a mesa dos demônios	1Co 10. 21
Ela bebe do cálice do demônio	1Co 10.21
Suas doutrinas são de demônios	1Tm 4.1
Ela sacrifica aos demônios	1Co 10.20

1000. A volta de Cristo

O que acontecerá quando Jesus retornar em glória?

Cristo aparecerá visivelmente em um cavalo branco	Ap 19.11
Ele virá com todos os santos e anjos	Ap 19.14
Seus pés estarão sobre o monte das Oliveiras	Zc 14.4
Israel o reconhecerá e lamentará sobre ele	Ap 1.7
Ele salvará a Israel do poder da besta	Rm 11.26
Ele julgará as duas bestas (Ap 13)	Ap 19.20
Ele destruirá os exércitos do anticristo	Ap 19.21
A palavra de Zc 14 se cumprirá	
Ele amarrará a Satanás	Ap 20.2
Instaurará o milênio	Ap 20.6
Nós reinaremos com ele	Ap 20.4

1001. Purificação

Pessoas impuras não têm lugar no céu	Ap 21.27
Todos os impuros ficarão fora	Ap 22.15
Pela sua natureza, todas as pessoas são impuras	Is 64.6
Todas as tentativas de purificar-se a si mesmo são vãs	Jó 9.30,31

Como podemos nos purificar?

Pelo sangue de Jesus	1Jo 1.7
Pela Palavra de Deus	Jo 15.3; Ef 5.26
Pelo Espírito	Tt 3.5; Jo 3.5

Nós necessitamos de:

Corações puros para ver o Senhor	Mt 5.8
Mãos puras para servir o Senhor	Sl 24.4
Pés puros para andar com o Senhor	Jo 13.10
Vestes puras	Ec 9.8

1002. O grande trono branco (Ap 20.11)

O trono do julgamento

Ele preparou o seu trono para o julgamento	Sl 9.7

O Juiz escolhido por Deus: At 17.31

Deus deu todo julgamento a seu Filho	Jo 5.22
O Senhor foi estabelecido para julgar	At 17.31

Os que serão julgados:

Os que fizeram o mal	Jo 5.27-30
Todos os que pecaram	Rm 2.12
Os pecadores "pequenos" e "grandes"	Ap 20.12

A sentença do Juiz:

Serão lançados no lago de fogo	Ap 20.13-15

1003. Pessoas que não serão salvas (Ap 21.8)

Oito tipos de pessoas que não serão salvas:

Os covardes: que se envergonham do Senhor	Mc 8.38
Os rebeldes	Jo 3.36
Os assassinos	1Jo 3.15
Os impuros	1Co 6.9
Os adúlteros e os que se prostituem	Hb 13.4
Os feiticeiros	1Sm 28
Os idólatras	Cl 3.5
Os mentirosos	Sl 116.11

1004. O que o céu significa para nós

Servir – Sem se cansar	Ap 22.3
Santidade – o seu nome nas nossas frontes	Ap 22.4
Vida – a morte não existirá mais	Ap 21.4
Alegria – Deus enxugará todas as lágrimas	Ap 7.17
Luz eterna – Não haverá mais noite	Ap 22.5
Plena satisfação – Não haverá fome nem sede	Ap 7.16
Reinar com Cristo	Ap 20.4
Comunhão eterna com Jesus	1Ts 4.17

1005. Na luz (1Jo 1.7)

Saímos das trevas para a luz	1Pe 2.9; At 26.18
Agora andamos na luz, somos filhos da luz	1Ts 5.5
Combatemos usando as armas da luz	Rm 13.12; Ef 6.11
Atuamos na luz	Jo 3.21
Resplandecemos como luzes	Fp 2.15; Mt 5.14
Aguardamos a nossa Luz, a Estrela da Alva	2Pe 1.19

1006. Jesus e os doentes (Jo 5.1-15)

O mundo é como um grande hospital...

Com muitos enfermos	Jo 5.3
Mas com a presença de um médico amoroso	Jo 5.6
As curas são impressionantes	Jo 5.9; Lc 5.26
O testemunho dos curados	Jo 5.15
A cura é de graça	Is 55.1; Mt 10.8

1007. A Palavra de Deus (2Tm 3.16,17)

A origem das Escrituras:

É inspirada por Deus

A utilidade das Escrituras:
É útil para ensinar
É útil para repreender
É útil para corrigir
É útil para educar na justiça
O propósito das Escrituras:
Que o homem de Deus seja perfeito
Que o homem de Deus seja habilitado para toda boa obra

ÍNDICE NUMÉRICO

ANTIGO TESTAMENTO

1. O Criador e a criação (Gn 1)
2. O mundo (Gn 1)
3. A responsabilidade dos maridos (Gn 2)
4. Uma comparação instrutiva (Gn 1)
5. Haja luz (Gn 1.3)
6. O que é o homem (Gn 1.27)
7. Que é isso que fizeste? (Gn 3.13)
8. Nossos privilégios (Gn 3.9,10)
9. O nascimento virginal de Cristo (Gn 3.15)
10. Enoque, um mestre (Gn 5.21-24)
11. Andar com Deus significa... (Gn 5.24)
12. Os homens não querem (Gn 6.3)
13. Pecados contra o Espírito Santo (Gn 6.3; At 7.51)
14. O que Deus fez de Noé (Gn 6.13)
15. A pregação da arca (Gn 6.13,14; Hb 11.7)
16. A arca era... (Gn 6,7)
17. O Senhor fechou a porta (Gn 7.16)
18. Portas fechadas (Gn 7.16)
19. A pomba (Gn 8.8-12)
20. O arco-íris (Gn 9.12-17)
21. O altar de Noé (Gn 8.20)
22. A pregação da colheita (Gn 8.22)
23. A obediência da fé (Gn 12.1-4; Hb 11.8)
24. Ricas promessas para todos (Gn 12.2,3)
25. Cristãos nos lugares errados (Gn 12.9-20)
26. Escolhas diferentes (Gn 13.10,11)
27. O pecado de Sodoma (Gn 13.13)
28. As consequências do pecado na vida dos filhos de Deus (Gn 16.2)
29. De onde vens, para onde vais? (Gn 16.8)
30. A intercessão de Abraão (Gn 18.22-33)
31. Os verdadeiros ofertantes (Gn 22)
32. O Cordeiro de Deus (Gn 22.8)
33. Fidelidade a Deus (Gn 22.3-18)
34. A oração de Jacó (Gn 32)
35. Como devemos orar? (Gn 32.9-12)
36. O poder da oração (Gn 32.28)
37. O amor de José a seus irmãos (Gn 45)
38. O Senhor, o nosso pastor (Gn 49.24)
39. Deus, o bom samaritano de Israel (Êx 3.7,8)
40. O nosso Deus ouve (Êx 3.7)
41. O Cordeiro (Êx 12; 1Pe 1.19)
42. Preocupações desnecessárias (Êx 3.11-15)
43. O que o Senhor dá aos seus (Êx 6.6-8)
44. Lições da praga do granizo (Êx 9)
45. As sete festas da Páscoa na Bíblia
46. O povo de Deus está protegido
47. A coluna de nuvem e de fogo (Êx 13.21)
48. Eu irei adiante de vocês (Êx 13.21)
49. Nós estamos nas mãos de Deus (Êx 13.3)
50. Falsidade, um perigo verdadeiro
51. O maná (Êx 16)
52. A água da rocha (Êx 17.1-7; 1Co 10.4)
53. Luta e vitória (Êx 17.8-16)
54. O ministério dos anjos (Êx 23.20)
55. Pecados de feitiçaria (Êx 22.18)
56. Servos de Deus (Êx 28.1; Hb 5.4)
57. Rostos resplandecentes (Êx 34.35)
58. Expiação em Levítico
59. Sacerdotes de Deus (Lv 8)
60. Os sacerdotes da Velha e da Nova Aliança (Lv 8)
61. Sede santos (Lv 11.44)
62. Santidade (Lv 11.45)
63. Santidade, uma ordem divina (Lv 19.2)
64. O verdadeiro sacrifício (Lv 22.19)
65. Os levitas: escolhidos de Deus (Nm 1.47-54)
66. A morte de Arão (Nm 20.23-29)

67. Consagrados ao Senhor (Nm 6.1-8)
68. Uma boa oportunidade (Nm 10.29)
69. O ministério dos levitas e o nosso
70. Israel em Números 21
71. O vosso pecado vos há de achar (Nm 32.23)
72. Ouçam e cumpram a Palavra de Deus (Dt 4.1-9)
73. Sete advertências (Dt 6.10-12)
74. Uma declaração de amor de Deus ao seu povo (Dt 4.37)
76. Nos amamos (Dt 6.5)
77. Não se esqueça
78. O que Deus pede de nós (Dt 10.12,13)
79. Obediência
81. Ainda não estamos lá (Dt 12.9)
82. Um profeta como Moisés (Dt 18.15,18)
83. Moisés e Jesus (Dt 18.18)
84. O que Deus promete aos obedientes (Dt 28.1-4)
85. Um povo feliz (Dt 33)
86. O castigo dos ímpios (Dt 32.22)
87. As ricas promessas a Josué (Js 1)
88. Seja forte e corajoso (Js 1)
89. O caminho da bênção (Js 1)
90. Uma grande derrota (Js 7)
91. A fidelidade insuperável de Deus (Js 23.14)
92. O serviço que agrada a Deus (Js 24.1-14)
93. Idolatria (Js 23.7)
94. Dez marcas da conversão
95. Verdadeiro discipulado (Js 24.15)
96. Um guerreiro medroso (Jz 6)
97. Um grande libertador (Jz 6.17-22)
98. Olhar para Jesus (Jz 7.17)
99. Deus julga pecados de omissão (Jz 5.23)
100. A certeza da vitória (Jz 6.14)
101. Uma lição importante para os pais (Jz 13)
102. Sansão (Jz 13.24,25)
103. A decisão de Rute (Rt 1.16)
104. Rute
105. Quatro pessoas interessantes no livro de Rute

106. Seguindo a Jesus
107. O jovem Samuel
108. Exemplos de alegria santa
109. Fala, Senhor, porque o teu servo ouve (1Sm 3.10)
110. Ebenézer (1Sm 7.12)
111. Um servo exemplar (1Sm 3)
112. Os heróis de Davi (1Sm 22.1,2)
113. Servos de Deus desanimados
114. Perguntas de todo o tipo
115. Uma curta oração de Davi (2Sm 2.1-3)
116. A oração de Salomão (1Rs 3.3-15)
117. A fé de Elias (1Rs 17)
118. A terapia de Deus
119. A rainha de Sabá (1Rs 10)
120. O que o servo de Deus necessita (2Rs 4.10)
121. Vários tipos de vasos
122. Vários tipos de servos (2Rs 5)
123. Cegos
124. O rei Ezequias e o segredo de seu sucesso (2Rs 18.1-8)
125. A vida piedosa de Ezequias (2Rs 18)
126. Soldados de Davi
127. As obras de Satanás (1Cr 21.1)
128. O novo coração (2Cr 19.3)
129. A bênção de dar
130. Oração de poder (2Cr 7.14)
131. Frutos do verdadeiro arrependimento (2Cr 7.14)
132. Passos frutíferos na vida de fé (2Cr 17)
133. Deus responde as orações (2Cr 32.20-22)
134. Exemplos de pessoas humildes (2Cr 33.12)
135. Joaquim (2Cr 36.9)
136. Libertação de Judá da Babilônia (Ed 6)
137. A festa da Páscoa em Ed 6
138. O avivamento (Ne 4)
139. Impedimentos para o trabalho (Ne 4–6)
140. Inteiramente no serviço de Deus (Ne 4.6)
141. A mensagem de vida e de morte (Et)
142. Nós glorificamos a Deus (Jó 2.3)

MAIS MIL ESBOÇOS BÍBLICOS   263

143. Será que Deus sabe? (Jó 22.13)
144. Aos humildes Deus dá graça (Jó 22.29)
145. As coisas passageiras e as permanentes (Jó 30.15)
146. O convite de Deus (Pv 1.20-23)
147. Disciplina divina (Pv 3.12)
148. A dedicação ao trabalho e sua recompensa (Pv 6.6-8)
149. A má língua
150. Quem ganha almas sábio é (Pv 11.30)
151. Os ganhadores de almas (Pv 11.30)
152. Os ganhadores de almas (Pv 11.30)
153. Inveja, um mal pernicioso (Pv 14.30)
154. A nossa língua (Pv 15.2)
155. A boa esposa (Pv 19.14)
156. Nossos membros ao serviço de Deus
157. Nosso coração
158. Uma pregação comovente (Is 1)
159. Se deleitar com as coisas de Deus
160. Uma imagem chocante
161. O milênio
162. Vida verdadeira
163. O dia do Senhor
164. A experiência de Isaías (Is 6)
165. A glória de Cristo em Isaías 9.6 (Is 9.6)
166. O que nos foi dado...
167. O que o Evangelho nos traz
168. O que a firme confiança nos traz
169. Mentiras enganosas (Is 28.17)
170. A experiência de Ezequias (Is 38)
171. O que Deus irá recompensar
172. Vida em abundância
173. A Palavra de Deus
174. Deus guia
175. Escolhidos de Deus
176. Não tema (Is 41.10)
177. Confie
178. Os remidos do Senhor
179. Perdão dos pecados
180. O Deus dos necessitados
181. A bênção de olhar para o Senhor (Is 45.22)

182. Os sofrimentos físicos de Cristo
183. Deus, o nosso protetor
184. Uma imagem profética de Cristo (Is 53)
185. Para que tenhamos paz (Is 53.5)
186. O Senhor em Is 53
187. Eis o homem
188. Sete exortações às famílias (Ef 5,6)
189. Venham
190. Isaías 55
191. O novo caminho
192. O fruto da cruz (Is 53.10-12)
193. Os pensamentos de Deus
194. Exemplos de jejuns autênticos (Is 58.6,7)
195. Deus, o nosso guia (Is 58.11)
196. O nosso Deus é
197. O termômetro espiritual
198. O Deus poderoso
199. Purificação
200. Diversas vestimentas
201. Qualidades de um ganhador de almas (Jr 1.17-19)
202. Três perguntas importantes
203. Nosso coração (Jr 17.9)
204. Nosso coração (Jr 17.9)
205. A grande tribulação (Jr 30.7)
206. O futuro glorioso de Israel
207. As promessas de Deus para Israel
208. Um chamado às armas (Jr 50.21,22)
209. Há dor igual à minha? (Lm 1.11,12)
210. Israel, como tu és feliz (Jr 31)
211. A grande compaixão de Deus (Ez 16.1-14)
212. O que não é a conversão
214. O que Deus colocou em nós
215. O amor de Deus é
216. Qualidades de Daniel
217. Procure boa companhia
218. Uma noite escura (Dn 5)
219. Perdão
220. O anticristo na descrição de Daniel (Dn 11.36-45)

221. As promessas de Deus a Israel (Os 11.1-4)
222. De todo o coração
223. Juntos
224. Prepara-te para te encontrares com Deus (Am 4.12)
225. Libertação e santidade (Ob 17)
226. A oração de Jonas (Jn 2)
227. Como nos apresentar a Deus? (Mq 6.6)
228. Uma visão de Deus (Na 1)
229. Cinco ais (Hc 2)
230. Coisas que o Deus Todo-Poderoso não pode fazer
231. Há alegria por um pecador que se arrepende
232. O desejado de todas as nações (Ag 2.6,7)
233. Não por força nem por violência (Zc 4.6)
234. O Senhor abre
235. O Rei dos reis (Zc 14.4-21)
236. Eis que vem o dia (Zc 14)
237. O imutável (Ml 3.6)

NOVO TESTAMENTO

238. Quem é sábio
239. Os Magos (Mt 2.1-12)
240. Como Jesus foi recebido quando nasceu
241. Os frutos do verdadeiro arrependimento (Mt 3.8)
242. O batismo (Mt 3.5ss)
243. Vários testemunhos sobre o Senhor
244. Arrependimento
245. A tentação de Cristo (Mt 4)
246. Bem-aventurados os limpos de coração (Mt 5.8)
247. Prove a si mesmo
248. A mansidão (Mt 5.5)
249. Nossas necessidades
250. O cuidado de Deus
251. A recompensa de vocês é grande (Mt 5.12)
252. A volta de Cristo
253. Ore
254. O que Deus quer em primeiro lugar
255. A oração
256. Quando você orar (Mt 6.6)
257. Como oramos?
258. Como podemos servir o mundo?
259. A família de Deus
260. Vá – para onde?
261. Nosso Pai
262. Livre-nos do mal (Mt 6.13)
263. Dois
264. Ver a Jesus
265. Nosso Pai (Mt 6)
266. Filhos de Deus (Mt 6)
267. É impossível...
268. Atletas no estádio
269. Não vivam preocupados
270. O caminho para Deus
271. O inferno
272. O verdadeiro cristão
273. Jesus, o Servo
274. Venha a Jesus (Mt 8.1-4)
275. A cura da sogra de Pedro (Mt 8.14-16)
276. O céu
277. O fruto do trabalho de sua alma (Is 53.11)
278. Os dois endemoninhados (Mt 8.28-34)
279. A fé do centurião (Mt 8.5-13)
280. O verdadeiro cristão
281. Trabalhadores para a seara (Mt 9.37,38)
282. O mundo na visão de Jesus
283. A compaixão do Senhor (Mt 9.36)
284. Cristo, o Servo exemplar (Mt 9.35-38)
285. Ordens do Senhor (Mt 10.5-16)
286. Servos de Cristo (Mt 10)
287. O amigo dos pecadores (Mt 11.19)
288. João Batista (Mt 11.7-19)
289. Sete orações de Jesus

290. A humildade de Cristo (Mt 11.29)

291. O que Deus quer

292. O melhor amigo

293. O convite de Jesus (Mt 11.28)

294. O chamado de Cristo (Mt 11.28)

295. O chamado de Deus (Mt 11.28)

296. Jesus é maior que Salomão (Mt 12.42)

297. O exemplo da rainha de Sabá (Mt 12.42)

299. Semeadura e colheita

300. A semente e os espinhos

301. Símbolos da igreja

302. Herodes (Mt 14.1-14)

303. Protegidos nas tempestades (Mt 14.22-33)

304. Lições de Mateus 14.22ss

305. Um imitador de Cristo (Mt 14.28-30)

306. Nossa natureza corrompida

307. O que a oração é:

308. A mulher Cananeia (Mt 15.22-28)

309. Pessoas a quem o Senhor elogiou

310. A igreja de Jesus Cristo

311. A ressurreição do Senhor

312. Regras sem exceções

313. Quanto custa ser um cristão?

314. Por amor do seu nome

315. Cristo vive! O que ele é!

316. Exortações do Senhor

317. O Senhor salva

318. A vinha (Mt 21.33)

319. As bodas reais (Mt 22.1-7)

320. Hipócritas

321. Uma surpresa inesperada (Mt 22.11-14)

322. Excluídos (Mt 25.10)

323. Administradores de Deus

324. Pecados de omissão (Mt 25.25-46)

325. Herdeiros do Reino (Mt 25.34)

326. A ceia do Senhor

327. O cálice (Mt 26.39)

328. A filiação divina de Cristo

329. Verdadeiro amor fraternal

330. O que vocês pensam de Cristo (Mt 22.42)

331. A volta de Cristo nos motiva:

332. O Senhor voltará (Mt 24,25)

333. A volta de Cristo (Mt 24)

334. Devemos vigiar (Mt 24)

335. "E fechou-se a porta" (Mt 25.10)

336. Sete coroas

337. A mensagem do véu rasgado (Mt 27.51)

338. O grito do Senhor na cruz (Mt 27.46)

339. O que o Senhor fez por nós na cruz (Mt 27.46)

340. Lições da ressurreição de Cristo (Mt 28)

341. O impacto da ressurreição de Cristo

342. Por que missões?

343. Uma promessa poderosa (Mt 28.20)

344. Atuando para o Senhor

345. A grande comissão (Mt 28.18-20)

346. Tentações

347. A mão estendida de Jesus

348. O que o Senhor nos dá

349. A bênção de levantar cedo

350. Conte para Deus as suas necessidades

351. O crescimento espiritual

352. Com Jesus na tempestade (Mc 4.35-41)

353. Onde devemos realizar a obra missionária?

354. Instruções para "Pescadores de Homens" (Mc 1.17)

355. "Passemos para a outra margem" (Mc 4.35-41)

356. Tocando a Jesus (Mc 5.25-43)

357. Diferentes ceias

358. Bênçãos que caem da mesa do Senhor (Mc 6.30-44)

359. O amor do Senhor pelas pessoas (Mc 6)

360. Uma oração modelo (Mc 7.24-30)

361. Canais da graça (Mc 8.1-9)

362. Desculpas (Mc 8.38)

363. O cego Bartimeu (Mc 10.46-52)

364. Jesus e as crianças (Mc 10.13-16)

365. A pergunta essencial (Mc 10.17-22)

366. Tenha fé em Deus (Mc 11.22)

367. O bom perfume (Mc 12.41-44)

368. Até o fim (Mc 13.13)

369. A obra valorizada (Mc 14.1-9)

370. O Senhor diante do sumo sacerdote (Mc 14.53)

371. Nosso patrimônio espiritual

372. João Batista

373. Os anjos na vida do Senhor

374. Ele será grande (Lc 1.32)

375. O caráter de Cristo

376. O propósito da encarnação de Cristo (Lc 1.68ss)

377. Visitados e salvos (Lc 1.68)

378. Múltiplo testemunho sobre o Senhor

379. A humildade de Cristo

380. Ele se fez pobre

381. As várias vestimentas do Senhor

382. O menino Jesus (Lc 2.40-52)

383. O que devemos fazer com Jesus (Lc 2.7-20)

384. A notícia mais maravilhosa (Lc 2.11)

385. Coisas abertas no Evangelho de Lucas

386. De quem ele é filho?

387. O que Deus fez com seu Filho

388. O Evangelho maravilhoso (Lc 4.18,19)

389. Não temas

390. Ver Jesus

391. O centurião de Cafarnaum (Lc 7.1-10)

392. O toque de Jesus

393. Duas pessoas (Lc 7.36-50)

394. Vês a esta mulher? (Lc 7.44)

395. Justificação pela fé

396. Fé salvadora (Lc 7.50)

397. Um clamor na necessidade (Lc 8.24)

398. O gadareno (Lc 8.26-39)

399. Segue-me (Lc 9.59)

400. Uma bonita comparação (Lc 9.23,24)

401. Boas regras para filhos de Deus

402. A face do Senhor

403. Nosso serviço

404. Situações difíceis na vida dos cristãos

405. Vocês são superiores às aves (Lc 12.7)

406. Um lar cristão (Lc 10.38)

407. Nomes da Bíblia

408. Do que devemos nos guardar

409. O agricultor rico (Lc 12.20)

410. O cuidado de Deus com os seus

411. Como devemos servir o Senhor?

412. A alegria do Senhor

413. Como o Senhor nos encontrou

414. O pai e o filho perdido (Lc 15.11-32)

415. Há grande alegria

416. Jesus recebe pecadores (Lc 15.2)

417. O caminho dos pecadores (Lc 15)

418. Serviço tríplice (Lc 16.13)

419. O poder da oração

420. O que Zaqueu sabia (Lc 19.1-10)

421. Pessoas amarradas

422. A justiça própria

423. A oração que Deus ouve e que Deus rejeita (Lc 18.10-14)

424. Zaqueu (Lc 19.1-10)

425. Zaqueu vem a Jesus (Lc 19.1-9)

426. O chamado da graça (Lc 19.5)

427. Pessoas felizes

428. Por que o Senhor veio ao mundo?

429. Nossa tarefa até à volta de Jesus

430. Perguntas sobre a parábola de Lucas 19.11-28

431. Qual foi a causa da queda de Pedro? (Lc 22)

432. A restauração de Pedro

433. O Senhor na cruz

434. A Palavra da cruz

435. Lembra-te de mim (Lc 23.42)

436. Três olhares para Jesus

437. Seis orações que foram atendidas

438. Uma oração que recebeu uma resposta rápida (Lc 23.42,43)

439. Os discípulos de Emaús (Lc 24.13-35)

440. O Senhor ressuscitou (Lc 24.34)

441. Uma visita inesquecível (Lc 24.36)

442. O servo e seu serviço (Lc 24.44-53)

443. Perdão

MAIS MIL ESBOÇOS BÍBLICOS   267

444. A múltipla rejeição de Cristo
445. O que um verdadeiro cristão é
446. Passos na vida de fé
447. O que somos, de acordo com o Evangelho de João
448. Filhos de Deus são:
449. O que nos tornamos pela graça
450. Porque Jesus se tornou homem
451. Um povo celestial
452. Jesus como homem
453. Porque devemos ter comunhão uns com os outros
454. Cristo nos dá a plenitude
455. O que olhar para a cruz opera
456. Sete passos em João 1
457. Sete chamados
458. Nosso testemunho
459. Um convite abrangente
460. A grande transformação (Jo 3)
461. Os filhos de Deus e sua posição
462. O cristão
463. A Palavra para todos
464. Sete coisas impossíveis
465. O novo nascimento
466. O novo nascimento é um milagre da graça de Deus
467. O que o Espírito Santo opera
468. Certezas do cristão
469. O versículo mais conhecido da Bíblia (Jo 3.16)
470. Tudo se fez novo
471. O amor de Deus (Jo 3.16)
472. A salvação de Deus
473. A morte de Cristo
474. A incredulidade
475. A experiência da samaritana (Jo 4)
476. A samaritana (Jo 4)
477. Aprendei de mim (Jo 4)
478. O Senhor em João 4.47-54
479. O filho do alto funcionário (Jo 4)
480. O doente e o médico (Jo 5.1-15)

481. O Senhor como Filho de Deus em João 5.19-24
482. Jesus e o Pai em João 5
483. O poder da Palavra de Jesus (Jo 5)
484. Eu sou a verdade (Jo 14.6)
485. O que o Senhor é para nós
486. Toda vida flui de Deus
487. Os olhos do Senhor
488. O cristão em João 6
489. O que o Senhor é e quer ser para nós
490. Senhor, para onde iremos nós? (Jo 6.67-69)
491. O chamado de Deus
492. Símbolos do Espírito Santo
493. A voz do Senhor
494. Sempre nós devemos
495. Por que vocês não creem em mim? (Jo 8.46)
496. Quem quiser vir após mim (Jo 8.12)
497. Eu sou a luz do mundo (Jo 8.12)
498. O servo obediente
499. A pergunta mais importante (Jo 9.35-38)
500. O cego de nascença (Jo 9)
501. As dádivas de Cristo para seu povo
502. As ovelhas de Cristo (Jo 10)
503. Comunhão com Deus
504. O Senhor é a Porta
505. O que o Senhor dá aos seus
506. O grande poder de Jesus
507. Nas mãos de Jesus
508. Patrimônio dos filhos de Deus
509. Jesus, o amigo dos seus (Jo 11)
510. O amor de Cristo
511. O chamado do Mestre (Jo 11.28)
512. A herança do Senhor
513. Quem será recompensado?
514. Frutos da comunhão com o Senhor
515. Uma louvável demonstração de amor (Jo 12.1-11)
516. O discípulo de Jesus
517. O que o Senhor faz agora por nós

518. O melhor lugar na terra

519. Judas (Jo 13.26,27)

520. A beleza da glória vindoura

521. O amor do Senhor pelos seus

522. A volta de Cristo

523. O nosso futuro maravilhoso

524. O Senhor vem

525. Eu voltarei

526. A casa de meu Pai (Jo 14.2)

527. O que a volta de Cristo é

528. Nosso anseio

529. Jesus voltará

530. Uma pessoa de oração

531. Jesus, o caminho (Jo 14.6)

532. A videira (Jo 15)

533. Permanecer em Jesus (Jo 15)

534. Realidades na vida dos filhos de Deus

535. O amor

536. Frutos (Jo 15)

537. Promessas preciosas (Jo 16)

538. Discípulos de Cristo, de acordo com João 16

539. Operações do Espírito Santo

540. O cristão no mundo

541. O Senhor Jesus e o Pai

542. O cristão e o mundo (Jo 17)

543. O uso que Jesus fez da expressão "Eu tenho" em João 17

544. Os pedidos do Senhor em João 17

546. Eis o homem (Jo 19.5)

547. Manifestações do Jesus Ressuscitado (Jo 20.19-25)

548. Uma reunião abençoada (Jo 20.19-22)

549. Manifestações de Jesus (Jo 21)

550. Amor ao Senhor (Jo 21.15)

551. Uma reunião de oração abençoada (At 1.14)

552. "Que quer isto dizer?" (At 2.12)

553. O que o Espírito Santo operou no Pentecostes (At 2)

554. Membros da igreja

555. A igreja local (At 2.42-47)

556. Títulos de Cristo (At 3)

557. Jesus, o Profeta (At 3.22)

558. O nome de Jesus (At 4.12)

559. Servos em prisão

560. Não há salvação em nenhum outro (At 4.12)

561. A necessidade da salvação

562. O que foi feito para a nossa salvação?

563. Uma igreja exemplar

564. A cruz de Cristo

565. Milagres na noite

566. Estevão, uma testemunha (At 6,7)

567. O cristão deve…

568. O verdadeiro pregador (At 5.20)

569. Renunciar por amor a Jesus

570. Nós pregamos

571. Saulo – Paulo

572. Um vaso escolhido (At 9.15)

573. Ananias (At 9)

574. Dores de parto (At 9)

575. Saulo: de perseguidor a perseguido (At 9.1-20)

576. Apenas em Cristo…

577. Uma igreja exemplar (At 9.31)

578. A paz por meio de Jesus Cristo (At 10.36)

579. Lições de Pedro na prisão (At 12)

580. Nossa responsabilidade diante dos sofredores

581. Servos com autoridade

582. Perdão de pecados (At 13.38)

583. Nossa salvação (At 13.38,39)

584. Silas (At 15,16)

585. "Passa para a Macedônia e ajuda-nos" (At 16.9)

586. A bênção das reuniões de oração (At 16.13)

587. Portas abertas (At 16.26)

588. Tudo está aberto

589. Verdadeira prontidão

590. O juízo final (At 17.31)

591. O que Deus dá

592. A incredulidade

MAIS MIL ESBOÇOS BÍBLICOS 269

593. Arrependimento (At 17.30)
594. Tenho que ir à festa (At 18.21)
595. A ceia do Senhor é uma festa
596. Apolo (At 18)
597. Os apóstolos eram pessoas dependentes
598. O que o arrependimento produz (At 20.21)
599. O que os discípulos tem em comum
600. "Mais bem-aventurado é dar que receber" (At 20.35)
601. Um testemunho claro (At 26.13-22)
602. Fomos chamados
603. Visão espiritual (At 26.18)
604. "Sede meus imitadores" (At 20)
605. O que pregamos
606. O sangue precioso
607. Características do cristão
608. O Evangelho é o poder de Deus (Rm 1.16)
609. A importância da fé em nossa vida
610. O falar de Deus
611. O que o pecado faz
612. Tudo será revelado
613. A salvação
614. O que o Senhor fez por nós
615. Dicas para novos convertidos
616. Somos justificados
617. Comunhão com Deus
618. A necessidade da salvação (Rm 3.10-12)
619. O que a lei não pode fazer
620. Precisamos do conhecimento
621. Perdão de pecados
622. Todos os homens
623. Não há diferença
624. A morte de Cristo na cruz e suas consequências
625. O andar dos filhos de Deus
626. Representações da fé
627. Perguntas acerca do Senhor
628. O que o Senhor fez por causa de nossos pecados
629. A morte do Senhor (Rm 5.6-11)

630. Dados pessoais do cristão
631. Quatro descrições de nossa vida (1Tm 1.15)
632. Somos do Senhor
633. Um com Cristo
634. A lei e o filho de Deus
635. Vitória
636. Vida em abundância
637. Riquezas dos filhos de Deus
638. Livres da condenação eterna
639. Sete imagens do Espírito Santo
640. Direção de Deus
641. Direção
642. Filhos de Deus (Rm 8.15-17)
643. O samaritano da humanidade
644. A volta do Senhor
645. Todas as coisas
646. Cinco grandes privilégios (Rm 8.29ss)
647. Se Deus é por nós (Rm 8.31)
648. A justificação do pecador
649. Sete privilégios de Israel (Rm 9.4,5)
650. A morte do Senhor
651. O que o Espírito Santo opera
652. Uns aos outros (Rm 15)
653. Paciência (perseverança)
654. O poder do Espírito Santo (Rm 15.13)
655. Paz
656. Os falsos mestres
657. Em 1Coríntios 1 nós vemos
658. Sete figuras da santificação
659. Testemunhos da fidelidade de Deus
660. Este é o nosso Deus
661. O que Deus é para o seu povo
662. Nossa vocação
663. Não sabeis...
664. Nossas atitudes para com os servos de Deus
665. Devemos prestar contas
666. O que a esperança viva opera
667. O que Deus usa
668. Poder para servir (1Co 4.20)

669. Como obteremos a coroa da vitória? (1Co 9.24,25)

670. A Ceia do Senhor (1Co 11.23ss)

671. Até que ele venha (1Co 11.26)

672. Nossa salvação

673. O que Jesus fez por causa de nossos pecados

674. Por que um filho de Deus pode morrer tranquilo?

675. O que é a ressurreição de Cristo

676. Fatos sobre a ressurreição de Cristo

677. Dicas para os servos de Deus

678. Se os mortos não ressuscitam (1Co 15)

679. Aqueles que não morrerão

680. O que acontecerá quando Jesus voltar

681. O que Deus fez com nossos pecados

682. A morte do cristão

683. As várias ressurreições (1Co 15.35-44)

684. Firmeza na obra do Senhor (1Co 15.58)

685. Armadilhas de Satanás

686. Glória

687. Um julgamento santo e severo

688. O tribunal de Cristo (2Co 5.10)

689. Santificação – Consagração

690. Sete fatos sobre a Bíblia

691. O Senhor é tudo para nós

692. A fé na vida dos filhos de Deus

693. Nós oramos...

694. O amor de Deus

695. Em Cristo

696. A biblioteca de Deus

697. Realidades na vida dos filhos de Deus

698. Chamados para dar frutos

699. O ornamento do verdadeiro discípulo (Gl 6)

700. Tudo novo

701. A posição do filho de Deus

702. O jugo desigual (2Co 6.14-18)

703. Embaixadores de Cristo (2Co 5.20)

704. O novo de Deus na vida do cristão

705. O novo nascimento

706. Sete coisas novas (2Co 5)

707. Trabalhar para Cristo

708. O que o cristão é

709. Todo tipo de amor

710. A igreja

711. Este é o nosso Senhor

712. Dar

713. Nossas armas

714. Dádivas além da imaginação (2Co 9.15; Rm 6.23)

715. A graça de Deus é suficiente

716. Pelo que devemos orar

717. Cristo, nosso tudo

718. Razões pelas quais o Senhor morreu por nós

719. Levai as cargas uns dos outros (Gl 6.2)

720. A glória do apóstolo (Gl 6.14)

721. Destinados (Ef 1.4,5)

722. O que somos e o que temos (Ef 1)

723. Nossas necessidades

724. A palavra "seu-sua" em Efésios 1

725. O sangue de Cristo

726. O que o discípulo de Jesus tem

727. Perdão

728. A oração do apóstolo (Ef 1.15ss)

729. O Espírito Santo na Carta aos Efésios

730. Antes de Cristo (Ef 2)

731. Agora com Cristo (Ef 2)

732. Antes e agora

733. Estamos salvos

734. Quem não tem esperança? (Ef 2.12)

735. Uma imagem do apóstolo (Ef 3.8)

736. O que Deus fez em nós

737. Os mistérios de Deus (Ef 3.1-12)

738. O amor insondável de Cristo (Ef 3.19)

739. Nosso corpo com seus membros

740. O que devemos ser

741. O amor de Cristo

742. Filhos de Deus são:

743. Um grande contraste (Ef 5.18)

744. Enchei-vos do Espírito (Ef 5.18)

745. Exortações a respeito do Espírito Santo

746. Nossa luta (Ef 6.10)

747. No céu

748. A vida dos filhos de Deus não é mais como antes

749. Participantes de Cristo (Hb 3.14)

750. Amor fraternal

751. O que o filho de Deus deve ter

752. Cristo é minha vida (Fp 1.21)

753. A morte é lucro (Fp 1.21)

754. Anuncie toda a realidade de Cristo (Fp 1.18)

755. Nossa gloriosa esperança

756. Paulo – um servo de Cristo

757. O servo de Cristo

758. A humanidade de Cristo

759. A morte na cruz (Fp 2.8)

760. Paulo e seus cooperadores

761. O que Cristo era para o apóstolo (Fp 3)

762. Nossa vocação

763. O que o filho de Deus tem no céu

764. Somos chamados por Deus (Fp 3.14)

765. O corpo glorificado (Fp 3.21)

766. A volta de Cristo

767. Alegrai-vos no Senhor (Fp 4.4)

768. Sete coisas desejáveis (Fp 4.8,9)

769. O que Paulo aprendeu (Fp 4.11,12)

770. Eu posso todas as coisas (Fp 4.13)

771. A oferta dos filipenses (Fp 4.14-18)

772. Como o evangelista Moody aplicou Filipenses 4.19

773. O cuidado de Deus (Fp 4.19)

774. Sete incentivos (Cl 1)

775. No que devemos crescer

776. O que o Senhor nos dá

777. Cristo acima de tudo (Cl 1.15-19)

778. Paz

779. Nossa esperança

780. A vida espiritual

781. Um com Cristo

782. Nossa união com Cristo (Cl 2,3)

783. A vida de fé (Cl 3)

784. As vestes do novo homem (Cl 3.12-15)

785. Buscai as coisas do alto (Cl 3.1)

786. Nosso andar

787. Epafras (Cl 4.12,13)

788. Como devemos orar

789. A ira de Deus

790. O servo exemplar (1Ts 2.1-12)

791. O que o Espírito Santo faz

792. Servir sem procurar interesses pessoais

793. Uma exortação necessária (1Ts 4.1-3)

794. O que acontecerá quando o Senhor voltar?

795. O que é a volta de Cristo

796. A grande experiência de Paulo (1Tm 1.12-17)

797. Paulo: um exemplo

798. Olhares perigosos

799. Boas obras

800. Sete mistérios

801. Os ensinos de demônios (1Tm 4.1)

802. O que somos!

803. Qualidades dos anjos

804. Vivendo Deus na família (1Tm 5.4)

805. Timóteo

806. Como deve ser a nossa fé

807. Devemos estar preparados

808. Eu estou pronto (2Tm 4.6-8,17)

809. Sede firmes

810. A inspiração das Escrituras

811. O homem natural

812. Prega a palavra (2Tm 4.2)

813. Coisas que Deus não pode fazer

814. Responsabilidades da esposa para com o marido

815. A salvação de Deus

816. O que o Senhor faz pelos cristãos

817. A graça de Deus se manifestou (Tt 2.11-14)

818. Contentamento

819. Avareza

820. Nossa vocação

821. O que devemos ser

822. Tudo de graça

823. Coisas firmes

824. Estamos libertos

825. Pecadores por natureza (Tt 3.4-9)

826. O que é o Espírito Santo

827. Nós andamos

828. Sete milagres da graça (Tt 2.11-14)

829. Maravilhas (Tt 2.14)

830. Nós aguardamos o Senhor

831. A transformação do pecador (Tt 2,3)

832. O filho de Deus e as boas obras

833. No Espírito

834. Estamos salvos

835. Comunhão quíntupla (Fm)

836. Cristo na primeira Carta de Pedro (1Pe)

837. A fé em 1Pedro

838. A fé é mais preciosa do que ouro

839. Riquezas de Cristo

840. Razões para sermos santos

841. O que os filhos de Deus são

842. Filhos de Deus

843. Ordens de Cristo

844. Como devemos crescer

845. O falar de Deus (Hb 1.1)

846. Títulos do Senhor (Hebreus)

847. O falar de Deus pelo Filho (Hb 1.1)

848. Por que o Senhor morreu?

849. A nossa salvação de acordo com Hebreus

850. Anjos, modelos de servos de Deus

851. Salvação rejeitada

852. Sete coisas grandes em Hebreus

853. O Senhor Jesus

854. Nossa salvação

855. Nosso combate

856. O Autor da salvação (Hb 2.10,11)

857. Jesus como nosso sumo sacerdote

858. Hoje

859. Como é o nosso sumo sacerdote

860. O poder do Senhor

861. O poder da palavra de Deus (Hb 4.12)

862. A onisciência de Cristo

863. Nosso sumo sacerdote

864. Deus não se esquece (Hb 6.10)

865. Somos herdeiros

866. O Salvador e os salvos (Hb 7.25)

867. Cristo: nosso exemplo (Hb 7.26)

868. A nova aliança (Hb 8.8-12)

869. Todo tipo de obras

870. O que Cristo é (Hb 9)

871. Coisas indispensáveis

872. Sem derramamento de sangue (Hb 9.22)

873. Prega a palavra

874. O sacrifício remidor de Cristo (Hb 9.22)

875. O que Cristo operou na cruz

876. Fatos imutáveis

877. Depois disto, o juízo... (Hb 9.27)

878. Para o que o Senhor veio a mundo?

879. A obediência de Jesus

880. Nosso lar (Hb 10.19-22)

881. Tudo novo

882. Verdadeiro descanso

883. Eu quero

884. Tenha coragem

885. Verdadeira fé

886. Noé (Hb 11.7)

887. O que é a fé?

888. "Firme como quem vê aquele que é invisível" (Hb 11.24-27)

889. Exortações em Hebreus 12

890. Nossa corrida (Hb 12.1,2)

891. Jesus, o nosso exemplo

892. O antegosto do céu (Hb 12.18-24)

893. O sangue de Cristo (Hb 12.24)

894. Bons conselhos em Hebreus 13

895. O que Paulo pregou e praticou

896. A vida na fé

897. Promessas preciosas para cada dia

898. O Senhor, nosso auxílio (Hb 13.6)

899. Jesus: o que ele é

900. O sangue precioso

901. Sete olhares do Senhor

902. A escritura que nos foi dada

903. O verdadeiro cristão

904. Valores eternos

905. O crescimento na fé

906. O Senhor vive!

907. Povo de Deus (1Pe 2.9)

908. Cristo, nossa segurança

909. Sacerdotes de Deus (1Pe 2.5,9)

910. Como devemos crescer? (1Pe 2.2)

911. O que Deus espera de seus filhos

912. Chamados (1Pe)

913. "Por que coisas ruins acontecem a pessoas boas"

914. Privilégios e responsabilidades (1Pe 2.9-11)

915. Verdadeiros discípulos de Cristo

916. O que o Senhor fez por nós

917. As ovelhas de Jesus

918. A graça em nossa vida

919. Paz uns com os outros

920. O amor de Deus para seus filhos

921. Hospitalidade

922. Recomendações para os líderes (1Pe 5.1-4)

923. Como é Deus?

924. Tipos de amor

925. Qualidades do servo de Cristo

926. Apenas graça

927. O Deus de toda a graça (1Pe 5.10)

928. Sete nomes do céu

929. Testemunhas de sua majestade (2Pe 1.16,17)

930. Deus não poupou

931. O que é o pecado

932. Somos participantes

933. O que os filhos de Deus podem fazer

934. A Carta de Tiago

935. O Deus que dá liberalmente (Tg 1.5)

936. Condições para as orações serem respondidas

937. Nossa atitude para com a Palavra de Deus

938. Comparações da Palavra de Deus

939. O poder da Palavra de Deus

940. Nós oramos

941. Como a Palavra opera

942. Características dos filhos de Deus

943. Um mundo de iniquidade (Tg 3)

944. Causas da queda

945. Orar em todo o tempo

946. Intercessão

947. A oração de acordo com Tiago 5

948. O que necessitamos

949. Comunhão de acordo com 1João

950. Nossa comunhão com Deus

951. Queda e restauração

952. A comunhão com Deus

953. Permanecer em Cristo

954. Nossos pecados

955. Amor ao mundo (1Jo 2.15-17)

956. O amor de Deus

957. Nosso relacionamento com Deus

958. Bênçãos no céu

959. Ver o Senhor (1Jo 3.2)

960. O que agora temos

961. Por que não tememos a separação de Deus?

962. O que é pecado?

963. O primeiro cântico de louvor em Apocalipse (Ap 1.5,6)

964. Nomes e títulos do Senhor em Apocalipse 1

965. Uma imagem maravilhosa de Cristo (Ap 1.13)

966. A igreja

967. Sacerdotes de Deus

968. Cristo, o centro (Ap 1.13)

969. João, um bom observador (Ap 1.12-16)

970. A primeira visão de Apocalipse (Ap 1)

971. Quem permanece nele

972. A perfeição de Cristo

973. Eu me glorio na cruz

974. Ofertas

975. Semelhantes a ele (1Jo 4.17)

976. Um Deus perfeito

977. Vitória

978. Diótrefes

979. Muitos caminhos

980. Uns aos outros

981. Pregações de servos e Deus

982. A verdade sobre o pecado

983. Os nomes e títulos do Senhor em Apocalipse 2,3

984. Sê fiel até à morte (Ap 2.10)

985. Vencedores

986. Eis que estou à porta (Ap 3.20)

987. Eu bato à porta (Ap 3.20)

988. Um convite maravilhoso

989. O Cordeiro de acordo com Apocalipse 5

990. A grande multidão (Ap 7.9-17)

991. O que há no céu

992. A grande multidão (Ap 7.9-17)

993. A atividade de Satanás

994. A morte de Cristo

995. O Cordeiro como sacrifício

996. Os anciãos no céu (Ap 4)

997. Bem-aventurados os mortos (Ap 14.12,13)

998. O Cordeiro venceu (Ap 17.14)

999. A igreja de Satanás

1000. A volta de Cristo

1001. Purificação

1002. O grande trono branco (Ap 20.11)

1003. Pessoas que não serão salvas (Ap 21.8)

1004. O que o céu significa para nós

1005. Na luz (1Jo 1.7)

1006. Jesus e os doentes (Jo 5.1-15)

1007. A Palavra de Deus (2Tm 3.16,17)

ÍNDICE REMISSIVO

O índice remissivo indica o número do esboço em que determinado assunto é tratado. Os assuntos estão baseados no conteúdo geral da mensagem e não nos subtópicos.

A

Abraão: 30

Aberto, Abrir: 234, 335, 337, 385, 587, 588

Adoração: *(ver* Louvor)

Agar: 29

Água: 52

Ajuda: *(ver* Cuidado)

Alegria: 108, 159, 231, 415, 767

Amaleque: 53

Amizade: 217

Amor: 76, 535, 709, 924, 955, (*ver também* Amor de Deus, Amor ao Senhor, Amor fraternal)

Amor ao Senhor: 515, 550, 569, (*ver também* Amor, Amor de Deus, Amor fraternal)

Amor de Deus, amor de Jesus: (*ver* Deus: amor de Deus)

Amor fraternal: 45, 329, 652, 980, 719, 750, (*ver também* Amor, Amor de Deus, Amor fraternal)

Ananias: 573

Andar: 11, 162, 625, 786, 827

Anjos: 54, 373, 803, 850

Antes – Agora: 730, 731, 732

Anunciar: (*ver* Pregar, Pregação)

Apolo: 596

Aprender: 769

Arão: 66

Arca (Noé): 15, 16, 17

Arco-íris: 20

Arrependimento: 131, 241, 244, 593, 598

"Até o fim": 368

Autoridade espiritual: 581

Auxílio: *(ver* Ajuda)

Avareza: 819

Avivamento: 138

B

Bartimeu: 363

Batismo: 242

Bênção: 89, 358, 574

Bíblia : 72, 173, 407, 463, 483, 493, 690, 810, 812, 861, 902, 937, 938, 939, 941, 1007

Boas obras: 369, 799, 832, 869, (*ver também* Obras)

C

Cálice: 327, (*ver também* Ceia do Senhor)

Caminho: 270, 979

Casamento: 3, 155, 814, (*ver também* Família)

Cegueira: 123

Ceias: 357, (*ver também* Ceia do Senhor)

Ceia do Senhor: 326, 327, 357, 594, 595, 670

Centurião: 279, 391

Certeza: 468

Céu: 276, 520, 747, 763, 892, 928, 958, 991, 1004, (*ver também* Escatologia)

Chamado: 208, 294, 295, 426, 457, 459, 491, 511, 602, 662, 698, 764, 912, (*ver também* Convite, Vocação)

Coisas: 145, 612, 645, 785, 852, 871, 876

Colheita (ceifa): 22

Coluna de nuvem e fogo: 47

Combate: (*ver* Luta espiritual)

Compaixão: 211, 283

Comparações: 4, 39, 41, 44, 53, 66, 67, 69,

75, 80, 81, 83, 105, 119, 120, 126, 272, 296, 297, 298, 351, 355, 400, 643, 743, 838, 890

Comunhão: 223, 453, 702, 835, 949

Comunhão (com Deus): 503, 514, 617, 950, 952, 957

Condenação: 638, 1003, (ver também Salvação)

Confiança: (ver Fé)

Conhecimento: 620

Consagração: 67, 156, 689, 739

Contentamento: 818

Contribuir: (ver Dar)

Convertido: 615

Conversão: 94, 212, 213

Convite: 146, 189, 293, 362, 459, 988, (ver também Chamado)

Coração: 128, 157, 203, 204, 222, 246

Coragem: 88, 884

Cordeiro: 32, 41

Coroa: 336, 669

Corpo (humano): 156, 739

Cristão: 178, 214, 371, 404, 447, 488, 630, 632, 633, 703, 708, 740, 749, 932, 948, (ver também Cristão, Discípulo, Filho de Deus)

Crescimento: 351, 775, 844, 905, 910

Criação: 1

Crianças: 364

Cristão: 272, 280, 445, 462, 494, 567, 721, 903, 975, (ver também Cristão, Discípulo, Filho de Deus)

Criador: 1

Cruz: 192, 338, 339, 433, 434, 455, 564, 673, 759, 875, 973, (ver também Jesus: seu sacrifício, Sangue de Cristo)

Cuidado: 180, 405, 410, 773, 898

Cura: 1006

D

Dádivas do Senhor: 348, 454, 501, 505, 591, 714, 776, 935

Daniel: 216, 218

Dar: 129, 600, 712, 974

Davi: 112, 126

Descanso: 882

Decisão(ões): 26

Demônio: 278, 398, 801, 999, (ver também Endemoninhado, Satanás)

Dependência: 597

Derrota: 90

Desânimo: 113, 118

Desculpas: 362

Desejo: coisas desejáveis: 768

Desviar (da fé): 851, 944, 951

Deus: 40, 43, 48, 49, 91, 142, 143, 193, 196, 198, 224, 228, 230, 237, 291, 412, 486, 647, 661, 667, 736, 789, 813, 864, 923, 927, 976, (ver também Ajuda [de Deus], Chamado [de Deus], Compaixão [de Deus], Comunhão [com Deus], Cuidado [de Deus], Amor de Deus, Deus como Pai, Disciplina [de Deus], Fidelidade [de Deus], Guiar [Deus como Guia], Proteção [de Deus])

Deus: amor de Deus, amor de Jesus: 74, 75, 215, 359, 416, 471, 510, 521, 694, 738, 741, 920, 956, (ver também Amor, Amor ao Senhor, Amor fraternal)

Deus como Pai: 147, 261, 265, 414, 920

Diótrefes: 978

Dirigir: (ver Guiar)

Disciplina: 147

Discipulado: (ver Seguir a Jesus)

Discípulo: 361, 399, 516, 538, 599, 699, 726, 915, (ver também Cristão, Cristão, Filho de Deus)

Dois: 263, 393

Doutrina: 656

E

Ebenézer: 110

Elias: 117

Elogios: 309

Embaixadores de Cristo: 703

Encontrar: 224

Endemoninhado: 278, 398, (*ver também* Demônios, Satanás)

Enoque: 10

Epafras: 787

Erros: 25

Escatologia: 161, 163, 236, 205, 206, 207, 220, 236, 271, 520, 523, 526, 528, 665, 679, 686, 755, 765, 880, 959, 990, 992, 996, (*ver também* Jesus Cristo: sua volta, Céu, Inferno, Juízo, Ressurreição, Tribunal de Cristo)

Escolha(s): 26

Escolhido: 175

Escrituras: (*ver* Bíblia)

Esperança: 666, 734, 755, 779

Espírito Santo: 13, 233, 467, 492, 539, 552, 553, 639, 651, 654, 729, 743, 744, 745, 791, 826, 833

Esquecimento: 77

Estevão: 566

Evangelho: 167, 388, 608

Evangelização: 150, 151, 152, 201, 281, 354

Examinar (a si mesmo): 247

Exortações: 73, 316, 793, 889, 894

Expiação: 58, 624, (*ver também* Jesus: sua morte na cruz, Salvação)

Ezequias: 124, 125, 170

F

Falsidade: 50

Família: 3, 101, 188, 259, 406, 804, (*ver também* Casamento)

Fé: 117, 168, 177, 279, 366, 396, 495, 499, 609, 626, 692, 783, 806, 837, 838, 885, 887, 896, (*ver também* Incredulidade)

Felicidade: 427

Festa: 137

Feitiçaria: 55

Fidelidade: 33, 91, 659, 660, 984

Filhos de Deus: 259, 266, 401, 448, 461, 508, 534, 633, 634, 637, 642, 692, 697, 701, 722, 742, 748, 751, 784, 802, 821, 841, 842, 911, 920, 933, 942, 957, 960, (*ver também* Cristão, Discípulo)

Filhos: 101, (ver também Família)

Firmeza: 368, 684, 809, 823, 888

Força, Forte: 88

Frutos: 536, 698

G

Gideão: 96, 97

Graça: 166, 167, 361, 449, 715, 817, 822, 828, 844, 918, 926, 927

Guardar: 408

Guiar: 174, 195, 640, 641

H

Herança: 325, 512, 865

Herodes: 302

Hipocrisia: 320

Hobabe: 68

Hoje: 858

Homem (ser humano): 6, 160, 306, 622, 623, 811, 825

Hospitalidade: 921

Humildade: 134, 144

I

Idolatria: 93

Ignorância: 663

Igreja: 301, 310, 355, 554, 555, 563, 577, 652, 710, 966

Imitadores: 604

Impossível: 267, 464

Incredulidade: 474, 495, 592, (*ver também* Fé)

Inferno: 271, (*ver também* Juízo)

Inveja: 153

Ir: 260

Isaías: 164

Israel: 39, 70, 74, 85, 206, 207, 210, 221, 649

J

Jacó: 34

Jejum: 194

Jesus Cristo: 32, 38, 83, 165, 374, 381, 387, 541, 558, 560, 816, 836, 847, 853, 883, 929, 965

Jesus Cristo: o que temos nele: 172, 317, 454, 485, 489, 576, 691, 695, 717, 752, 761, 866, 899, 908, 916, (*ver também* Dádivas do Senhor)

Jesus Cristo: o sumo sacerdote: 857, 859, 863

Jesus Cristo: quem ele é: 82, 250, 273, 287, 292, 296, 315, 330, 478, 484, 497, 504, 509, 531, 546, 557, 614, 711, 752, 856, 870, 899, 964, 968, 989, 969, 983

Jesus Cristo: seu amor: (*ver* Amor de Deus, Amor de Jesus)

Jesus Cristo: seu ministério atual: 517

Jesus Cristo: seu nascimento: 9, 240, 376, 377, 384, 428, 450, 878, (*ver também* Natal)

Jesus Cristo: seu poder: 347, 483, 507, 860, 998

Jesus Cristo: sua divindade: 328, 386, 481, 482, 777, 862, 972

Jesus Cristo: sua humanidade: 452, 758

Jesus Cristo: sua ressurreição: 311, 315, 340, 341, 439, 440, 441, 547, 548, 549, 675, 676, 906

Jesus Cristo: seu sacrifício (sofrimento): 182, 184, 186, 209, 277, 338, 370, 402, 433, 473, 628, 629, 650, 673, 718, 848, 874, 994, 995, (*ver também* Cruz, Sangue de Cristo)

Jesus Cristo: sua vida: 98, 245, 284, 290, 375, 379, 380, 382, 392, 444, 506, 879, 867, 891

Jesus Cristo: sua volta: 163, 232, 235, 236, 252, 331, 332, 333, 334, 429, 522, 524, 525, 527, 528, 529, 644, 671, 680, 766, 794, 795, 830, 1000, (*ver também* Escatologia)

Jesus Cristo: testemunhos sobre o Senhor: 187, 243, 378, 556, 846

João Batista: 288, 372

Joaquim: 135

Jonas: 226

Josafá: 132

José (do Egito): 45

Josué: 87, 88

Judas: 519

Juízo: 12, 44, 86, 229, 271, 590, 687, 877, 930, 1002, (*ver também* Escatologia)

Julgamento: (*ver* Escatologia, Juízo)

Justiça própria: 422

Justificação: 395, 616, 648, (*ver também* Salvação)

L

Ladrão na cruz: 438

Lei: 619, 634

Levitas: 65, 69

Libertação: 136, 225, 262

Líderes: 922

Língua: 149, 154, 943

Louvor: 963

Lugar(es): 25, 518

Luta espiritual (do cristão): 713, 746, 855

Lutas: (*ver* Provações, Sofrimento, Tribulações)

Luz: 5, 497, 1005

M

Maná: 51

Mandamentos: (*ver* Ordens de Cristo)

Mansidão: 248

Mãos de Deus: 49

Maravilhas indizíveis: 829, 839

Maria de Betânia: 369

Medo: (*ver* Temor)

Mentira: 169

Misericórdia: (*ver* Compaixão)

Missões: 281, 342, 345, 353, 585

Mistérios: 737, 800

Moisés: 42, 82, 83, 888

Morte: 674, 682, 753

Mulher samaritana: 475, 476, 477

Mundo (criação): 2

Mundo: 282, 540, 542, 955

N

Natal: 239, 383, (*ver também* Jesus Cristo: seu nascimento)

Nazireu: 67

Necessidades: 249, 723

Noé: 14, 21, 886

Noite: 218, 565

Nome de Cristo: 314

Nova Aliança: 868

Novo: o novo de Deus: 470, 700, 704, 706, 881

Novo nascimento: 460, 465, 466, 470, 705, 831, (*ver também* Transformação)

O

Obediência: 23, 79, 84

Obras: 869, (*ver também* Boas obras)

Ofertas, ofertantes: 31, 64, 367, 771, (*ver também* Dar, Sacrifícios)

Olhar: 181, 436, 455, 798, 901

Olhos do Senhor: 487

Oração: 30, 34, 35, 36, 115, 116, 130, 133, 226, 253, 255, 256, 257, 289, 307, 350, 360, 419, 423, 437, 438, 530, 544, 551, 586, 693, 716, 728, 788, 936, 940, 945, 946, 947

Ordens de Cristo: 285, 843

Ouvir (Deus ouve): 40

Ovelhas do Pastor: 502, 917

P

Paciência: 12, 653

Palavra de Deus, de Jesus: 610, 845, 847, (*ver também* Bíblia)

Páscoa: 45, 137

Pastor (Deus, Jesus): 38

Paulo: 571, 572, 575, 601, 720, 735, 756, 760, 761, 796, 797, 808, 895

Paz: 185, 578, 655, 778, 919

Pecado, Pecador: 7, 13, 27, 28, 55, 71, 99, 160, 324, 417, 611, 628, 681, 825, 931, 954, 962, 982, (*ver também* Perdão)

Pedro: 275, 305, 431, 432, 579

Perdão: 179, 219, 443, 582, 621, 727, (*ver também* Pecado, Pecadores)

Perguntas: 7, 29, 114, 202, 227, 260, 365, 430, 490, 495, 627

Permanecer: 533, 953, 971

Perseverar: (*ver* Firmeza)

Plenitude: 454

Poder: 770

Pomba: 19

Porta: 17, 18, 322, 335, 504, 587, 986, 987

Povo de Deus: 75, 80, 451, 661, 907

Pregar, Pregação: 158, 568, 570, 605, 754, 812, 873, 981

Preparados: 807

Preocupação: 269

Primeiro Lugar: 254

Prisão: 421

Privilégios: 8, 646, 649, 914

Promessas: 24, 84, 87, 343, 537, 897

Prontidão: 589

Proteção/protegido: 46, 183, 303

Provações: 303, 352, 397, 404, 580, 913, (*ver também* Lutas, Provações, Sofrimento, Tribulações)

Pureza: (*ver* Purificação)

Purificação: 199, 246, 1001

Q

Queda (Adão e Eva): 7

R

Rainha de Sabá: 119, 297

Reações: 545

Recompensa: 148, 171, 251, 513

Redenção: (*ver* Salvação)

Rejeição: 444

280 GEORG BRINKE

Renunciar: 313, 569

Resplendor: 57

Responsabilidade: 914

Ressurreição dos mortos: 678, 683, 765

Rute: 103, 104

S

Sábio: 238

Sacerdotes: 59, 60, 909, 967

Sacrifícios: 21, 974, (*ver também* Ofertas)

Salomão: 116, 119, 296, 297, 298

Salvação: 317, 413, 449, 472, 560, 561, 562, 583, 613, 618, 672, 733, 815, 824, 834, 849, 854, 856, 866, 899, (*ver também* Condenação, Justificação)

Samuel: 107, 109, 111

Sangue de Cristo: 606, 725, 872, 893, 900, (*ver também* Jesus Cristo: seu sacrifício)

Sansão: 101, 102

Santidade: (*ver* Santificação)

Santificação: 61, 62, 63, 225, 246, 658, 689, 840, (*ver também* Santidade, Purificação)

Satanás: 127, 685, 993, 999, (*ver também* Demônios)

Sede: 52

Seguir a Jesus: 95, 106, 399, 496

Segurança espiritual: 961

Semear e colher: 299

Serviço: 92, 140, 156, 299, 323, 344, 403, 418, 429, 668, 684, (*ver também* Servir, Servo, Trabalho)

Servir: 258, 411, 792, 925, (*ver também* Serviço, Servo, Trabalho)

Servo: 56, 113, 118, 122, 286, 442, 498, 559, 605, 664, 677, 757, 790, 925, (*ver também* Serviço, Servir, Trabalho)

Seu-sua: 724

Silas: 584

Sodoma: 27

Sofrimento: (*ver* Lutas, Provações, Tribulações)

T

Temor: 176, 389

Tentação: 245, 346, 977

Testemunhar: 458, 703

Timóteo: 805

Trabalho: 139, 148, 281, 707, (*ver também* Servir, Serviço, Servo)

Transformação: 460, 831, (*ver também* Novo nascimento)

Tribulações: (*ver* Lutas, Provações, Sofrimento)

Tribunal de Cristo: 688, (*ver também* Escatologia, Juízo)

U

União com Cristo: 781, 782

V

Valores eternos: 904

Vasos: 121

Ver: 264, 390, 487, 603, 959

Véu do Templo: 337

Vida: 78, 172, 188, 191, 197, 268, 300, 304, 312, 313, 314, 349, 400, 446, 486, 631, 636, 752, 780, 804, 890, (*ver também* Lutas, Seguir a Cristo, Tempestades, Tribulações)

Videira: 318, 532, (*ver também* Vinha)

Vinha: 318, 532, (*ver também* Videira)

Vir: 274

Visão espiritual: (*ver* Ver)

Vitória, vitoriosos: 100, 635, 669, 977, 985, 998

Vocação: 607, 762, 820, (*ver também* Chamado)

Z

Zaqueu: 420, 424, 425

ÍNDICE DE TEXTOS BÍBLICOS

O índice de textos bíblicos indica o número do esboço de determinada passagem bíblica.

Antigo Testamento

Gênesis
Gn 1 — 1, 2
Gn 1,2 — 4
Gn 1.3 — 5
Gn 1.27 — 6
Gn 2 — 3
Gn 3.9,10 — 8
Gn 3.13 — 7
Gn 3.15 — 9
Gn 5.21-24 — 10
Gn 5.24 — 11
Gn 6,7 — 16
Gn 6.3 — 12, 13
Gn 6.13 — 14
Gn 6.13,14 — 15
Gn 7.16 — 17, 18
Gn 8.8-12 — 19
Gn 8.20 — 21
Gn 8.22 — 22
Gn 9.12-17 — 20
Gn 12.1-4 — 23
Gn 12.2,3 — 24
Gn 12.9-20 — 25
Gn 13.10,11 — 26
Gn 13.13 — 27
Gn 16.2 — 28
Gn 16.8 — 29
Gn 18.22-33 — 30
Gn 22 — 31
Gn 32 — 34
Gn 32.9-12 — 35
Gn 32.28 — 36
Gn 45 — 37

Gn 49.24 — 38

Êxodo
Êx 3.7 — 40
Êx 3.7,8 — 39
Êx 3.11-15 — 42
Êx 6.6-8 — 43
Êx 9 — 44
Êx 12 — 41
Êx 13.21 — 47
Êx 16 — 51
Êx 17.1-7 — 52
Êx 17.8-16 — 53

Levítico
Lv — 58
Lv 8 — 59, 60
Lv 11.44 — 61
Lv 11.45 — 62
Lv 19.2 — 63

Números
Nm 1.47-54 — 65
Nm 6.1-8 — 67
Nm 10.29 — 68
Nm 20.23-29 — 66
Nm 21 — 70
Nm 32.23 — 71

Deuteronômio
Dt: 79
Dt 4.1-9 — 72
Dt 10.12,13 — 78

Dt 12.9 — 81
Dt 18.15,18 — 82
Dt 18.18 — 83
Dt 28.1-4 — 84
Dt 33 — 85

Josué
Js 1 — 87, 88, 89
Js 7 — 90
Js 24.1-14 — 92
Js 24.15 — 95

Juízes
Jz 6 — 96
Jz 6.14 — 100
Jz 6.17-22 — 97
Jz 7.17 — 98
Jz 13 — 101
Jz 13.24,25 — 102

Rute
Rt — 104, 105
Rt 1.16 — 103

1Samuel
1Sm 1,3 — 107
1Sm 3 — 111
1Sm 3.10 — 109
1Sm 7.12 — 110
1Sm 22.1,2 — 112

2Samuel
2Sm 2.1-3 — 115

1Reis
1Rs 3.3-15 — 116
1Rs 10 — 119
1Rs 17 — 117

2Reis
2Rs 4.10 — 120
2Rs 5 — 122
2Rs 18 — 125
2Rs 18.1-8 — 124

2Crônicas
2Cr 17 — 132

Esdras
Ed 6 — 136, 137

Neemias
Ne 4 — 138
Ne 4.6 — 140
Ne 4–6 — 139

Ester
Et — 141

Jó
Jó 22.13 — 143

Provérbios
Pv 6.6-8 — 148
Pv 11.30 — 150, 151, 152
Pv 14.30 — 153

Isaías
Is 1 — 158
Is 6 — 164
Is 9.6 — 165
Is 28.17 — 169
Is 38 — 170
Is 41.10 — 176
Is 53 — 184, 186
Is 53.5 — 185
Is 53.10-12 — 192
Is 53.11 — 277
Is 55 — 190
Is 58.6,7 — 194
Is 58.11 — 195

Jeremias
Jr 1.17-19 — 201
Jr 30.7 — 205
Jr 30,31,33 — 206
Jr 31 — 210
Jr 50.21-22 — 208

Lamentações de Jeremias
Lm 1.11,12 — 209

Ezequiel
Ez 16.1-14 — 211

Daniel
Dn — 216
Dn 5 — 218
Dn 11.36-45 — 220

Oseias
Os 11.1-4 — 221

Amós
Am 4.12 — 224

Obadias
Ob 17 — 225

Jonas
Jn 2 — 226

Miqueias
Mq 6.6 — 227

Naum
Na 1 — 228

Habacuque
Hc 2 — 229

Ageu
Ag 2.6,7 — 232

Zacarias
Zc 4.6 — 233
Zc 14 — 236
Zc 14.4-21 — 235

Malaquias
Ml 3.6 — 237

Novo Testamento

Mateus
Mt 2.1-12 — 239
Mt 3.5ss — 242
Mt 3.8 — 241
Mt 4 — 245

Mt 5.5 — 248
Mt 5.8 — 246
Mt 5.12 — 251
Mt 6 — 266
Mt 6.6 — 256

Mt 6.13 — 262
Mt 8.1-4 — 274
Mt 8.5-13 — 279
Mt 8.14-16 — 275
Mt 8.28-34 — 278

MAIS MIL ESBOÇOS BÍBLICOS   283

Mt 9.35-38 — 284
Mt 9.37,38 — 281
Mt 10 — 286
Mt 10.5-16 — 285
Mt 11.7-19 — 288
Mt 11.19 — 287
Mt 11.28 — 293, 294, 295
Mt 11.29 — 290
Mt 12.42 — 296, 297
Mt 14.1-14 — 302
Mt 14.22ss — 304
Mt 14.22-33 — 303
Mt 14.28-30 — 305
Mt 15.22-28 — 308
Mt 21.33 — 318
Mt 22.1-7 — 319
Mt 22.11-14 — 321
Mt 22.42 — 330
Mt 25.10 — 322, 335
Mt 25.25-46 — 324
Mt 25.34 — 325
Mt 26.39 — 327
Mt 27.46 — 338, 339
Mt 27.51 — 337
Mt 28 — 340
Mt 28.18-20 — 345
Mt 28.20 — 343

Marcos
Mc 1.17 — 354
Mc 4.35-41 — 352, 355
Mc 5.25-43 — 356
Mc 6 — 359
Mc 6.30-44 — 358
Mc 7.24-30 — 360
Mc 8.1-9 — 361
Mc 8.38 — 362
Mc 10.13-16 — 364
Mc 10.17-22 — 365
Mc 10.46-52 — 363
Mc 11.22 — 366

Mc 12.41-44 — 367
Mc 13.13 — 368
Mc 14.1-9 — 369
Mc 14.53 — 370

Lucas
Lc 1 — 372
Lc 1.32 — 374
Lc 1.68 — 377
Lc 1.68ss — 376
Lc 2.7-20 — 383
Lc 2.11 — 384
Lc 2.40-52 — 382
Lc 4.18,19 — 388
Lc 7.1-10 — 391
Lc 7.36-50 — 393
Lc 7.44 — 394
Lc 7.50 — 396
Lc 8.24 — 397
Lc 8.26-39 — 398
Lc 9.23,24 — 400
Lc 9.59 — 399
Lc 10.38 — 406
Lc 12.7 — 405
Lc 12.20 — 409
Lc 15 — 417
Lc 15.2 — 416
Lc 15.11-32 — 414
Lc 16.13 — 418
Lc 18.10-14 — 423
Lc 19.1-9 — 425
Lc 19.1-10 — 420, 424
Lc 19.5 — 426
Lc 19.11-28 — 430
Lc 22 — 431, 432
Lc 23 — 433
Lc 23.42,43 — 438
Lc 24.13-35 — 439
Lc 24.34 — 440
Lc 24.36 — 441
Lc 24.44-53 — 442

João
Jo 1 — 456
Jo 3 — 460
Jo 3.16 — 469, 471
Jo 4 — 475, 476, 477, 479
Jo 4.47-54 — 478
Jo 5 — 482, 483
Jo 5.1-15 — 480, 1006
Jo 5.19-24 — 481
Jo 6 — 488
Jo 6.67-69 — 490
Jo 8.12 — 496, 497
Jo 8.46 — 495
Jo 9 — 500
Jo 9.35-38 — 499
Jo 10 — 502
Jo 11 — 509
Jo 11–15 — 510
Jo 11.28 — 511
Jo 12.1-11 — 515
Jo 13.26,27 — 519
Jo 14.1-3 — 522
Jo 14.2 — 526
Jo 14.6 — 484, 531
Jo 15 — 532, 533, 536
Jo 16 — 537, 538
Jo 17 — 542, 543, 544
Jo 19.5 — 546
Jo 20.19-25 — 547, 548
Jo 21 — 549
Jo 21.15 — 550

Atos
At 1.14 — 551
At 2 — 553
At 2.12 — 552
At 2.42-47 — 555
At 3 — 556
At 3.22 — 557
At 4 — 563
At 4.12 — 558, 560

At 5.20 — 568
At 6,7 — 566
At 9 — 573, 574
At 9.1-20 — 575
At 9.15 — 572
At 9.31 — 577
At 10.36 — 578
At 12 — 579
At 13.38 — 582
At 13.38,39 — 583
At 15,16 — 584
At 16.9 — 585
At 16.13 — 586
At 16.26 — 587
At 17.30 — 593
At 17.31 — 590
At 18 — 596
At 18.21 — 594
At 20 — 604
At 20.21 — 598
At 20.35 — 600
At 26.13-22 — 601
At 26.18 — 603

Romanos
Rm 1.16 — 608
Rm 2.16 — 612
Rm 3.10-12 — 618
Rm 5.6-11 — 629
Rm 8.14 — 640
Rm 8.15-17 — 642
Rm 8.29ss — 646
Rm 8.31 — 647
Rm 9.4,5 — 649
Rm 12 — 197
Rm 15 — 652
Rm 15.13 — 654

1Coríntios
1Co 1 — 657
1Co 4.20 — 668

1Co 9.24,25 — 669
1Co 11 — 595
1Co 11.23ss — 670
1Co 11.26 — 671
1Co 15 — 678
1Co 15.35-44 — 683
1Co 15.58 — 684

2Coríntios
2Co 5 — 704, 706
2Co 5.10 — 688
2Co 5.20 — 703
2Co 6.14-18 — 702
2Co 9.15 — 714

Gálatas
Gl 6 — 699
Gl 6.2 — 719
Gl 6.14 — 720

Efésios
Ef — 729
Ef 1 — 722, 724
Ef 1.4,5 — 721
Ef 1.15ss — 728
Ef 2 — 730, 731
Ef 2.12 — 734
Ef 3.1-12 — 737
Ef 3.8 — 735
Ef 3.19 — 738
Ef 5,6 — 188
Ef 5.18 — 744
Ef 6.10 — 746

Filipenses
Fp 1.18 — 754
Fp 1.21 — 752, 753
Fp 2.8 — 759
Fp 3 — 761
Fp 3.14 — 764
Fp 3.21 — 765

Fp 4.4 — 767
Fp 4.8,9 — 768
Fp 4.11,12 — 769
Fp 4.13 — 770
Fp 4.14-18 — 771
Fp 4.19 — 772, 773

Colossenses
Cl 1 — 774
Cl 1.15-19 — 777
Cl 2,3 — 781, 782
Cl 3 — 783
Cl 3.12-15 — 784
Cl 4.12,13 — 787

1Tessalonicenses
1Ts 2.1-12 — 790
1Ts 4.1-3 — 793

1Timóteo
1Tm 1.12-17 — 796
1Tm 1.15 — 631
1Tm 4.1 — 801
1Tm 5.4 — 804

2Timóteo
2Tm 4.2 — 810, 812
2Tm 4.6-8,17 — 808

Tito
Tt 2,3 — 831
Tt 2.11-14 — 817, 828
Tt 2.14 — 829
Tt 3.4-9 — 825

Filemom
Fm — 835

Hebreus
Hb — 846, 852
Hb 1.1 — 845, 847

Hb 2.7-9 — 853
Hb 2.10,11 — 856
Hb 3.14 — 749
Hb 4.12 — 861
Hb 6.10 — 864
Hb 7.25 — 866
Hb 7.26 — 867
Hb 8.8-12 — 868
Hb 9 — 870
Hb 9.22 — 872, 874
Hb 9.27 — 877
Hb 10.19-22 — 880
Hb 11 — 887
Hb 11.7 — 886
Hb 11.8 — 23
Hb 11.24-27 — 888
Hb 12 — 889
Hb 12.1,2 — 890
Hb 12.18-24 — 892
Hb 12.24 — 893
Hb 13 — 894
Hb 13.6 — 898

Tiago
Tg — 934
Tg 1 — 933
Tg 1.5 — 935
Tg 3 — 943
Tg 5 — 945, 947

1Pedro
1Pe — 836, 837, 912
1Pe 2–4 — 913
1Pe 2.2 — 910
1Pe 2.5,9 — 909
1Pe 2.9 — 907
1Pe 2.9-11 — 914
1Pe 5.10 — 927

2Pedro
2Pe 1.16,17 — 929
1João
1Jo — 949
1Jo 1.7 — 1005
1Jo 2.15-17 — 955
1Jo 3.2 — 959

1Jo 3.17 — 974
1Jo 4.17 — 975

3João
3Jo — 978

Apocalipse
Ap — 985
Ap 1 — 964
Ap 1.5,6 — 963
Ap 1.12-16 — 969
Ap 1.13 — 965, 968
Ap 2,3 — 983
Ap 2.10 — 984
Ap 3.20 — 986, 987
Ap 4,5, — 996
Ap 5 — 989
Ap 7.9-17 — 990, 992
Ap 14.12,13 — 997
Ap 17.14 — 998
Ap 20.11 — 1002
Ap 21.8 — 1003
Ap 21.27 — 1001